Radwanderführer
Voralpenland II
zwischen Lech, Donau und Salzach

Die schönsten Rad-Touren
● Rund- und Streckentouren
zwischen Lech, Donau und Salzach

Herausgegeben für den
Bund Deutscher Radfahrer e. V.

In Zusammenarbeit mit dem
Deutschen Jugendherbergswerk

Kompass-Radwanderführer

Radwanderführer Voralpenland II
zwischen Lech, Donau und Salzach

Ausgewählt, abgeradelt
und beschrieben
von Helmut Dumler

Deutscher Wanderverlag
Dr. Mair & Schnabel & Co. · Stuttgart

Die große Wanderbuch-Reihe
für grenzenloses Wandern

Zu diesem »KOMPASS«-Radwanderführer
die »Deutsche Generalkarte« 1 : 200 000
Blätter 25 und 26
(Mairs Geographischer Verlag, Stuttgart)

Kartographie: Ing.-Büro Adolf Benjes
Übersichtskarte: Adele Greschner
Umschlagbild: Rad-Modell »Peugeot«
(Cycles Peugeot, Overath)
Foto: Ulrich Schnabel (Archiv DWV)

2. Auflage, 1987.

ISBN 3-8134-0133-2

INHALT

Rundfahrten

Besondere Fahrten

6

Streckenfahrten

Quer durch Oberbayern

Durch das Isartal nach Mittenwald

Donaufahrt nach Passau

Romantische Straße

Deutsche Alpenstraße

Orts- und Sachverzeichnis

Mit Nummern-Angaben der betreffenden Wanderungen;
schräg gedruckte Zahlen weisen auf Kurzbeschreibung im Text hin

8

18

Einige Worte

Vornweg: Dieses Buch ist nicht für reklametragende Pseudo-Rennfahrer gedacht, sondern für Leute, die im Fahrrad ein Mittel sehen, sich körperlich zu betätigen und bei dieser Gelegenheit die Heimat oder eine bestimmte Landschaft und alles, was damit im großen und ganzen zusammenhängt, intensiv und nicht flüchtig erleben. Für ein solches Erleben vermittelt besonders der hier zusammengefaßte Raum zwischen Lech und Salzach, zwischen der Donau und den Alpen ein ungewöhnlich reiches Betätigungsfeld. Ich habe versucht, alle bedeutenden Sehenswürdigkeiten in den Rahmen der Radtouren miteinzubeziehen. Neben einfachen Rund- und Streckentouren, Wochenendausflügen von Städten und Ballungszentren, sind auch mehrtägige klassische Routen aufgenommen worden wie die Romantische Straße, die Deutsche Alpenstraße usw. Dabei mußte der jeweilige Originalverlauf notgedrungen modifiziert werden, und zwar so weit wie möglich, um starkem Verkehrsaufkommen auszuweichen. Das war überhaupt ein Grundgedanke bei der Erarbeitung des Buches!

»Wer sein Vaterland nicht kennt, hat keinen Maßstab für andere Länder«, sagte Goethe. Radwandern soll dazu beitragen, die Augen auf etwas ruhen zu lassen, um mehr zu erkennen. Die Leistung alleine darf nicht Maßstab sein.

Ein Problem ist und bleibt die Angabe der Fahrzeit. Ich habe Mittelwerte genommen – Rasten etc. ausgeschlossen – und mich am gemütlichen Radwanderer orientiert. An Hand der angegebenen Kilometer und mit einem Blick auf die Höhenunterschiede muß sich jeder selbst erfahrungsgemäß seine ungefähre Zeit erstellen. Unterbietungen und Überschreitungen sind keine Grenzen gesetzt.

Augsburg *Helmut Dumler*

Fahrradbeförderung mit Bundesbahn, mit S- und U-Bahn

Auf Fahrradkarte können Räder in alle im Kursbuch bzw. in den Fahrplänen entsprechend gekennzeichnete Züge mitgenommen werden, wenn sie vom Reisenden selbst zum Gepäckwagen gebracht, am Ziel dort wieder abgeholt und gegebenenfalls beim Umsteigen unterwegs auch selbst umgeladen werden.

An Samstagen, Sonntagen und Feiertagen wird eine Fahrradkarte mit eintägiger Geltungsdauer ausgegeben, allerdings nur in den Nahverkehrs- und Eilzügen auf Entfernungen bis 50 Kilometer.

Der Münchner Verkehrs- und Tarifverbund (MVV) hat 1982 eigens ein Merkblatt für die Mitnahme von Fahrrädern in S- und U-Bahnen herausgegeben; erhältlich an allen Verkaufsschaltern.

Fahrrad am Bahnhof

Diesen Service bietet die Deutsche Bundesbahn an mehr als 50 Stationen (siehe nachstehende Zusammenfassung) im Bereich dieses Führers vom 1. April bis 31. Oktober, übrige Zeit nach voheriger Absprache mit dem jeweiligen Vermietbahnhof.

Die Mietgebühr wird im voraus erhoben und enthält eine Versicherung gegen Verlust oder Beschädigung des Radls. Wenn Sie Ihre Tour mit einer Gruppe unternehmen, empfiehlt es sich, die Bestellung der Fahrräder am Vermietbahnhof rechtzeitig aufzugeben. Will man vielleicht noch einen Tag dranhängen, muß der Vermietbahnhof vor Ablauf des Mietvertrages telefonisch verständigt werden. Die zusätzliche Mietgebühr wird dann nacherhoben.

Die Rückgabe der Räder ist in der Regel bei allen besetzten Bahnhöfen möglich (vorher die Öffnungszeiten erfragen!). Bei den S-Bahnhöfen Aying, Erding, Herrsching, Ismaning, Oberschleißheim, Starnberg und Weßling gemietete Räder müssen beim Vermietbahnhof zurückgegeben werden. Eine anteilige Mietgebühr bei vorzeitiger Rückgabe des Fahrrades erstattet die Bundesbahn nicht!

Fahrradverleih

Es wird dringend empfohlen, rechtzeitig nach den Öffnungszeiten der hier aufgeführten Vermiet-Bahnhöfe (Stand 1983) zu fragen und sich zu erkundigen, ob ausreichend Fahrräder vorhanden sind.

Augsburg Hauptbahnhof, Telefon (08 21) 32 64 93
Aying, Telefon (0 80 95) 12 53
Bad Aibling, Telefon (0 80 61) 24 58
Bad Reichenhall, Telefon (0 86 51) 50 89
Bad Tölz, Telefon (0 80 41) 44 04
Bayrischzell, Telefon (0 80 23) 6 16
Berchtesgaden Hauptbahnhof, Telefon (0 86 52) 50 44
Bernau (Oberbayern), Telefon (0 80 51) 74 69
Brannenburg, Telefon (0 80 34) 27 05
Dachau Bahnhof, Telefon (0 81 31) 8 31 48
Dießen, Telefon (0 88 07) 73 91
Dollnstein, Telefon (0 84 22) 2 61
Eichstätt Stadt, Telefon (0 84 21) 44 09
Endorf (Oberbayern), Telefon (0 80 53) 12 21
Erding, Telefon (0 81 22) 17 54
Freilassing, Telefon (0 86 54) 20 21
Freising, Telefon (0 81 61) 58 06
Fürstenfeldbruck, Telefon (0 81 41) 9 25 37
Füssen, Telefon (0 83 62) 63 13
Garmisch-Partenkirchen, Telefon (0 88 21) 5 09 35
Geltendorf, Telefon (0 81 93) 2 01
Gmund (Tegernsee), Telefon (0 80 22) 7 54 38
Grafing Bahnhof, Telefon (0 80 92) 19 45
Grafrath, Telefon (0 81 44) 2 61
Herrsching, Telefon (0 81 52) 4 26
Holzkirchen, Telefon (0 80 24) 65 76
Ismaning, Telefon (0 89) 12 88 43 15
Kochel, Telefon (0 88 51) 2 13
Kreuzstraße, Telefon (0 80 24) 27 60
Laufen (Oberbayern), Telefon (0 86 82) 2 25
Lenggries, Telefon (0 80 42) 87 11
Murnau, Telefon (0 88 41) 18 91
Neuburg (Donau), Telefon (0 84 31) 76 66
Oberammergau, Telefon (0 88 22) 5 13
Oberaudorf, Telefon (0 80 33) 14 22
Oberschleißheim, Telefon (0 89) 3 15 01 04
Osterhofen, Telefon (0 99 32) 15 09
Passau, Telefon (0 851) 5 50 01

Prien, Telefon (08051) 2874
Ruhpolding, Telefon (08663) 1713
Schaftlach, Telefon (08021) 213
Schliersee, Telefon (08026) 6497
Seeshaupt, Telefon (08801) 754
Siegsdorf, Telefon (08662) 9418
Solnhofen, Telefon (09145) 208
Starnberg, Telefon (08151) 7557
Tegernsee, Telefon (08022) 4467
Tutzing, Telefon (08158) 6328
Übersee, Telefon (08642) 203
Weßling (Oberbayern), Telefon (08153) 3513

Willkommen Rad-Wanderer

Rad-Wander-Aktion

Bund Deutscher Radfahrer e.V., Frankfurt
Deutscher Wanderverlag Dr. Mair & Schnabel & Co., Stuttgart

Überall, wo diese Willkommen-Rad-Wanderer-Plakette einlädt, ist der Rad-Wanderer ein gern gesehener Gast; er kann bei Rad-Pannen auch mit Hilfe rechnen.

Ausgangspunkte der Radtouren

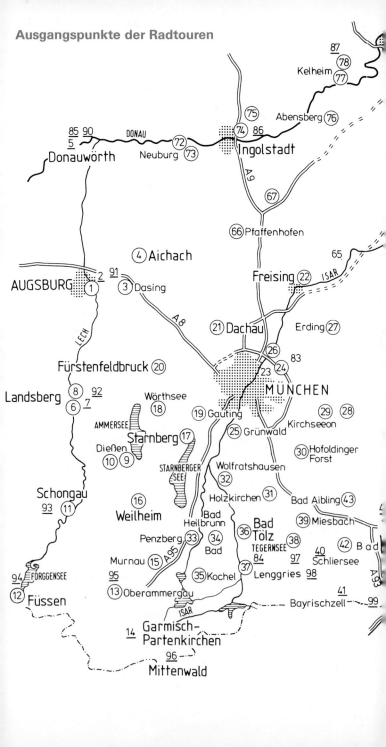

1 Von Augsburg am Lech entlang zum Lochbachanstich

Verkehrsmöglichkeiten In Augsburg treffen sich mehrere Bundesstraßen. Autobahn-Anschlußstellen. Von München 65 km.

Tourenlänge 36 km.

Fahrzeit 2 Stunden.

Höhenunterschiede Unbedeutend.

Karten 1:200 000 Die Generalkarte, Blatt 22.

Anmerkungen Fahrradverleih im Bahnhof Augsburg. Badegelegenheit. Gaststätte Lochbachanstich am Freitag geschlossen.

Wissenswertes Augsburg ist Hauptstadt des bayerischen Regierungsbezirkes Schwaben, drittgrößte bayerische Stadt. Unter den Römern »Augusta Vindelicum«. Prächtiges Rathaus im Stil der Renaissance von Elias Holl; daneben der 78 Meter hohe Perlachturm (bei klarem Wetter Alpenblick). Dom mit den ältesten figürlichen Glasmalereien in Deutschland, wahrscheinlich vor 1100 entstanden; am südlichen Seitenschiff (außen) eine Bronzetür mit 35 Relieftäfelchen aus dem 11. Jahrhundert. An der Maximilianstraße das Fuggerhaus, die 1515 vollendete Stadtresidenz der Fugger. An der »Maxstraße« auch das Schäzlerhaus (Kunstsammlungen, Gemäldegalerie). Den krönenden Abschluß bildet das um 1500 entstandene Ulrichsmünster; davor die kleine evangelische Ulrichskirche von 1458. In der Fußgängerzone (Annastraße) die evangelische Annakirche mit der Grabkapelle (im Westchor) der Fugger, dem ersten größeren Werk der Renaissance in Deutschland; im Ostchor zwei Bilder von Lukas Cranach dem Älteren; Goldschmiedekapelle mit berühmtem gotischen Freskenschmuck. Maximilian-Museum (Heimatmuseum). Römisches Museum in der Dominikanerkirche. Holbein-Haus. Mozart-Haus. Fuggerei, älteste Sozialsiedlung der Welt (Besichtigung einer Museums-Wohnung). Im Stadtteil Pfersee die Herz-Jesu-Kirche als einziges reines Jugendstil-Gotteshaus in Süddeutschland, 1907 bis 1909 nach Entwürfen von Prof. Michael Kurz erbaut.

Am Eiskanal die olympische Kanuslalom-Strecke, das erste Stadion dieser Art in der ganzen Welt: 600 Meter lang, 3,70 Meter Gefälle, durchschnittliche Wassergeschwindigkeit 3 m/sec, Platz für 25 000 Besucher.

Tourenbeschreibung Ausgangspunkt sind die Parkplätze unweit der *Hochzoller-Lechbrücke* zischen Kegel-Zentrum und der Gaststätte Hochablaß am Eiskanal.

Auf einer Brücke über die Rennstrecke und am Lech entlang, kurz auf einen Fußweg, zum *Hochablaß*. Über das Lechwehr (Fahrrad schieben!), das heißt kurz vor seinem östlichen Ende

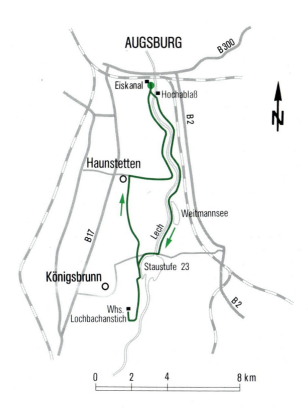

AUGSBURG

B 300

Eiskanal

Hochablaß

B 2

Haunstetten

Weitmannsee

B 17

Lech

Staustufe 23

Königsbrunn

B 2

Whs.
Lochbachanstich

0   2   4   8 km

(Kiosk) rechts ab und in der Folge zwischen Kuhsee (links) und dem Lech (rechts) in nördlicher Richtung parallel zum Hochwasserdamm.

Nach einer Weile folgt links ein *Baggersee* (FKK-Strand), und 3 Kilometer weiter erstreckt sich links das Erholungs- und Badegebiet am *Weitmannsee*.

Nach insgesamt 11 Kilometern öffnet sich links die Feldflur. Hier rechts, gleich wieder links und zur *Staustufe 23* der Bayerischen Wasserkraftwerke. Rechts über die Brücke, dann links hinauf zum Damm des Stausees. Auf ihm rechts zum westlichen Ufer mit den Badeplätzen.

Noch ein Stück auf dem Damm. Dann rechts über die Böschung hinunter zur Brücke über den Lochbach (Wasserwacht- und Naturschutzwacht-Station) und am anderen Ufer aufwärts. Kurz nach der Stelle, wo der Lochbach einer Lechstaustufe entfließt, geht es auf einer Asphaltstraße rechts zur nahem *Gaststätte Lochbach-anstich,* auch »Gasthof zum Rebell« genannt, weil sich der Wirt seit Jahren wehrt, an Königsbrunn angegliedert zu werden. Vom Ausgangspunkt 17 Kilometer.

Auf dem Herweg zur Lochbachbrücke. Danach bleibt man am rechten Ufer des Lochbaches, kreuzt die Autostraße und radelt immer geradeaus durch den Wald, abschließend an einer Kleingarten-Anlage entlang, zum Stadtteil *Haunstetten.*

Vor dem Feuerlöschgerätehaus rechts auf der Krankenhausstraße, am Krankenhaus vorbei, in den Haunstetter Wald. Links folgt ein Munitionsdepot der Bundeswehr. Geradeaus durch den Wald, bis wir auf den Hochwasserdamm des Lechs stoßen. Hier links auf breitem Radweg, der sich nach 4 Kilometern auf dem Damm fortsetzt. Schließlich kommen wir wieder zum *Hochablaß* und zur Kanu-Slalomstrecke.

2   Von Augsburg nach Donauwörth

Verkehrsmöglichkeiten   In Augsburg treffen sich mehrere Bundesstraßen. Autobahn-Anschlußstellen. Von München 65 km.
Tourenlänge   61 km.
Fahrzeit   4 Stunden.
Höhenunterschiede   Unwesentlich.
Karten   1:200000 Die Generalkarte, Blatt 22 und 19.
Anmerkungen   Fahrradverleih im Bahnhof Augsburg. Rückfahrt von Donauwörth mit der Eisenbahn oder wie bei Tour 90 beschrieben.
Wissenswertes   *Augsburg* siehe Tour 1. *Scherneck:* Schloß an der Stelle einer vorchristlichen Siedlung. Erste Anlage der Freiherren von Gumppenberg (aus Pöttmes) im Jahre 1388 durch Augsburg zerstört, danach wieder aufgebaut und Mittelpunkt einer Hofmark. Die Gumppenberg'sche Seitenlinie auf Scherneck erlosch 1625 im Mannestum. Heutiges Wohngebäude von 1851, Kapelle 1709 geweiht. Schloßwirtschaft und Brauerei.

Tierhaupten: Ehemaliges Benediktinerkloster, laut Überlieferung in der zweiten Hälfte des 8. Jahrhunderts von Herzog Tassilo II. gegründet, 955 von den Ungarn zerstört. 1022 unter Gebhard Graf von Andechs (Bischof von Regensburg) neu erbaut, im Dreißigjährigen Krieg verwüstet, 1803 durch die Säkularisation aufgehoben. Heutiger Besitzer ist Albrecht von Stetten. Klosterkirche

St. Peter und Paul, seit 1809 Pfarrkirche, dreischiffige Pfeilerbasilika mit Westtürmen. Mönchschor von 1710 durch Johann Jakob Herkommer, Stuck von Franz Xaver Feichtmayr aus Wessobrunn. Kirchenführer-Broschüre. Schlüssel für Besichtigung im Pfarrhaus (Klosterberg 1).

Herrlehof: An der Stelle des Schloßgutes hatte einst der Ortsadel von Ellgau seinen Sitz. Nach deren Aussterben ein Lehen der Erbmarschälle von Pappenheim; 1573 Kauf durch Max, Hans und Jakob Fugger. Heute Saatgut der Familie Lichty.

Mertingen: Einst Hauptort der Reichspflege Wörth, die sich südlich der Donau erstreckte und bis zur Auflösung des Deutschen Reiches (1803) existierte. Renaissance-Pfarrkirche; Gedenktafel an den Einheimischen Anton von Steichele, Erzbischof von München-Freising in den Jahren 1878 bis 1889.

Donauwörth: Ehemals Freie Reichsstadt. Am Rathausplatz das Rathaus, 1236 errichtet, später vielfach verändert. Fuggerhaus (Hl.-Kreuz-Straße), im 15. Jahrhundert Sitz des kaiserlichen Pflegers. 1536 durch die Fugger erworben, typisches Renaissance-Stadtschloß, heute Landratsamt. Stadtpfarrkirche Mariae Himmelfahrt (Reichsstraße), spätgotische Backsteinhalle, beachtenswertes Sakramentshäuschen (Augsburger Steinmetzarbeit), barock gestaltet von Joseph Schmuzer aus Wessobrunn nach Plänen des Vorarlbergers Franz Beer. Im Deutschordenshaus (Kapellstraße 3) ist das Werner-Egk-Museum untergebracht. Archäologisches Museum im Tanzhaus. Heimatmuseum (Hindenburgstraße 15), geöffnet zwischen Juni und Oktober jeden ersten Sonntag im Monat von 10 bis 12 Uhr sowie Mittwoch von 14 bis 16 Uhr, ansonsten nach telefonischer Vereinbarung: (0906) 5021.

Tourenbeschreibung In Augsburg auf der MAN-Brücke über den Lech. Jenseits der Brücke führt der Radweg durch einen Tunnel auf die linke Seite der Hans-Böckler-Straße. Bei der nächsten Ampelkreuzung links und durch den Stadtteil *Firnhaberau* (Schillstraße), bis rechts der Hammerschmiedweg abzweigt. Er führt in die Siedlung *Hammerschmiede.* Dort folgen wir links der Neuburger Straße. Über die Autobahn, nach den Häusern rechts und auf dem Radweg zur Landstraße, die links nach *Mühlhausen* leitet.

Vor dem alten Ortsteil mit seiner 1776 umgebauten Pfarrkirche (Sattelturm aus dem 15. Jahrhundert) biegen wir links ab in Richtung Rehling und radeln gemütlich an der Friedberger Ach entlang bzw. an der Basis des mittleren Lechrains. Nach einiger Zeit sehen wir halbrechts oben das Schloß Scherneck (Abzweigung beschildert, steile Auffahrt).

Bei der Kreuzung in *Oberach* hält man sich links. Durch die Lechebene zur Siedlung *St. Stephan* mit der gleichnamigen Kapel-

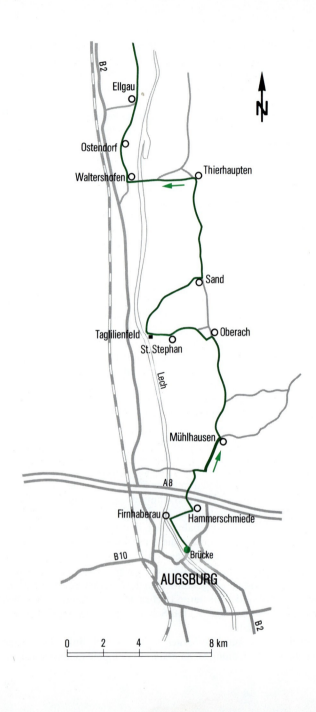

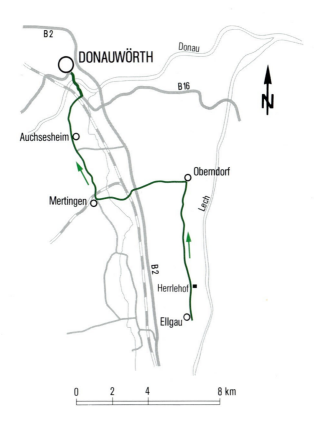

le. Vor den nächsten Häusern (Tennisplatz) zeigt links eine Tafel zum *Taglilienfeld,* das durch Fußpfade erschlossen ist. Blütezeit meist Ende Mai/Anfang Juni. Von Augsburg 20 Kilometer.

Zurück zur Straße und links. Kurz vor der Lechbrücke wendet sich unsere Route scharf rechts. Durch die Lechauen und über Feldfluren nach *Sand.* Hier in der Nähe sollen die Ungarn 955 eine schwere Niederlage erlitten haben, woher der Ortsname Todtenweis – Totenwiesen – abgeleitet wird.

Bei der Straßenkreuzung links und nun wieder am Lechrain entlang. Ein Gestüt bleibt zurück. In *Tierhaupten* geht es dann, links haltend, zum Abt-Schmid-Platz und zur Kirche.

Vom Marktplatz in Richtung Meitingen. Über den Lech (Gasthaus) sowie über den Lechkanal nach *Waltershofen,* wo wir am
Ortsanfang rechts abbiegen. Der Sattelturm der Kirche von *Osten-
dorf* ist romanischen Ursprungs und befindet sich vermutlich an der
Stelle eines römischen Heiligtums.

Ellgau, das wir wenig später erreichen, erscheint urkundlich als
»Elgen« bereits im 12. Jahrhundert. Östlich davon ist der Lech ge-
staut – ein Paradies für Wasservögel. Wir folgen der Hauptstraße in
Richtung Oberndorf. Vom westlichen Lechrain grüßen die Türme
der Klosterkirche Holzen. Der *Herrlehof* wird passiert. Die Moor-
siedlung bleibt links liegen.

Am Südrand von *Oberndorf* nehmen wir die Straße links in das
5,5 Kilometer entfernte *Mertingen.* Auf der Anhöhe südlich des
Ortes hatten die Römer ein Kastell (Summuntorium).

Bei der Pfarrkirche rechts durch die Mardostraße und nach
Auchsesheim, wo ein Platz an den berühmtesten Sohn des Ortes erinnert: Werner Egk, Komponist (unter anderem die Opern »Co-
lumbus«, »Irische Legende«, »Die Zaubergeige«), der hier am 17.
Mai 1901 das Licht der Welt erblickte.

Von Auchsesheim sind es nur noch 5 Kilometer in die Stadtmitte
von *Donauwörth.*

3   Dasing – Aichach – Maria Birnbaum – Dasing

Verkehrsmöglichkeiten   Dasing liegt 12 km östlich von Augsburg
an der Bundesstraße 300 unweit der Autobahn-Ausfahrt. Bahn-
strecke Augsburg – Aichach.
Tourenlänge   40 km.
Fahrzeit   2¹/₂ Stunden.
Höhenunterschiede   Erste Steigung aus dem Paartal nach Obergriesbach. Ab Aichach durchwegs bergige Strecke.
Karten   1 : 200 000 Die Generalkarte, Blatt 22.
Wissenswertes   *Dasing:* Im Spätmittelalter eine Hofmark der
Herren von Mässenhausen (bei Freising), durch die Säkularisation
1803 in bayerischen Besitz übergegangen. Pfarrkirche aus goti-
scher (Chor und Turm) und barocker (Langhaus) Zeit, Gewölbe-
und Wandfresken.

Obergriesbach: Auf einer westlichen Anhöhe des Paartales mit
einem Schloß des 18. Jahrhunderts, dessen Vorgängerin im Dreißigjährigen Krieg zerstört wurde. Pfarrkirche von 1750 mit Dek-
kengemälden von Ignaz Baldauf; im Chor Epitaphien früherer
Schloßbesitzer.

Aukapelle: Der ersten Kapelle aus Holz folgte 1714 ein Steinbau, den Graf Max Emanuel von Thurn und Taxis im Jahre 1737 vergrößern ließ. Der Legende nach wurde hier ein Kreuzwegbild durch einen Soldaten beschädigt. Der Soldat wurde deswegen in München enthauptet (siehe Deckengemälde). Das mißhandelte Bild (über dem Altar) zog Wallfahrer an.

Aichach siehe Tour 4.

Oberwittelsbach: Einst (ab 1115) Stammsitz der Wittelsbacher. Die Burg wurde 1209 durch Herzog Ludwig den Kelheimer geschleift, nachdem Pfalzgraf Otto von Wittelsbach im Bamberger Dom den Stauferkönig Philipp von Schwaben ermordet hatte. Infolge der Ausgrabungen (Informationstafel) konnten die Grundrisse der Burg rekonstruiert werden. Der schlichte dunkelrote Ziegelbau der gotischen Kirche St. Maria stammt in der heutigen Form aus dem frühen 16. Jahrhundert. Kirchenführungen im nahen Haus Nr. 3 anmelden. Neugotischer Wittelsbacher-Gedenkstein, 1835 von König Ludwig I. gesetzt. Das Ziegelgebäude neben dem Burgplatz diente früher als Schul- und Benefiziatenhaus.

Maria Birnbaum: Wallfahrtskirche, erbaut 1661 bis 1668 unter dem Deutschordenskomtur Philipp von Kaltental (aus der Kommende Blumenthal) durch den Münchner Konstantin Bader: frühester barocker Zentralbau in Bayern; großartiger Stuck des Wessobrunners Matthäus Schmuzer. Führungen an der Pforte anmelden!

Tourenbeschreibung In *Dasing* beim Gasthof Lechner (gutbürgerliches Speiselokal) nehmen wir die Taitinger Straße. Die Kirche bleibt links liegen. Vorbei an der Malzfabrik Gebler und anderen Industrieanlagen radeln wir unter der Autobahn hindurch nach *Taiting.* An der Ortsausfahrt rechts halten in Richtung Obergriesbach. Nach insgesamt 4,2 Kilometern links ab (man kann auch geradeaus fahren und auf den Besuch von Obergriesbach verzichten!) und etwa 600 Meter bergan. In *Obergriesbach* hält man sich rechts. Unterhalb des Schlosses vorbei und wieder abwärts ins Tal der Paar, wo wir uns links halten. Auf der rechten Straßenseite steht die *Aukapelle.*

Der Bahnhof von Obergriesbach bleibt zurück. *Sulzbach* wird vom gotischen Turm seiner Pfarrkirche überragt; der Turm bildet den Chor der 1869 vergrößerten Kirche.

Wir bleiben auf der westlichen Seite des Tales, begleitet von den Flußschlingen der Paar und vom Bahnkörper. *Unterschneitbach* ist bereits ein Stadtteil von Aichach. Im Ort biegen wir mit der St.-Emmeram-Straße rechts ab, passieren einen Kinderspielplatz und kreuzen den Schienenstrang. Abschließend über die Paar in die Kreisstadt *Aichach,* im Mittelalter mit Wällen und doppelten Was-

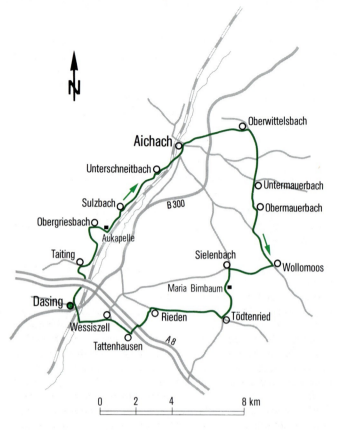

sergräben (1806 eingeebnet) sowie einer türmebesetzten Ringmauer umgeben. Durch das Obere Tor (mit achteckigem Aufsatz
und Gesimsen) gelangen wir in die historische Altstadt. Von Dasing 13 Kilometer.

Durch das Untere Tor aus der Altstadt und nach 700 Metern vor
dem Südmarkt rechts ab in Richtung Oberwittelsbach. Nach der
Unterführung den Radweg benutzen und bergauf durch den Ort
Oberwittelsbach. Oben links zum Burgplatz. Von Aichach 3,5 Kilometer.

Zurück, geradeaus über die Kreuzung und jenseits auf der Vero-
neserstraße weiter. Südwärts, über eine Straßenkreuzung hinweg
und bergauf nach *Untermauerbach.* Vorbei an der Kirche nach
Obermauerbach, wohin uns der Spitzturm der Kirche weist. Danach stößt man auf eine Querstraße. Mit ihr links in den Landkreis
Dachau. In *Wollomoos* rechts ab in Richtung Sielenbach. Wenig
später umfängt uns wieder der Landkreis Aichach-Friedberg.

In *Sielenbach* bei der barocken Kirche links zum Gasthaus Winterholler und hinaus zur Kirche *Maria Birnbaum*. Von hier sind es 3 Kilometer nach *Tödtenried,* wo man rechts in das Sträßchen nach Rieden abzweigt. Zunächst über freies Land, danach durch einen Wald nach *Rieden.* Geradeaus, an der Kirche vorbei und bei den letzten Häusern links, über die Autobahn nach *Tattenhausen.* Vor dem Gasthaus Winterhof rechts und über *Wessiszell* nach *Dasing.*

4   Von Aichach ins altbayerische Spargelparadies

Verkehrsmöglichkeiten   Aichach liegt an der Bundesstraße 300 zwischen Augsburg (26 km) und Ingolstadt (52 km). Bahnstation.
Tourenlänge   51 km.
Fahrzeit   3¹/₂ Stunden.
Höhenunterschiede   Durchweg wellige Strecke ohne erhebliche Steigungen.
Karten   1 : 200 000 Die Generalkarte, Blatt 22.
Wissenswertes   Zwischen Mai und Juni bieten zahlreiche Gasthöfe des beschriebenen Gebietes frische Spargel-Spezialitäten an.
Aichach: Vorbildlich wiederhergestelltes historisches Bild eines bayerischen Straßenmarktes, der durch die Wittelsbacher ab dem 13. Jahrhundert aufblühte, unter anderem als Landgerichtssitz. Beiderseits des langgestreckten Marktplatzes behäbige Bürgerhäuser von ansehnlicher Gestalt. Spitalkirche Heilig Geist, zweischiffige gotische Halle mit gotischem Wappenstein (von 1418) Herzogs Ludwig des Gebarteten von Ingolstadt. Stadtpfarrkirche, dreischiffige spätgotische Basilika mit Rippengewölbe aus dem frühen 16. Jahrhundert, Rokoko-Hochaltar, Altarbild (Maria Himmelfahrt) des fürstbischöflichen Hofmalers Ignaz Baldauf (1715–1783) aus Inchenhofen. Heimatmuseum (Schulstraße 2), geöffnet jeden 1. Sonntag im Monat von 14 bis 16 Uhr.
Inchenhofen: 700 Jahre altes Leonhardiheiligtum, urkundlich erstmals 1266 als »Imechinhovin« – bei den Höfen des Imicho – erwähnt. Damals existierte schon eine Leonhardskapelle. Marktfreiheiten im Mai 1400 durch Herzog Stephan II. Die heutige Wallfahrtskirche, eine dreischiffige Pfeilerbasilika der Landshuter Schule, stammt aus dem Jahre 1451; später barock ausgestattet mit Langhausfresken des Einheimischen Ignaz Baldauf, fürstbischöflicher Hofmaler zu Augsburg. Überladener Hochaltar mit lebensgroßem Hl. Leonhard. Gnadenbild (Pietà) im nördlichen Seitenaltar. Seit Ostermontag 1982 eine von Papst Johannes Paul II. geweihte Votivkerze mit dem päpstlichen Wappen, Leuchter des

Augsburger Goldschmiedes Dochtermann. An der südlichen Außenwand ein sogenannter »Leonhardsnagel« (121 kg, 1 m hoch, 12 cm Durchmesser), geschmiedet aus Pflugscharen, die einst die wallfahrenden Gemeinden mitbrachten. Früher, als die Wallfahrt an vierter Stelle in der Welt stand, kamen 167 Dörfer am Leonharditag (6. November) zum prächtigen Umzug.

Pöttmes: Stattlicher altbayerischer Markt. Am Marktplatz, den im Westen das Storchentor abschließt, steht das im Jahre 1704 nach einem Brand erneuerte Schloß der Freiherren von Gumppenberg, die hier seit 1200 sitzen, als Nachfolger der Grafen von Lechsgmünd. Auf dem Marktplatz die Johanneskirche. Dieser südliche Ortsteil war früher ummauert. Im nördlichen Ortsteil, am Äußeren Markt, erhebt sich die 1478 erbaute Pfarrkirche als dreischiffige Pfeilerbasilika mit spätgotischen Netzgewölben in den Seitenschiffen; barock ausgestattet. Zahlreiche Grabdenkmäler in den inneren und äußeren Kirchenwänden (unter anderem 23 der Dynastie Gumppenberg).

Sandizell: Schloß der gleichnamigen gräflichen Familie, die erstmals im 11. Jahrhundert erwähnt wird; 1640 Freiherrenstand, 1790 Grafenstand. Ursprünglich eine Wasserburg, Mitte des 18. Jahrhunderts zu einer Dreiflügelanlage umgebaut; keine Besichtigung, bewohnt von der Gräfin. Pfarrkirche St. Peter, achteckiger Zentralbau nach einem Entwurf von Johann Baptist Gunetzrhainer aus München, gestiftet von Graf Max Emanuel von Sandizell in Erfüllung eines Gelübdes. Hochaltar von Egid Quirin Asam. Beachtenswerte Pietà aus dem frühen 16. Jahrhundert.

Schrobenhausen: Von den Ungarn 955 vollkommen zerstört. Stadtrechte seit 1447. Heimatort des Porträtmalers Franz von Lenbach (1836–1904). Stadtpfarrkirche St. Jakob, dreischiffige Pfeilerbasilika in typischer bayerischer Spätgotik; Gedenktafel (von 1419) für Herzog Ludwig den Gebarteten, unter welchem die Stadtmauer entstand. Spätgotisches Rathaus, Ende des 19. Jahrhunderts durch Gabriel Seidl umgebaut. Heimatmuseum (Lenbachstraße 22), geöffnet täglich von 9 bis 11 Uhr und von 14 bis 16 Uhr. Lenbachmuseum (Ulrich-Peißer-Gasse 1), geöffnet täglich von 9 bis 11 Uhr und von 13 bis 16 Uhr.

Paar: Ländliches Dorf am Ostrand des gleichnamigen Tales. Erster Kirchenbau um 1450, heutige Anlage von 1607, eine der wesentlichen Werke der bayerischen Nachgotik; Spätrenaissance-Stuck durch das Brüderpaar Antonio und Pietro Castello aus Lugano, das auch in der Neuburger Hofkirche wirkte.

Kühbach: Kirche einer ehemaligen, 1803 durch die Säkularisation aufgelösten Benediktinerinnen-Abtei. Turmunterbau romanisch, Neubau der emporelosen Wandpfeilerbasilika 1688 abgeschlossen. Auf der Westempore der einstige Nonnenchor. Wessobrunner Stuck. Kirchenführer-Broschüre. An die Kirche schließen sich westlich die alten Klostergebäude aus dem späten 17. Jahrhundert an, die im 18. und 19. Jahrhundert einen Umbau erfuhren. Heutiger Besitzer Freiherr von Truchseß (Brauerei).

Tourenbeschreibung Die historische Altstadt durch das gotische Untere Tor verlassen. Kurz danach, vor dem Gasthof Storchenbräu links in die Donauwörther Straße einbiegen. Hinter dem Bahnkörper nehmen wir den Radweg neben der Straße nach *Oberbernbach,* wo man an der ursprünglich romanischen Pfarrkirche (gotischer Chor) vorbeikommt. Unsere Richtung heißt Inchenhofen. Zunächst parallel zur Bahn. Etwas später wendet sich die Straße links ab. Durch hügeliges Land dem Kirchturm von *Inchenhofen* entgegen. Von Aichach 7 Kilometer.

Aus Inchenhofen leitet uns die Pöttmeser Straße. Hinter einem Waldstück haben wir zur Rechten die eigenwillig geformte Kirche von *Schönau.* Bald folgt links das Sedlbrunner Holz. In mäßigem Auf und Ab wird der Markt *Pöttmes* erreicht. Von Aichach 16 Kilometer.

Auf der Nordseite des Kirchplatzes (im Gasthof zur Krone Spargelgerichte) geht es rechts in die Lange Straße, welche in die Schrobenhausener Straße übergeht. Nach 4 Kilometern sind wir in *Grimolzhausen* mit einem Storchennest auf dem Kirchdach. Nach einiger Zeit nimmt uns der Landkreis Neuburg-Schrobenhausen auf.

Am Ortsanfang von *Sandizell* fährt man links durch die Schloßstraße zum gräflichen Schloß und weiter zur Pfarrkirche. Danach durch die St.-Peter-Straße zurück, links durch die Asamstraße und in der Folge wieder auf die Schrobenhausener Straße. Durch den Hagenauer Forst. An seinem Ende beginnt links ein Natur-Lehrpfad. Etwas später durch den Vorort Steingriff in die Altstadt von *Schrobenhausen.*

Auf dem gleichen Weg aus der Altstadt zurück, bis links eine Tafel nach Aichach weist. Nun am nördlichen Rand des Paartales in das Dorf *Hörzhausen.* Es war im 11. Jahrhundert Mittelpunkt der Grafschaft »Herteshusa«, von wo aus Amtsgraf Adalbero im Jahre 1011 das Kloster Kühbach stiftete. Die Pfarrkirche St. Martin (gotischer Chor, Schiff aus der Mitte des 18. Jahrhunderts, zinnengezierter Sattelturm) steht etwas abseits. Das einstige Schlößchen ist wie vom Erdboden verschwunden.

Am nächsten Dörfchen, *Halsbach,* führt die Straße links vorbei und in den Landkreis Aichach-Friedberg. Durch ein Waldstück nach *Unterbernbach.* Bei der Streusiedlung *Radersdorf* biegen wir an der Straßenkreuzung links ab. Über den Bahnkörper, vorbei an

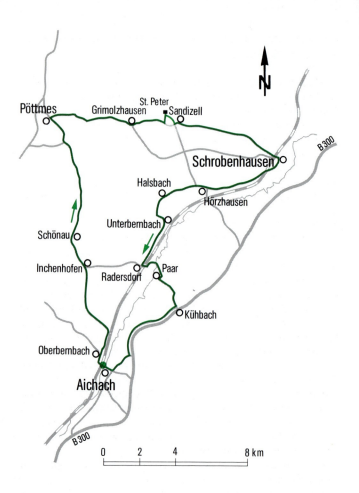

einem großen Baggersee und über die Paar in das Dorf *Paar,* von dem Sichtverbindung mit Inchenhofen (im Westen) besteht.

Hinter der nächsten Kuppe weist uns bereits die Laternenkuppel der ehemaligen Klosterkirche die Route in den Markt *Kühbach* an der wochentags stark befahrenen Bundesstraße 300.

Auf der B 300 einen Kilometer in Richtung Aichach, wonach wir rechts auf einen landwirtschaftlichen Fahrweg überwechseln, der parallel zur Straße verläuft und sich später als Feldweg fortsetzt. Bei der Unterführung rechts und zurück nach *Aichach.*

5 Von Donauwörth über die Mauerner Höhlen nach Neuburg

Verkehrsmöglichkeiten Donauwörth bildet den Kreuzungspunkt der Bundesstraßen 25, 2 und 16. Bahnstrecke Augsburg – Nürnberg sowie Nördlingen – Neuburg.
Tourenlänge 45 km.
Fahrzeit 3 Stunden.
Höhenunterschiede Ab Schloß Leitheim wellig-bergige Strecke bis Stepperg.
Karten 1:200000 Die Generalkarte, Blatt 19.
Anmerkung Von Neuburg Bahnrückfahrt nach Donauwörth möglich.
Wissenswertes *Donauwörth* siehe Tour 2.

Leitheim: Lustschloß bzw. ehemalige Sommerresidenz der Zisterzienser-Reichsabtei Kaisheim, 1685 mit der Schloßkirche St. Blasius unter Abt Elias Götz erbaut, von 1739 bis 1771 unter Abt Coelestin I. im Stil des Rokoko ausgestaltet, heutiger Besitzer ist der Baron von Tucher. Führungen im Schloßmuseum ab 1. Mai täglich (außer Montag) von 10 bis 12 und 14 bis 16 Uhr. Allwöchentlich zwischen Mai und Oktober im Rokokofestsaal, einer der bedeutendsten Räume aus der Blüte des bayerischen Rokoko, Kammerkonzerte bei Kerzenbeleuchtung.

Bertoldsheim: Barockschloß in Hufeisenform an der Stelle einer Burg der Grafen von Lechsgemünd, von 1718 bis 1730 durch den Eichstätter Hofbaudirektor Gabriel de Gabrieli für den kaiserlichen General Freiherr von Isselbach erbaut, heutiger Besitzer Dr. Karl L. Graf du Moulin-Eckart. Anfragen wegen Besichtigung Telefon (08434) 434. Gotische Dorfkirche St. Michael, gotische Freskofragmente, Barockaltäre.

Rennertshofen: Weitgehend ursprünglicher bayerischer Straßenmarkt des 13. Jahrhunderts, bajuwarische Gründung, einst vollständig mit Mauern gegürtet. Reizvolle Häuserzeilen beiderseits der Hauptstraße mit dem Renaissance-Rathaus und der barocken Pfarrkirche.

Mauern: Pfarrkirche von 1734 mit einem Turm aus dem 13. und Chor aus dem 14. Jahrhundert. Am westlichen Ortsrand die Mauerner Höhlen, prähistorische Behausungen von Rentier- und Mammutjägern, wie Knochenfunde ergeben haben.

Stepperg: Unter den Römern Donauübergang der Staatsstraße (via publica) von Regensburg. Schloß aus dem 16. Jahrhundert der Augsburger Welser, Flügelbauten von 1850, heute Gräflich-Moy'sche Brauerei. Auf dem nahen Antoniberg zwei Wallfahrtskapellen: St. Anton von 1676, St. Anna von 1790 bis 1792.

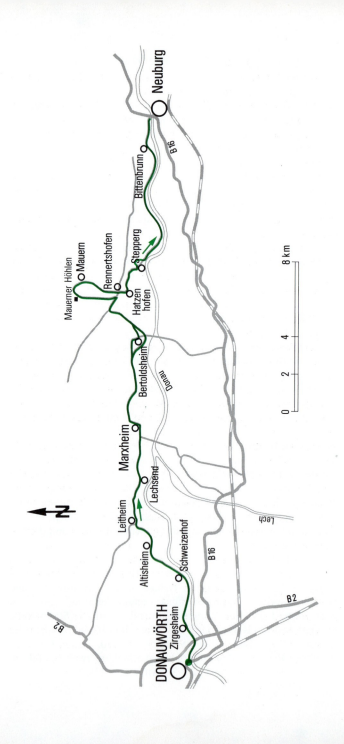

Neuburg siehe Tour 72.

Tourenbeschreibung Von Donauwörth, am Nordufer der Donau, auf der Zirgesheimer Straße (Radweg) in den gleichnamigen Stadtteil. Oberhalb der Häuser von *Schweizerhof* thront malerisch ein romanisches Kirchlein. Danach entfernt sich die Straße von der Donau. Hinter *Altisheim* erfolgt eine Steigung nach *Leitheim,* wo man gegenüber Haus Nr. 10 der Durchgangsstraße rechts zu Schloß und Kirche abzweigt. Von dort angeblich schönster Fernblick an der deutschen Donau. Von Donauwörth 10 Kilometer.

Die Abfahrt durch Leitheim verschafft uns den notwendigen Schwung für die Gegensteigung nach *Lechsend.* Vorbei an der barocken Pfarrkirche geht es nach *Marxheim* (südlich, 3 km, ehemalige Zisterzienser-Klosterkirche in Kaisheim).

Auf der Bayernstraße geradeaus nach Marxheim. Bald steigt die Straße entlang dem feuchten Waldstück des Wannengries an. Vor *Bertoldsheim* müssen wir uns entscheiden: Entweder links durch den Ort (Auffahrt) oder der flachen Umgehungsstraße folgen. Östlich des Ortes treffen die Routen wieder zusammen. Gemeinsam in den 2 Kilometer entfernten Markt *Rennertshofen.* Von Donauwörth 25 Kilometer.

Gleich nach dem Osttor (1338 erbaut, heutige Form von 1938) biegen wir links in die Industriestraße ein. Nach 300 Metern bei einem Turm der Ringmauer nehmen wir das rechts abzweigende Sträßchen. Es dringt ins Tal der Ur-Donau ein, die in grauer Vorzeit von Rennertshofen nach Dollnstein im Altmühltal floß. Nach etwa 2 Kilometern befinden sich links im Hang des Jura die *Mauerner Höhlen.*

Über die Gleise in das Dörfchen *Mauern.* Mit der Römerstraße an der Kirche vorbei und zur Talstraße, die uns rechts nach *Rennertshofen* zurückleitet. Über die Straßenkreuzung und in Richtung *Hatzenhofen.* Von dort an dem Flüßchen Ussel entlang nach *Stepperg.* Vor dem Schloß links das Sträßchen Antoniberg hoch. Anschließend rechts entlang der Schloßparkmauern bzw. auf abfallendem Sträßchen – rechts die Kapellen auf dem Antoniberg – zum Hochwasserdamm der Donau. Auf seiner bewachsenen Krone radeln wir gemütlich durch die Auenlandschaft. Nach etwa 4 Kilometern führt der Damm nahe an den Hang heran; links oben der Aussichtsplatz Finkenstein.

Ab der Staustufe Bittenbrunn links haltend auf einer Straße nach *Bittenbrunn* (links das gelobte Speiserestaurant zum Kirchbaur). Abschließend nehmen wir den Radweg entlang der Neuburger Straße und gelangen zur Donaubrücke in *Neuburg.*

6 Von Landsberg zum östlichen Lechrain

Verkehrsmöglichkeiten Landsberg liegt verkehrsmäßig günstig an den Bundesstraßen 17, 18 und 12. Von Augsburg 39 km, von München 56 km, von Schongau 30 km. Bahn- und Busverbindungen.

Tourenlänge 29 km.

Fahrzeit 2 Stunden.

Höhenunterschiede Leicht wellige Strecke.

Karten 1:200 000 Die Generalkarte, Blatt 22.

Anmerkungen Fahrradverleih im Bahnhof Landsberg.

Wissenswertes *Landsberg:* Im Kern mittelalterliche Stadt, Befestigungsanlagen mit Toren, Türmen, Mauern. Spätgotische Bürgerhäuser. Rathaus mit barockem Fassadenschmuck von Dominikus Zimmermann, dem Erbauer der Wieskirche und Bürgermeister (1749–1754) von Landsberg. Zimmermann sorgte auch für den Neubau (1741–1754) der Johanniskirche. Stadtmuseum am Mutterturm. Stadtpfarrkirche Maria Himmelfahrt, 1468 unter Abt Leonhard von Wessobrunn durch Valentin Kindlein erbaut, 1680 barockisiert; dreischiffige, flachgedeckte Pfeilerbasilika mit Kapellen; Rosenkranzaltar von Zimmermann, gotische Madonna (Multscher-Werkstatt). Inselbad mit Wellenanlage unterhalb des Lechwehres.

Haltenberg: Burgruine an der Stelle eines römischen Wachtturmes bzw. einer Römervilla. Die Burg entstand um 1250, bis 1424 im Besitz der Edlen von Haldenberg, danach der Rehlinger, die ein Schloß errichteten, das 1795 als Besitz der bayerischen Landesfürsten abgetragen wurde; heute landwirtschaftliches Anwesen.

Kaufering: Hochgelegene, weithin sichtbare barocke Pfarrkirche St. Johannes mit Wessobrunner Stuck von 1706.

St. Leonhard: Barocke Wallfahrtskirche mit gotischem Chor, Fresken (Szenen aus dem Leben des Hl. Leonhard) von Jakob aus München.

Tourenbeschreibung Am oberen Rand der Altstadt, unweit des prächtigen *Bayerntores* aus dem Jahre 1425, nehmen wir neben dem Hotel Stadt München die *Epfenhauser Straße* in nördlicher Richtung. Links begleitet uns die von Rundtürmen bewehrte Stadtmauer. Über die Autobahn hinweg zu den Häusern von *Ziegelstadel,* wobei wir links bereits den Kirchturm (Zwiebelhaube) von Kaufering sehen. Vorerst aber leitet uns das Satteldach des Kirchturms von *Epfenhausen,* das wir durch eine Bahnunterführung erreichen.

Weiter in Richtung Mering. Rechts unten durchfließt der Verlorene Bach die Wiesen. In der Gemeinde *Weil* geht es nach dem

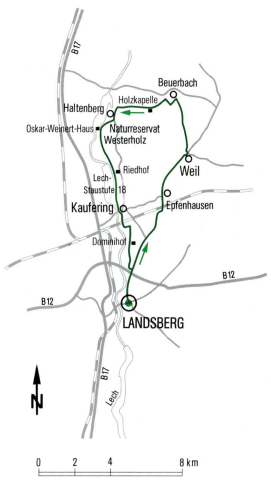

Gasthaus Pfaller links in das 3 Kilometer entfernte *Beuerbach*.
Dort nach dem ersten Haus links in den *Moosweg*. Damit sind wir
auf einem beschilderten Radwanderweg (Markierung: R 2). Kurz
darauf rechts, an der Wegteilung links halten und auf die bereits
sichtbare *Holzkapelle* (Barockaltar im Rundchor) zu.

Ein Forstfahrweg leitet in das *Naturreservat Westerholz* (Landschaftsschutzgebiet). Hier verstecken sich rund 200 vorchristliche
Grabhügel, von denen nur noch wenige (abseits der Wege) ausge-
prägt sind.

Geradeaus durch den Wald zum sogenannten »Westerholz-
stern«, dem Treffpunkt mehrerer Waldwege. Auch hier geradeaus.
Nach 800 Metern gibt uns das Westerholz frei. Vom Waldrand zur

nahen Asphaltstraße. Auf ihr links – rechts am Rand des Lechrains zeigt sich Haltenberg –, bis nach 600 Metern rechts ein gewundenes Asphaltsträßchen zum *Oskar-Weinert-Haus* der »Naturfreunde« Klosterlechfeld abzweigt. Die saubere Hütte ist von Mitte März bis Herbst an Wochenenden bewirtschaftet. Von Landsberg 17 Kilometer.

In der Folge hält sich die Radwanderroute an die Ostufer-Hangkante des Lechs, führt an der halbkreisförmigen Anlage einer vorchristlichen Wallburg vorbei zum Herrschaftshaus des Gutes *Riedhof* oberhalb der Lech-Staustufe 18. Das Ökonomiegebäude steht 400 Meter weiter östlich.

Am östlichen Lechrain gelangen wir nach *Kaufering.* Nach dem Maibaum links bergan, wenig später rechts halten und den R 2-Täfelchen nachfahren. Hinter der Bahnunterführung taucht plötzlich vor uns die Wallfahrtskirche St. Leonhard auf (geschlossen). Gleich nach der Unterführung links aufwärts mit einem asphaltierten Fahrweg, parallel zur Eisenbahn. Auf der Höhe biegt man rechts ab (R 3) und radelt südwärts, vorbei am *Dominihof,* zur bekannten Straße des Herweges. Jetzt ist es nicht mehr weit nach *Landsberg.*

7   Von Landsberg zum Ammersee

Verkehrsmöglichkeiten   Landsberg liegt an den Bundesstraßen 17, 18 und 12. Von Augsburg 39 km, von München 56 km, von Schongau 30 km. Bahn- und Busverbindungen.
Tourenlänge   23 km.
Fahrzeit   2 Stunden.
Höhenunterschiede   Erste Steigung ab Pitzling (613 m) nach Stoffen (660 m), in der Folge welliges Gelände bis zur abschließenden Abfahrt nach Dießen.
Karten   1:200000 Die Generalkarte, Blatt 22.
Anmerkungen   Fahrradverleih im Bahnhof Landsberg, Rückgabe eventuell im Bahnhof Dießen. Anschlußtouren von Dießen siehe Touren 9 und 10.
Wissenswertes   *Landsberg* siehe Tour 6.
Dießen: Stiftskirche St. Marie eines ehemaligen Augustiner-Chorherrenstiftes, 1732 bis 1739 von dem gebürtigen Burglengenfelder Johann Michael Fischer, dem bedeutendsten Barockbaumeister Altbayerns, geschaffen; Kirchenführer-Broschüre.
Ammersee: Reizvoll im Voralpenland gelegen, nimmt eine Fläche von 47 Quadratkilometern ein, 16 Kilometer lang, 3 Kilometer

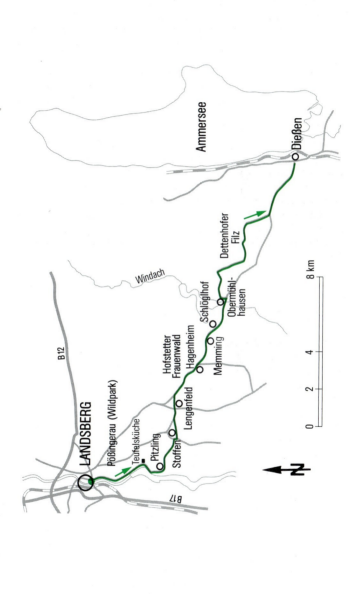

breit, bis 81 Meter tief. Durchschnittliche Wassertemperatur in den Sommermonaten bei 20 Grad.

Tourenbeschreibung In Landsberg bei der südlichen Lechbrücke bzw. neben dem Gasthof zum Kratzer in das *Klösterl.* Hinter dem Torbogen halbrechts (geradeaus in den Hof zu einem Aquarium mit Lechfischen, Fütterungsautomat) und mit den beschilderten (R 5, R 6) Radwegen auf breitem Weg durch die *Pößingerau (Wildpark),* am Lech entlang, zur *Gaststätte Teufelsküche* (Bootsverleih). Bei der Teufelsküche handelt es sich um die hier mündende, von Sagen umwobene Waldschlucht, dem Treffpunkt von Hexen und Truden, Wichteln und Holzweiblein sowie den Hojemännlein, die angeblich kein Mark in den Knochen hatten.

Auf dem Wildparkweg erreichen wir die ersten Häuser von *Pitzling,* einem Stadtteil von Landsberg. Links oben sehen wir Schloß Pörring (privat, keine Besichtigung). Die Schloßkapelle, eine Dreikonchenanlage, birgt das einzig bekannte Deckengemälde von Dominikus Zimmermann; Schlüssel zur Kapelle im Haus Nr. 3.

Auf der *Seestraße* durch den Ort, vorbei an der Dorfschänke Fuchsbau, zur Kirche. Hier links und nun bergauf. Die Stoffener Straße leitet zur Anhöhe. Am Ortsanfang von *Stoffen,* gleich nach der Kapelle rechts in die *Kapellenstraße.* Nach Haus Nr. 7 links zur Durchgangsstraße (Stadler Straße). Kurz links, dann rechts in die Lengenfelder Straße und nach *Lengenfeld.*

Im Ort auf der *Landsberger Straße* links, dann rechts durch die *Ammerseestraße* und an den Sportplätzen vorüber zu einer Querstraße. Auf ihr rechts, entlang am *Hofstetter Frauenwald,* über eine Kuppe hinweg und hinunter nach *Hagenheim.* An der Straßenkreuzung geradeaus zu den Häusern von *Memming.* Danach durch die Weiler *Grünsink* und *Schlöglhof* nach *Obermühlhausen.*

Die Straße senkt sich zur *Windach.* Etwa 200 Meter danach links, aber nicht geradeaus (Windachsee, Windachsee-Alm), sondern nach 300 Metern rechts ab. Eine schmale Straße führt bergan in den Wald. Die Häuser von Unterbeuern bleiben links liegen. Vor der Ortstafel von Oberbeuern nehmen wir rechts den bezeichneten (R 4) Radwanderweg. In den Wald. Sobald er uns freigibt, zeigt sich im Vorblick das spitze Kirchtürmlein von Dettenhofen. Wir fahren nicht in den Ort, sondern halten uns an der nächsten Kreuzung links. Links folgt das Naturschutzgebiet *Dettenhofer Filz.* Vom Ende des Asphaltstückes bergan in den Wald, geleitet von den Täfelchen R 4, wobei wir eine Linksabzweigung nicht übersehen dürfen. Durch den *Oberforst* ostwärts zu einer Straße (kurz davor links ein Ameisenhufen). Direkt im Vorblick Andechs.

Auf der Straße rechts (links unterhalb liegt Engenried) und knapp 2 Kilometer zu einer Querstraße. Links und anschließend – abgesehen von einer leichten Gegensteigung – nur noch bergab nach *Dießen*. Im oberen Ortsteil rechts die sehenswerte Kirche. Abwärts, über die Ampelkreuzung und vollends hinunter zum *Bahnhof* unweit des Ammersees.

8   Von Landsberg ins obere Lechtal

Verkehrsmöglichkeiten   Landsberg liegt an den Bundesstraßen 17, 18 und 12. Von Augsburg 39 km, von München 56 km, von Schongau 30 km. Bahn- und Busverbindungen.
Tourenlänge   42 km.
Fahrzeit   2¹/₂ Stunden.
Höhenunterschiede   Nennenswerte Steigungen ab Pitzling (613 m) nach Stoffen (660 m), vom Lech bei Epfach (610 m) nach Denklingen (708 m).
Karten   1 : 200 000 Die Generalkarte, Blatt 22.
Anmerkungen   Fahrradverleih im Bahnhof Landsberg sowie in Epfach, Gasthaus Sonne.
Wissenswertes   *Landsberg* siehe Tour 6.
   Pitzling: Schloß Pöring (privat, keine Besichtigung) an der Stelle eines römischen Wachtturmes, gehörte mit Pitzling bis 1546 den Herren von Pörring. Der letzte des Geschlechtes, Sixt von und zu Peringen, liegt in der Kirche von Pitzling begraben. In der Schloßkapelle das einzige bekannte Deckengemälde von Dominikus Zimmermann; Schlüssel zur Kappelle im Haus Nr. 3.
   Vilgertshofen: Hochbarocke Wallfahrtskirche, 1686 bis 1692 vom Wessobrunner Johann Schmuzer, einer der vielseitigsten Wessobrunner Künstlernaturen, erbaut; Kirchenführer-Broschüre. Alljährlich am 15. August »Stumme Prozession«.
   Epfach: Das ursprünglich keltische »Abodiacum« der Römer am Kreuzungspunkt wichtiger antiker Fernstraßen. Ausführliche Angaben auf einer Informationstafel unweit der Lechbrücke.
   Asch: Pfarrkirche mit Langhaus von 1720 und hochbarocker Wessobrunner Stuckdekoration von Joseph Schmuzer.
   Unterdießen: An der Ostseite des Ortes verlief die römische Via Claudia (Augsburg – Oberitalien). Edelfreie Ritter »von Diezzen« erscheinen bereits um die Mitte des 12. Jahrhunderts. Das Schloß wurde 1820 durch Erwin Prinz von der Leyen erworben und ist heute noch im Besitz der fürstlichen Familie (keine Besichtigung).
Tourenbeschreibung   In Landsberg bei der südlichen Lechbrücke bzw. neben dem Gasthof zum Kratzer in das *Klösterl*. Hinter dem Torbogen halbrechts (geradeaus in den Hof zu einem Aquarium

mit Lechfischen, Futterautomat) und mit dem beschilderten (R 5, R 6) Radweg durch die *Pößingerau (Wildpark)* am Lech entlang zur *Gaststätte Teufelsküche* (Bootsverleih). Bei der Teufelsküche handelt es sich um die hier mündende, von Sagen umwobene Waldschlucht, dem Treffpunkt von Hexen, Truden, Wichteln, Holzweiblein sowie den marklosen Hojemännlein.

Auf dem Wildparkweg erreichen wir die ersten Häuser von *Pitzling,* einem Stadtteil von Landsberg. Links oben sieht man Schloß Pörring. Mit der Seestraße durch den Ort, vorbei an der Dorfschänke Fuchsbau zur Kirche.

Nun links auf der Stoffener Straße bergan. Am Ortsrand von *Stoffen,* gleich nach der Kapelle, rechts ab und auf der Kapellenstraße zur Durchgangsstraße (Stadler Straße). Rechts, nach einiger Zeit durch den *Frauenwieswald* und dem Satteldach des Kirchturms von *Stadl* entgegen.

Auf der Johann-Baader-Straße (»Lechhansl«, Barockmaler aus Lechmühlen) in Richtung Vilgertshofen. Bei den letzten Häusern geradeaus über die Straßenkreuzung, worauf uns *Vilgertshofen,* Wallfahrtsort seit 1674, erwartet.

Am Kreis-Altenheim vorbei, kurz danach rechts und durch leicht gewelltes Gelände in südlicher Richtung nach *Reichling,* das seiner aussichtsreichen Lage wegen auch »Balkon Oberbayerns« genannt wird.

Von der Kirche in Richtung Epfach. Die Straße senkt sich durch den steilen Lechrain zum *Lech.* Auf der Lorenzbrücke ein Standbild des gleichnamigen Heiligen. Etwa 100 Meter hinter der Brücke befindet sich links etwas abseits der Straße eine Informationstafel über das Epfach der Römer und die Bedeutung des nahen Lorenzberges. Von Landsberg 19 Kilometer.

Epfach bringt eine Gegensteigung. Über eine Geländestufe des westlichen Lechrain gelangt man zur Bundesstraße 17. Jenseits erreichen wir *Denklingen.* Nach den Gleisen rechts durch die *Bahnhofstraße.* Hinter dem Barockkirchlein rechts halten und in den Markt *Leeder,* wo uns in Form der heutigen Hauptstraße ein typischer Dorfanger erwartet.

Einige hundert Meter nach den letzten Häusern auf einer Querstraße rechts nach *Asch.* Bei der ersten Kreuzung links in die *Lechsbergstraße* und in Richtung Unterdießen. An der Straße folgt links die Kapelle St. Leonhard. Nahezu eben radeln wir in Nordrichtung. Halblinks im Vordergrund erscheint der romanische Kirchturm von Unterdießen, und im Hangwald auf der Höhe thront das Schloß.

In *Unterdießen* halten wir uns an den Wiesbach, überqueren ihn links (nicht rechts in die Bahnhofstraße!) und fahren dann zu Fü-

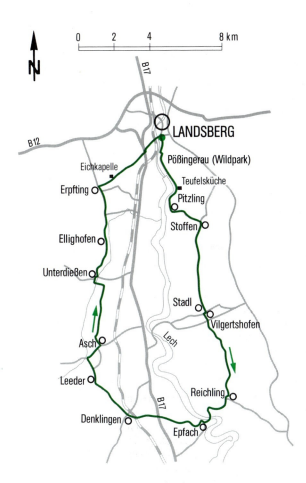

ßen des Hangwaldes in den Landsberger Stadtteil *Ellighofen,* der einst (mit Dornstetten und Geratshofen) zur Herrschaft Unterdie-ßen gehörte, wo die hohe und niedere Gerichtsbarkeit ausgeübt wurde.

In der Folge begleitet uns ein Stück weit wieder die Wiesach. In *Erpfting* an der Ampelkreuzung beim Gasthof Post rechts ab. An den Sportplätzen vorbei zu der Anfang der achtziger Jahre restau-rierten *Eichkapelle.* Kurz vor der Autostraße zeigt eine Tafel rechts zu einem 250 Meter entfernten KZ-Friedhof. Wir nehmen den Radweg entlang der Autostraße und kommen wieder nach *Lands-berg.* Die Bundesstraße 17 kreuzen und hinunter zur *Lechbrücke.*

9 Um den Ammersee

Verkehrsmöglichkeiten Als Ausgangsort wird Dießen vorgeschlagen. Bahnhof der Strecke Augsburg – Weilheim. Von Landsberg 21 km, von München 55 km. Siehe auch Tour 10.

Tourenlänge 47 km.

Fahrzeit 4 Stunden.

Höhenunterschiede Abgesehen von kürzeren Steigungen erwartet uns der einzige große Höhenunterschied (170 m auf 2,7 km)
von Herrsching nach Andechs. Danach nur noch abwärts und eben
dahin.

Karten 1 : 200 000 Die Generalkarte, Blatt 22.

Anmerkungen Die Tour kann an jedem beliebigen Ort am Ammersee angetreten werden. Fahrradverleih in den Bahnhöfen Dießen und Herrsching sowie in Riederau (Kramerhof) und im Verkehrsamt Schondorf am Bahnhof.

Wissenswertes *Ammersee:* Reizvoll im moränenüberzogenen
Voralpenland gelegen, nimmt ein Fläche von 47 Quadratkilometern ein, 16 Kilometer lang, 3 Kilometer breit, bis 81 Meter tief.
Durchschnittliche Wassertemperatur in den Sommermonaten bei
20 Grad.

Dießen: Kirche St. Mariae eines ehemaligen Augustiner-Chorherren-Stiftes, 1732 bis 1739 von dem gebürtigen Burglengenfelder Johann Michael Fischer, dem bedeutendsten Barockbaumeister Altbayerns, geschaffen. Kirchenführer-Broschüre.

St. Alban: Ursprünglich befestigt, im späten 15. Jahrhundert
spätgotisch erbaut, um 1770 unter dem Dießener Probst Berthold
II. im Stile des (bäuerlichen) Rokoko umgewandelt. Schlüssel im
Kinderheim neben der Kirche.

Riederau: Kreisheimatstuben (Neuwiese 2) in einem Bauernhaus von 1775. Geöffnet Dienstag bis Donnerstag von 10 bis 12
und von 14 bis 16 Uhr, Samstag und Sonntag von 14 bis 17 Uhr.

Schondorf: Unweit des Seeufers der Tuffsteinquaderbau der
romanischen Kirche St. Jakob, ursprünglich Wehrkirche. Der Legende nach durch die ehemaligen »Weltbeherrscher« erbaut und
als Tempel genutzt. An der Stelle des Gasthofes zur Post soll ein
Nonnenkloster existiert haben, das durch einen unterirdischen
Gang mit der Kirche verbunden war. In Schondorf lebten der
Komponist und Kapellmeister Hans Pfitzner (1869–1949) und
zwischen 1875 und 1877 der Landschaftsmaler Wilhelm Leibl.

Herrsching: Der Luftkurort erstreckt sich entlang der fast 10 Kilometer langen, gleichnamigen Bucht auf der Ostseite des Ammersees. Urkundlich erstmals im 8. Jahrhundert als »Horscaningum«
erwähnt. Hochgelegene Pfarrkirche St. Martin, vor dem Seba-

stianaltar (rechter Seitenaltar) war früher die Familiengruft der Hundtsberger, des Herrschinger Ortsadels.

Andechs: Weithin sichtbare, hoch über dem Ammersee thronende Wallfahrtskirche – »Bayerischer Monte Casino«. Bau der Kirche im frühen 15. Jahrhundert, 1451 mit der Benediktinerabtei verbunden, 1741 durch Johann Baptist Zimmermann umgebaut und spätbarock ausgestattet, eines der großartigsten Denkmäler des bayerischen Rokoko; Kirchenführer-Broschüre. Vom 60 Meter hohen Turm umfassende Aussicht. Klosterbrauerei mit vielbesuchtem Biergarten (an Wochenenden überlaufen). Besichtigung der Schatzkammer und Reliquienkapelle nach Anmeldung an der Klosterpforte.

Tourenbeschreibung Vom Bahnhof in Dießen zum Ammersee und an seinem Ufer nordwärts, durch eine Birkenallee nach *St. Alban.* Weiter zwischen Bahnkörper und See zum Bahnhof von *Riederau.* Auf der Seiboldtstraße durch den Ort und danach ein Waldstück passieren; rechts unten breitet sich das Naturschutzgebiet Seeholz aus.

An den Häusern von *Rieden* (St.-Georg-Kapelle, ursprünglich romanisch, 1480 gotisiert) vorbei und 200 Meter danach rechts ab. Das asphaltierte Sträßchen leitet zum Triebhof. Anschließend nicht asphaltiert in die einstige Künstlerkolonie *Holzhausen.* Vor Haus Nr. 7 rechts, begleitet von gestutzten Weidenköpfen, zum Bahnübergang. Danach links durch die Eduard-Töny-Straße (Simplizissimus-Zeichner) und nach *Utting.*

Etwa 100 Meter vor dem beschrankten Bahnübergang geht es rechts in die *Seestraße.* Auf ihr radeln wir in Seenähe und halten uns an die Markierungstäfelchen R 9. Hinter der Mündung des Hottenbaches verschmälert sich der Fahrweg (Schranke). Von hier sind es noch 2 Kilometer zu den Uferanlagen von *Schondorf.*

Zum Strandbad, davor links, wenig später rechts und vorbei an den Gebäuden der Münchner Segelschule. Weiter durch eine Birkenallee und durch hochstämmigen Laubwald an das Ammersee-Ufer. Die *Kaakangerstraße* übernimmt uns und führt zum Gasthof Roming vor der Schnellstraße München – Landsberg.

Vor der Straße rechts auf einem landwirtschaftlichen Fahrweg parallel zum Asphaltband. Erst am Ende des Feldweges auf die Straße (Vorsicht!) und über die Amper nach *Stegen* in der nördlichsten Bucht des Ammersees. Von Dießen 19 Kilometer.

Unsere Radtour hält sich an das Ufer. Durch das Gelände des Freibades und an Bootshäusern vorbei mit einer Allee zu einem Kiosk. Unmittelbar danach links in die *Bergstraße.* Hinauf zum Hochufer. Dort rechts auf der *Schornstraße* an Villen entlang. Am Ende der Schornstraße geradeaus weiter zum *Café Waldeck.* Links,

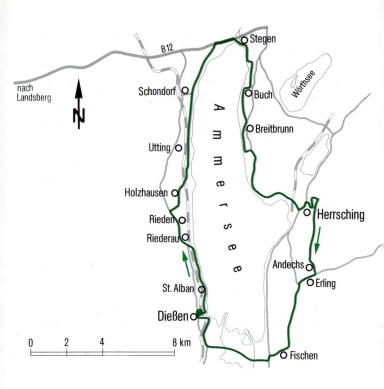

dann rechts auf einem ungeteerten Waldsträßchen (Am Vorholz)
zum Friedhof von *Buch.* Rechts haltend durch die Ortschaft zur
Wegegabel vor dem kleinen Kirchlein. Hier links in die *Breitbrun-
ner Straße.* In Höhe des Posterholungsheimes müssen wir ein Gat-
ter öffnen, um auf dem Radweg zu bleiben. Anschließend auf dem
Bucherweg zur Ostuferstraße. Auf ihr rechts hinauf zu einer Kuppe
und dann abwärts (links die Pfarrkirche aus dem 15. Jahrhundert)
nach *Breitbrunn.*

Rechts zum See. Oberhalb des Anlegesteges links der Seestraße
folgen mit herrlichen Ausblicken. Bei den letzten Häusern links in
den *Winkelweg.* Er mündet in die Ostuferstraße, die uns durch das
Rieder Holz in den 4 Kilometer entfernten Badeort *Herrsching* leitet.

Nach dem Maibaum links durch die Bahnhofstraße und durch die Luitpoldstraße. An ihrer Linkskurve biegen wir halbrechts ab (Tafel: Drößling). Jetzt wird es steil! Auf der *Schmiedschneiderstraße* etwa 1,5 Kilometer in Serpentinen zum Hochufer, wo man rechts in die Straße nach Andechs einschwenkt. Die Steigung läßt nach. Hinter einem Waldstück bietet sich der erste Prachtblick auf Andechs. In *Andechs* stellen wir das Rad bei den Parkplätzen ab und gehen die letzten Meter zu Fuß hoch zum Kloster und zur Kirche.

Sie können sich unbedenklich eine »Moaß« schmecken lassen, denn der abschließende Streckenteil gestaltet sich weitgehend mühelos: Hinaus nach *Erling*. Bei dem renovierten Häuschen der Dorfschmiede (von 1570) geht es rechts. Etwas bergan und links einordnen, weil wir in Richtung Weilheim müssen. Bald liegt die letzte Steigung hinter uns. Aufatmend rollen wir hinunter nach *Fischen*.

Links und nach 100 Metern bei der kleinen Maria-Hilf-Kirche (1885) rechts in die Dießener Straße. Wir kommen über die Ammer, den Ammerseezufluß (rechts ein Naturschutzgebiet). Nahezu eben gelangt man wieder nach *Dießen*. Vor dem Bahnübergang rechts und erst beim nächsten Übergang links, 50 Meter danach rechts in den Alexander-Koester-Weg und zum *Bahnhof*.

10   Von Dießen nach Wessobrunn

Verkehrsmöglichkeiten Dießen ist Bahnstation der Strecke Augsburg – Weilheim; von Landsberg 21 km, von München 55 km.
Tourenlänge 23 km.
Fahrzeit 2 Stunden.
Höhenunterschiede Ab Dießen (530 m) weitgehend mehr oder weniger spürbare Steigungen bis Wessobrunn (701 m).
Karten 1 : 200 000 Die Generalkarte, Blatt 25.
Anmerkungen Fahrradverleih im Bahnhof Dießen.
Wissenswertes *Dießen:* Luftkurort am Westufer des Ammersees. Hochgelegene Stiftskirche St. Mariae eines ehemaligen Augustiner-Chorherren-Stiftes, 1732 bis 1739 von dem gebürtigen Burglengenfelder Johann Michael Fischer, dem bedeutendsten Barockbaumeister Altbayerns, geschaffen. Kirchenführer-Broschüre. – St. Georgen, ursprünglich eine Wehrkirche, Wessobrunner Stuck, Hochaltar von Thomas Schaidhauf, Altargemälde von Matthäus Günther, bis 1803 Pfarrkirche von Dießen.

Wessobrunn: Heimat gestaltungskräftiger Barockkünstler (Architekten, Maurermeister, Stukkateure, Maler). Als Rodungskloster der Überlieferung nach von Herzog Tassilo III. gegründet, im Mittelalter namhafte deutsche Kulturstätte, Benediktinerkloster. Pfarrkirche St. Johannis 1758 von Einheimischen erbaut; Kirchenführer-Broschüre. Klosteranlage nach der Säkularisation (1803) teilweise abgebrochen. In dem noch stehenden Trakt (»Fürstenbau«) finden Führungen statt. Auf dem Platz vor dem Gasthof zur Post ist das über 1000 Jahre alte »Wessobrunner Gebet«, eines der ältesten deutschen Sprachdenkmäler, in einen Stein gemeißelt; Original in der Bayerischen Staatsbibliothek, München.

Tourenbeschreibung Vom Bahnhof zur Straßenkreuzung beim Rathaus. Jenseits durch die Herrenstraße mit teilweise bemalten Häusern (oben links die Kirche) bergauf, bis links die Rotter Straße abzweigt. Auf ihr bis zum Gasthof Gattinger Keller. Davor links ab in die Johann-Michael-Fischer-Straße. Über eine Kuppe und rechts haltend zur alten Pfarrkirche *St. Georgen.* An der Kirche rechts vorbei und auf der breiten Straße in das dörflich gebliebene *Wengen.* Dort in Richtung Tierklinik (Wegweiser). An der nächsten Straßengabelung zeigt eine Tafel halblinks den »Fußweg nach Wessobrunn« an. Das ist auch unser Ziel! Ab dem Parkplatz ist der Fahrweg für den öffentlichen Verkehr gesperrt. Weiter in den *Staatsforst Bayerdießen.* In leichtem Gefälle zum *Michelbach* (rechts der Fellmeth-Gedenkstein, Rastbank).

Kurze Steigung und anschließend geradeaus durch den Wald zu einem breiten Querweg. Auf ihm links abwärts in den *Kohlgraben.* Gegensteigung. Das Gelände wird etwas flacher. Schöner Rückblick auf Andechs. Links werden die Anlagen der Erdefunkstelle Raisting der Deutschen Bundespost sichtbar. Auf der Höhe angelangt, bietet sich über den Peißenberg hinweg ein Alpenblick. Wir erreichen das erste Haus (Nr. 17) von *Haid,* dem Geburtsort einiger namhafter Wessobrunner Künstler (zum Beispiel Johann Michael Feuchtmayer, 1709–1772, Stukkateur) und Sterbeort des genialen Matthäus Günther (1705–1788). – Beim erwähnten ersten Haus links auf einem geteerten Fahrweg (Schloßbergstraße) gleichlaufend mit König-Ludwig-Weg vollends nach *Wessobrunn.* Von Dießen 13 Kilometer.

Die Rückfahrt beginnt oberhalb der Kirche bzw. des Quellenbaues: Auf dem Tassiloweg ostwärts. Am Ende der Klostermauer lohnt sich rechts der kurze Abstecher (zu Fuß) zur 300 Meter entfernten Tassilo-Linde.

Ansonsten geradeaus weiter auf dem asphaltierten Sträßchen abwärts durch Wiesen. Nach 1 Kilometer an der Gabelung links und in der Folge mit einem Forstfahrsträßchen in den *Stiller Wald,*

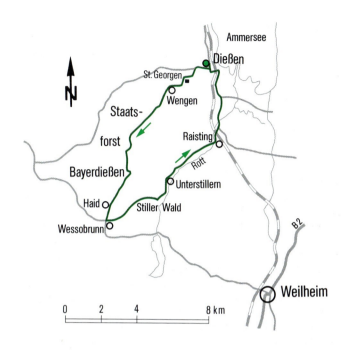

wo man das Bächlein des Steingrabens überquert. Auf dem Talboden der Rott halten wir uns links, bald wieder asphaltiert, talauswärts in den Weiler *Unterstillern* mit einer Stephanskapelle
(Schlüssel im Bauernhaus neben der Kapelle).

Von hier fährt das Radl fast von selbst über die ebenen Wiesen-
böden nach *Raisting*. Von Wessobrunn 8 Kilometer.

Unmittelbar vor der 1696 geweihten Pfarrkirche (Chorfresken
von Christian Wink) links durch die Herrenstraße. Danach durch
die Bahnunterführung und auf einer Brücke (Kapellchen) über die
Rott. Rechts erstrecken sich die feuchten Niederungen südlich des
Ammersees, der in grauer Vorzeit bis nach Weilheim reichte. Wir
stoßen auf die Straße Fischen – Dießen. Links, von Birken begleitet, zum Bahnübergang. Davor rechts, und erst wenig später links
über die Schienen. Rechts in den Alexander-Koester-Weg und
zum *Bahnhof*.

11   Von Schongau zu den Lech-Staustufen

Verkehrsmöglichkeiten   Schongau wird von den Bundesstraßen 17, 23 und 472 berührt. Von Augsburg 68 km. Bahnstation.
Tourenlänge   30 km.
Fahrzeit   3 Stunden.
Höhenunterschiede   Fast durchweg bergige Strecke.
Karten   1:200000 Die Generalkarte, Blatt 25.
Wissenswertes   *Schongau:* Reizvolle mittelalterliche Altstadt auf einem Hügel über dem Lech. Vollständig erhaltene Stadtmauer mit Wehrgängen und Tortürmen (Maxtor, Frauentor). Spätgotisches Rathaus, ehemals Ballenhaus. Stadtpfarrkirche Mariae Himmelfahrt nach Plänen von Dominikus Zimmermann und Franz Xaver Schmuzer 1751 erbaut; Kirchenführer-Broschüre. Das Heftchen enthält auch eine Beschreibung der zum einstigen Karmeliter-Kloster gehörenden Heiliggeist-Spitalkirche St. Anna aus dem Jahre 1720. Gegenüber dieser Kirche steht das frühere Richterhaus. Es ist als eines der ganz wenigen Gebäude vom Stadtbrand 1493 verschont geblieben.

Hohenfurch: Pfarrkirche Mariae Himmelfahrt, frühgotischer Turm, Rokoko-Ausstattung, Wessobrunner Stuck, gotische Madonna, gemalte Kreuzwegstationen aus der 1. Hälfte des 18. Jahrhunderts.

Altenstadt: Kirche St. Michael, dreischiffige Gewölbebasilika, eines der wesentlichen romanischen Bauwerke in Oberbayern, überlebensgroßes Kruzifix aus der Zeit um 1200; Kirchenführer-Broschüre.
Tourenbeschreibung   Vom Bahnhof zur nahen *Lechbrücke.* Am anderen Ufer nehmen wir rechts den Radweg, anschließend (bei starkem Verkehr) am besten links auf dem Fußweg bergan, bis links eine Straße abzweigt (Tafel: Freizeitanlagen Schongau-Ost). Nach 300 Metern bietet sich rechts ein Abstecher zum nahen Märchenwald und zum Wildschaugatter an, das täglich ab 9 Uhr geöffnet ist.

Der Lech verbreitert sich als Folge der Staustufe 7. Vorbei an der *Gaststätte Herzogsägmühle* an der Mündung des Mühlbaches.

Aufwärts in den *Schongauer Forst.* Nach etwa 1,5 Kilometern Steigung biegen wir an der Rechtskurve links in ein Forststräßchen ein, das sich wenig später senkt. Nach weiteren 1,5 Kilometern wendet sich das Waldsträßchen nach rechts. Zur Linken ist die Waldschlucht des Wielenbaches eingelagert, den man bald auf einer Brücke überquert. Hinauf zur Straße und links in Richtung Apfeldorf.

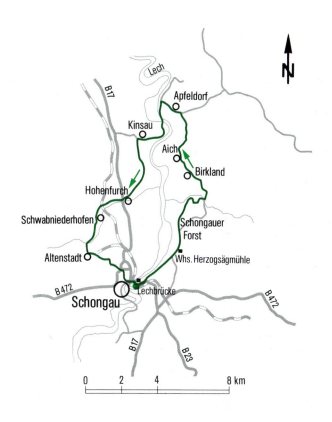

0 2 4 8 km

Über *Birkland* nach *Aich*. Durch die wellige Landschaft der
würmeiszeitlichen Moränen radeln wir in den Landkreis Landsberg. In *Apfeldorf* liegt kilometermäßig genau die Hälfte der Tour
hinter uns. Als Einkehr empfiehlt sich das Gasthaus Schwaller mit
deftigen Brotzeiten; Dienstag Ruhetag, Sonntag von 14 bis 17 Uhr
geschlossen.

Beim Gasthaus Schwaller die Linkskurve ausfahren und der
Kinsauer Straße folgen. Rechts unten haben wir den gestauten
Lech südlich von Staustufe 9. An klaren Tagen ist im Süden das
Zugspitzmassiv auszumachen.

Über den Lech und nach *Kinsau*. Im oberen Ortsteil biegen wir links in die Hohenfurcher Straße ein und folgen ihrem Asphaltband nach *Hohenfurch*. Dort wird die Bundesstraße 17 überquert. Am Gasthof Negele vorbei und auf der Hauptstraße entlang der Schonach. Hinter *Schwabniederhofen* stehen rechts oben die Kasernen (Luftlandeschule) von Altenstadt. In *Altenstadt* leiten uns die Doppeltürme zur Kirche; Eingang an der St.-Michael-Straße.

Weiter auf der St.-Michael-Straße, an der Kreuzung links zum Maibaum und dann rechts zurück nach *Schongau*.

12   Füssen: Badeseen und Königsschlösser

Verkehrsmöglichkeiten   In Füssen treffen sich die Bundesstraßen 310, 16 und 17. Bahnverbindung mit Kaufbeuren.
Tourenlänge   33 km.
Fahrzeit $2^1/2$ Stunden.
Höhenunterschiede   Mäßige Steigungen bis kurz vor Brunnen.
Karten   1:200000 Die Generalkarte, Blatt 25.
Anmerkungen   Fahrradverleih im Bahnhof Füssen.
Wissenswertes   *Füssen:* Im Kern altertümliche Stadt am Lech, unfern der österreichischen Grenze. Hohes Schloß, einst Sommerresidenz der Augsburger Fürstbischöfe, ausgebaut im späten 15. und frühen 16. Jahrhundert, heute unter anderem Filialgalerie der Bayerischen Staatsgemäldesammlung; geöffnet in den Sommermonaten (Mai bis Oktober) von Montag bis Samstag von 10 bis 12 Uhr und von 14 bis 16 Uhr, Sonntag von 10 bis 12 Uhr. Ehemalige, um 728 gegründete Benediktiner-Abtei mit Stiftskirche vom Beginn des 18. Jahrhunderts; Kirchenführer-Broschüre. Gut erhaltene Stadtmauern. Heimatmuseum (Lechhalde 2), Führungen zwischen Mai und Oktober von Montag bis Samstag um 10.30 Uhr, übrige Zeit Mittwoch 10.30 Uhr.

Schloß Neuschwanstein: Unter König Ludwig II. zwischen 1869 und 1886 erbaut. Ausstattung bis 1892 unter Leitung von Julius Hofmann. Führungen von April bis September zwischen 8.30 und 17.30 Uhr, übrige Zeit zwischen 10 und 16 Uhr.

Hohenschwangau: Der alte Stauferbesitz wurde in den napoleonischen Kriegen zerstört. 1832 von Kronprinz Maximilian als Sommersitz erworben und neu errichtet. Kavalierbau aus den Jahren 1851 bis 1853. Führungszeiten wie Neuschwanstein.
Tourenbeschreibung   Füssen wird auf der Bundesstraße 16 (Augsburger Straße) verlassen. Bald haben wir rechts als Begleiter den Forggensee. Nach 3 Kilometern erfolgt die erste spürbare

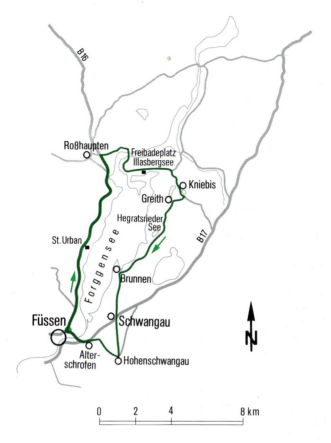

Steigung. Vorbei am reizvollen Kirchlein St. Urban (rechts) fahren
wir bis in die Höhe von Roßhaupten, wo wir rechts in Ostrichtung
einschwenken. Bis hierher 10 Kilometer.

Das Rasthaus am Forggensee bleibt zurück. Danach über den
Damm der Lech-Staustufe 1. In der Folge durch die Westseite des
Illasberges aufwärts und zum *Freibadeplatz Illasbergsee.* Wenig
später müssen wir wieder in die Pedale treten, hinauf nach *Kniebis.*
Rechts der Straße liegt der Schapfensee. Kurz nach Rauhenbühel
biegen wir rechts ab (links der Kühmoossee, Freibad). Im Südosten
zeigt sich der markante Geiselstein in den Ammergauer Bergen.

Nun radeln wir auf dem König-Ludwig-Weg, einem Weitwan-
derweg (Starnberger See – Füssen), dahin. Das Sträßchen erweist
sich als sehr aussichtsreich. Durch den Weiler *Greith* zum hübsch
gelegenen *Hegratsrieder See.* Danach öffnet sich wieder ein Blick
auf den Forggensee.

Ab den Häusern von *Brunnen* radeln wir halblinks – direkt im Vorblick der Säuling – nach *Schwangau*. Dort kurz rechts auf der Durchgangsstraße, worauf halblinks eine Straße abzweigt (Radweg) nach *Hohenschwangau* zu Füßen der Königsschlösser. Freibad am Alpsee.

Bei der Rückfahrt nach Füssen lockt südwestlich von *Alterschrofen* der Schwansee mit Badeplätzen.

13   Von Oberammergau zum Schloß Linderhof

Verkehrsmöglichkeiten   Oberammergau liegt an der Bundesstraße 23. Von München 90 km, von Garmisch-Partenkirchen 18 km. Endstation der Bahnstrecke von Murnau.

Tourenlänge   29 km.

Fahrzeit   1³/₄ Stunden.

Höhenunterschiede   Unbedeutend.

Karten   1:200000 Die Generalkarte, Blatt 25.

Anmerkungen   Fahrradverleih im Bahnhof Oberammergau.

Wissenswertes   *Oberammergau:* Weltbekannter Passionsspielort. Das Passionsspiel erfolgt in Erfüllung eines Gelübdes und wird alle zehn Jahre aufgeführt (1980, 1990); eine Ausnahme bildet 1984 zum 350jährigen Gedenken des Gelübdes. Das Passionsspielhaus kann außerhalb der Spielzeit täglich besichtigt werden. Holzschnitzertradition seit dem 16. Jahrhundert. Pfarrkirche 1749 geweiht, 1762 vollendet. Zahlreiche bemalte (»Lüftlmalerei«) Hausfronten. Wellenbad. Heimatmuseum (Dorfstraße 8).

Schloß Linderhof: Erbaut unter König Ludwig II. von 1870 bis 1874 durch Georg Dollmann, ausgestattet vom Münchner Hoftheaterdirektor Franz Seitz. Entspricht dem Stil des französischen Rokoko. Führungen (April, Mai, September) von 9 bis 12.15 und von 12.45 bis 17 Uhr, von Juni bis August bis 17.30 Uhr, von Oktober bis März bis 16 Uhr. Wasserspiele jede volle Stunde.

Ettal: Kirche des Benediktinerklosters (Abtei) nach Plänen des Münchner Hofbaudirektors Enrico Zuccalli in der ersten Hälfte des 16. Jahrhunderts; im Grundriß hochgotischer Zentralbau. Kuppelfresko von Johann Jakob Zeiller. Stuck in der Rotunde von Johann Baptist Zimmermann. Kirchenführer-Broschüre.

Tourenbeschreibung   Vom Bahnhof zur Pfarrkirche. Daneben steht das Forstamtshaus von 1753 mit »Lüftlmalerei« des Einheimischen Franz Seraph Zwinck (1748–1792).

Am Ortsende schwenken wir rechts in die Straße Richtung Linderhof ein und radeln links neben der Straße her. Nach 3 Kilome-

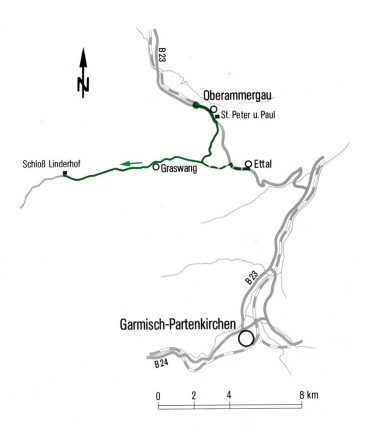

tern stößt man auf die Straße, die links von Ettal kommt. Nun
rechts in das dünn besiedelte Graswangtal. Die Ortschaft *Gras-
wang* bleibt zurück. Weiter taleinwärts, bis 100 Meter vor der deutschen Zollstation rechts die Route zu den Parkplätzen von *Schloß
Linderhof* abzweigt. Von Oberammergau 12,5 Kilometer.

Anschließend wieder im Graswangtal zurück und diesmal geradeaus zur Bundesstraße 23, auf der wir wenig später in *Ettal* einfahren. Jetzt können wir uns im Klosterstüberl unbesorgt eine »Halbe« gönnen, denn nach Oberammergau sind es nur noch 5 Kilometer.

14   Von Garmisch-Partenkirchen nach Ehrwald

Verkehrsmöglichkeiten   Garmisch-Partenkirchen liegt an der Bundesstraße 2 zwischen Murnau (16 km) und Mittenwald (18 km). Von München 95 km, von Augsburg 117 km. Gute Bahnverbindungen.

Tourenlänge   43 km.

Fahrzeit   2½ bis 3 Stunden.

Höhenunterschiede   Unbedeutend.

Karten   1:200 000 Die Generalkarte, Blatt 25.

Anmerkungen   Personalausweis oder Reisepaß mitnehmen. Fahrradverleih im Bahnhof Garmisch-Partenkirchen. Von Ehrwald Rückfahrmöglichkeit mit der Eisenbahn.

Wissenswertes   *Garmisch-Partenkirchen:* Internationaler Fremdenverkehrsort am Nordrand des Wettersteingebirges, hervorgegangen aus der Römersiedlung »Parthanum«. Partenkirchen ist mit Garmisch seit 1935 verbunden. Austragungsort der Olympischen

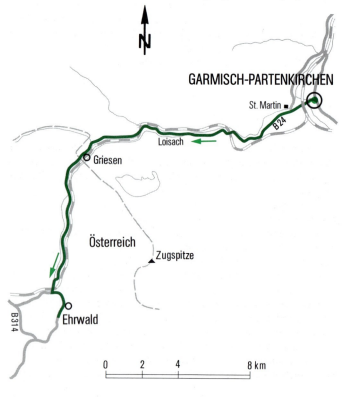

Winterspiele 1936. Mehrere Seilbahnen, Zahnradbahn auf die Zugspitze. Besuchenswerte Partnachklamm und Höllentalklamm. Werdenfelser Heimatmuseum (Ludwigstraße 47), geöffnet Dienstag bis Freitag von 10 bis 13 Uhr und von 15 bis 18 Uhr, Samstag und Sonntag von 10 bis 13 Uhr.

Ehrwald: Tiroler Fremdenverkehrsort zu Füßen der Zugspitze. Seilbahn zur Zugspitze. Sessellift zur Ehrwalder Alm.

Tourenbeschreibung Vom Bahnhof zur nahen Eisenbahnunterführung und in den Ortsteil Garmisch mit Kurpark und Kongreßhalle. Über den Marienplatz mit der Pfarrkirche St. Martin, an der Spielbank vorbei und auf der Zugspitzstraße (B 24) in Westrichtung. Links bleiben die Kasernen zurück. Wir radeln an der Loisach entlang. Spätestens ab der Abzweigung nach Grainau läßt der Verkehr merklich nach. Und schon 13 Kilometer nach Garmisch-Partenkirchen überschreiten wir in Griesen die deutsche Grenze.

Bald tritt im Vorblick das mächtige Horn der Ehrwalder Sonnenspitze in den Gesichtskreis. Erst 7 Kilometer nach dem deutschen Zoll sind wir bei den Österreichern. Noch immer dominierend: die Sonnenspitze. Dann nimmt die Zugspitze unsere Aufmerksamkeit in Anspruch. Hinter einem Eisenbahnviadukt geht es links in das »Zugspitzdorf« *Ehrwald.*

Die Rückfahrt erfolgt auf der gleichen Route.

15   Durch das Murnauer Moos

Verkehrsmöglichkeiten Murnau wird von der Bundesstraße 2 durchzogen, 69 km von München, Weilheim 19 km, Garmisch-Partenkirchen 23 km. Bahnstrecke Weilheim – Garmisch-Partenkirchen.

Tourenlänge 30 km.

Fahrzeit 2 Stunden.

Höhenunterschiede Zum Abschluß Steigung aus dem Loisachtal (619 m) nach Murnau (688 m).

Karten 1 : 200 000 Die Generalkarte, Blatt 25.

Anmerkungen Fahrradverleih im Bahnhof Murnau. Die Tour sollte nur bei trockenem Wetter unternommen werden.

Wissenswertes *Murnau:* Unter Kaiser Ludwig 1322 zum Markt erhoben. Pfarrkirche St. Nikolaus aus der 1. Hälfte des 18. Jahrhunderts, in der südlichen Chorkapelle Schnitzwerk (Jesus an der Geiselsäule) von Franz Xaver Schmädl, Altarblatt von Johann Bader. Das sogenannte »Jägerhaus« der Welfenherzöge war ursprünglich das Murnauer Schloß, Grundmauern aus dem frühen

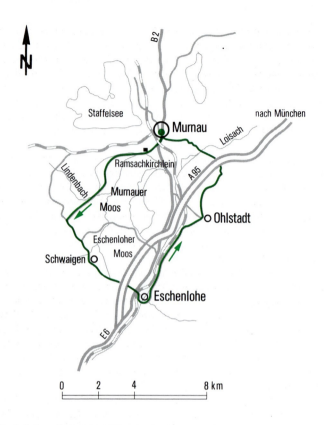

13. Jahrhundert, 1981/82 mit einem Kostenaufwand von 1,5 Millionen Mark renoviert; Heimatmuseum.

Ramsachkirchlein, dem Hl. Georg geweihtes, im Volksmund »Ähndl« genanntes Kirchlein am Nordrand des Murnauer Mooses. Angeblich ältestes Gotteshaus in Deutschland: an der bemalten Empore die Jahreszahl 750, Neubau 1740.

Murnauer Moos: größtes (32 qkm) Moor in Süddeutschland, Moortiefe bis zu 15,5 Meter. Im Moos sind über 800 Blüten- und Pflanzenarten und 3000 Tierarten – von der Heuschrecke bis zum Edelhirsch – registriert worden.

Tourenbeschreibung Aus dem Zentrum mit der Hauptstraße (B 2) südwärts in Richtung Garmisch-Partenkirchen. Etwa 250 Meter nach der Eisenbahnunterführung wird die Bundesstraße rechts verlassen. Holztafeln zeigen zum *Ramsachkirchlein,* neben dem eine Gaststätte (Dienstag und Mittwoch bis 16 Uhr geschlossen) steht.

Auf einer Brücke über die Ramsach und gleich danach rechts in das Landschaftsschutzgebiet *Murnauer Moos*. Auf dem Fahrweg entlang dem Bachlauf. Der Routenverlauf ist zunächst identisch mit dem Moos-Rundweg (5). Wo sich dieser rechts in den Wald des Langen Filz wendet, radeln wir schwach links haltend weiter, eine Weile neben dem *Lindenbach* her, dann geradeaus auf strecken- weise grasigem Weg zur geteerten Straße Grafenaschau – Eschen- lohe, die unter einer Überlandleitung bei einer Rastbank erreicht wird.

Links der Straße folgen, auf der das Radl scheinbar wie von selbst fährt. Linker Hand taucht im Moos der Lange Köchel, eine Erhebung, auf. Dort baut das Hartsteinwerk Werdenfels Quarzit ab. Nach einer Weile sind wir bei den Einzelhöfen von *Schwaigen*. Auf dem Apfelbichl thront eine kleine Kapelle. Nun führt das Sträßchen durch das *Eschenloher Moos* und bringt uns nach *Eschenlohe* mit dem Rokokokuppelbau der Pfarrkirche St. Kle- ment. Von Murnau 16 Kilometer.

Beim Alten Wirt rechts, anschließend links über die Loisach und danach links in die Heubergstraße, vorbei an einem hübsch bemal- ten Bauernhaus. Der Asphalt ist zu Ende. Vor der Eisenbahnun- terführung rechts halten auf einem land- und forstwirtschaftlichen Fahrweg. Er hält sich an die Basis des bewaldeten Heuberges. Und obwohl er sich teilweise als ziemlich steinig erweist, ziehen wir ihn der stark befahrenen Bundesstraße vor. Schließlich sind es nur we- nige Kilometer, bis uns vor *Buchenried* wieder ein Asphaltsträß- chen übernimmt.

Rechts haltend durch *Ohlstadt* und zur breiten Straße, die links unter der Autobahn hindurchführt zur *Loisach*. Hier setzt die ein- zige nennenswerte Steigung hinauf nach *Murnau* an.

16 Von Weilheim auf den Peißenberg

Verkehrsmöglichkeiten Weilheim liegt an der Bundesstraße 2 München – Garmisch-Partenkirchen. Bahnhof der Strecken Mün- chen – Garmisch-Partenkirchen und Augsburg – Weilheim.
Tourenlänge 42 km.
Fahrzeit 3 bis 3¹/₂ Stunden.
Höhenunterschiede Von Weilheim (563 m) weitgehend bergauf bis zum Peißenberg (988 m), danach nur noch abwärts bzw. eben.
Karten 1 : 200 000 Die Generalkarte, Blatt 25.
Anmerkungen Wird ein Leihfahrrad benötigt, muß die Tour in Peißenberg angetreten werden. Fahrradverleih Schloßer, Tel. (0 88 03) 23 00.

Wissenswertes *Weilheim:* Quadratischer Altstadt-Umriß mit geraden Gassen nach dem Vorbild bayerischer Herzogsgründungen, spätmittelalterliche Stadtmauer zum Großteil erhalten. Pfarrkirche Mariae Himmelfahrt in der ersten Hälfte des 17. Jahrhunderts mit Unterstützung von Kurfürst Maximilian erbaut als Wandpfeileranlage mit vier Jochen. In der östlichen Kapelle der Nordwand berühmter »Gabelkruzifixus« aus der Mitte des 14. Jahrhunderts; der Seitenaltar dieser Kapelle stammt vom Einheimischen Franz Xaver Schmädl aus dem Jahr 1765.

St. Leonhard: Wallfahrts- und Pfarrkirche, 1724–1735 vom Kloster Wessobrunn erbaut. Langhaus- und Deckenfresken von Matthäus Günther, Stuck von Tassilo Zöpf. Hochaltar mit spätgotischer Figur des Hl. Leonhard; zweigeschossiger Chorumgang, zweigeschossige Orgelempore. Besichtigung von 15 bis 17 Uhr, sonst Schlüssel beim Pfarrer oder Mesner.

Hoher Peißenberg: Pfarrkirche von 1619, westlich angebaut die Gnadenkapelle bzw. Wallfahrtskirche, hervorgegangen aus einer kleinen, 1514 von Bauern gestifteten Kapelle. Stuck von Joseph Schmuzer, Fresken von Matthäus Günther, Kirchenführer-Broschüre. Auf dem Berg gründeten Rottenbucher Mönche im 18. Jahrhundert eine meteorologische Station, heute Observatorium des Deutschen Wetterdienstes (Informationstafel) und älteste Bergwetterstation der Erde.

Polling: Legendäre Klostergründung durch den Agilolfingerherzog Tassilo III. Neugründung nach der Zerstörung durch Ungarn im Jahre 1010 unter Kaiser Heinrich II. als Augustiner-Chorherren-Stift. In der ehemaligen Stiftskirche das mit der Gründungslegende zusammenhängende »Tassilo-Kreuz« im Hochaltar. Gegenüber der Kanzel ein beachtenswertes Schnitzwerk (thronende Muttergottes) des Landshuter Hans Leinberger von 1526. Kirchenführer-Broschüre.

Tourenbeschreibung Wir verlassen Weilheim beim Städtischen Bürgerheim auf der Schützenstraße in Richtung Landsberg. Über die *Ammer* und zu den Häusern von *Tankenrain,* wo sich uns die erste Steigung entgegenstellt. Durch die wellige Moränenlandschaft wird der *Zellsee* erreicht.

Wenig später links in Richtung St. Leonhard. Eine Tafel weist auf den lohnenden Abstecher (1 km, Gasthaus) zum größten Eibenwald Europas hin.

Die Steigung hält an bis kurz vor *St. Leonhard.* Im Vordergrund erscheint der Peißenberg. Weiter zu den Bauernhöfen von *Linden.* Die nächste Rechtsabzweigung gilt für uns. Ein blaues »K« markiert den König-Ludwig-Weg (siehe Kompass-Wanderführer »Fernwanderwege Voralpenland«) vom Starnberger See nach

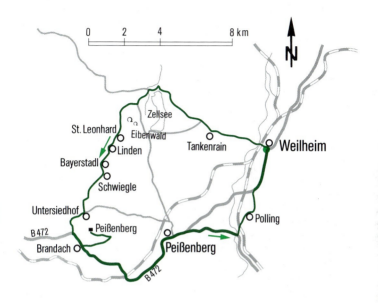

Füssen. Vorbei an den Höfen von *Bayerstadl.* An der folgenden Gabelung links halten zu den Anwesen von *Schwiegle.* Danach mit einem Forststräßchen durch den Wald. Im Weiler *Untersiedhof* kommen wir wieder auf die Asphaltstraße.

Rechts im Halbkreis um den Peißenberg herum in den Hohenpeißenberger Ortsteil Brandach, wo halblinks die Auffahrt zum Peißenberg angezeigt wird: 3 Kilometer mit Steigungen zwischen 12 und 14 Prozent. Eine Bewährungsprobe für »Kletterer«! Seiner unwahrscheinlichen Aussicht wegen wird der *Peißenberg* auch »Bayerischer Rigi« genannt. Und so heißt auch die Gaststätte (montags geschlossen), wo man die verdiente Rast einlegt.

Wieder hinunter zur Bundesstraße 472 und auf ihr links in den Markt *Peißenberg.* Wir bleiben auf der B 472, überqueren die Ammer und biegen 300 Meter danach links ab. Hinter einem Moränenhügel erscheint bereits die stattliche Kirche von *Polling.* In der Klosterwirtschaft bietet sich Gelegenheit zu einer letzten »Brotzeit«, ehe man die abschließenden 3 Kilometer nach *Weilheim* zurücklegt.

17 Um den Starnberger See

Verkehrsmöglichkeiten Als Ausgangsort wird Starnberg (25 km von München, S 6) vorgeschlagen, obwohl diese Rundtour an jedem anderen Ort um den See angetreten werden kann. Weitere S-Bahn-Stationen sind Possenhofen, Feldafing, Tutzing.
Tourenlänge 50 km.
Fahrzeit 2³/₄ bis 3 Stunden.
Höhenunterschiede Am Ostufer kurze Steigung in Berg, am Westufer hügeliger Streckenverlauf.
Karten 1 : 200 000 Die Generalkarte, Blatt 25.
Anmerkungen Fahrradverleih im Bahnhof Starnberg, außerdem an den Bahnhöfen Tutzing und Seeshaupt. Die Tour kann durch Schiffsbenützung beliebig verkürzt werden.
Wissenswertes *Starnberg,* größter Ort am gleichnamigen See. Hochgelegenes Schloß (Vierflügelanlage) der Herzöge von Bayern aus dem 16. Jahrhundert (Behördensitz). Pfarrkirche St. Josef mit Hochaltar von Ignaz Günther. Würmgau-Museum (Possenhofer Straße 9) im sogenannten »Lochmannhaus«, einem Blockhaus des 16./17. Jahrhunderts, geöffnet zwischen April und Oktober von Dienstag bis Sonntag von 10 bis 17 Uhr.

Starnberger See: Früher Würmsee, meistbesuchter See im Bayerischen Oberland, zweitgrößtes (57 qkm) Gewässer Bayerns; 21 Kilometer lang, bis 5 Kilometer breit, stellenweise 123 Meter tief. Von den 47 Kilometern Ufer sind 17 der Öffentlichkeit zugänglich. Die Wassertemperaturen schwanken von Juli bis September um 20 Grad.

Berg: Schloß der Wittelsbacher, 1849–1851 neugotisch umgebaut (keine Besichtigung), bewohnt von Erbprinz Albrecht von Bayern (*1905). Im Schloß hatte Ludwig II. die letzte Nacht vor seinem Tod verbracht. Im Hangwald über dem See die Votivkapelle, 1900 fertiggestellt unter Prinzregent Luitpold zur Erinnerung an Ludwig II. Im See ein Kreuz, wo sich am 13. Juni 1886 das Schicksal des bayerischen Märchenkönigs erfüllte, als er zusammen mit dem Psychiater Dr. Gudden den Tod fand.

Schloß Ammerland, im 17. Jahrhundert durch Prinz Albert Sigismund erbaut, 1841 von König Ludwig I. erworben als Geschenk für seinen Zeremonienmeister Fabricius Graf von Pocci, dessen Sohn Franz als Dichter, Zeichner und Musiker Berühmtheit erlangte; 1966 Besitz der Saar-Industriellen Helga Röchling, heute gehört es der Gemeinde Münsing.

Seeshaupt, über 1100 Jahre altes Fischerdorf. Früher Tagungsstätte des Seegerichtes, wovon die Säule von 1522 an der Schiffslände erinnert. Im Hotel Post ließ König Ludwig II. am 12. Juni

1886 – einen Tag vor seinem Tod – auf der Reise von Neuschwanstein nach Berg ein letztes Mal die Pferde wechseln.

Bernried: Ehemaliges (bis 1803) Augustiner-Chorherren-Stift. Das Kloster (Besitz der Tutzinger Missions-Benediktinerinnen), von dem nur mehr der Südflügel erhalten ist, wurde 1121 von Graf Otto von Valley gestiftet. Klosterkirche St. Martin aus dem Jahre 1659, Kirchenführer-Broschüre.

Tutzing: Evangelische Akademie seit 1949 im ehemaligen Schloß der Edlen von Tozzi, die 1480 ausstarben. An der neuen Pfarrkirche beim Rathaus eine Inschrift über die Geschichte des Ortes.

Possenhofen: In Ufernähe das ehemalige Renaissanceschloß, in dem die spätere Kaiserin Elisabeth (»Sissi«) von Österreich 1837 als Tochter von Herzog Maximilian geboren wurde und einen Teil ihrer Kindheit verbrachte; heute Eigentumswohnungen.

Tourenbeschreibung Von *Starnberg* über die Würm in den Stadtteil *Percha.* Dort auf dem Radweg in den Villenort *Kempfenhausen.* Am Ortsende halbrechts in die Seestraße und in das Fischerdorf *Berg,* dessen Häuser sich vom Ufer den Hang hochziehen. Auf der Wittelsbacher Straße steil bergan, aber nur ein kurzes Stück, dann zweigt rechts gegenüber von Haus Nr. 10 der Weg Am Hofgarten ab, der zur *Votivkapelle* führt.

Im Park muß das Rad geschoben werden. Offiziell aufsitzen darf man erst wieder am südlichen Parkausgang, von wo wir nach *Leoni* gelangen. Es hat seinen Namen vom königlichen Hofopernsänger Joseph Leoni, der hier 1824 ein Gasthaus eröffnete. Gegenüber dem Seehotel steht das annähernd 150 Jahre alte Fischerhaus des Peter Gastl.

Ab hier radeln wir unmittelbar am Ufer entlang. Die Strecke ist übrigens identisch mit dem König-Ludwig-Weg (Starnberger See – Füssen, siehe Kompass-Wanderführer »Fernwanderwege Voralpenland«). Bald zeigen sich links oben die ockergelben Mauern des »Freizeitschlosses«, Zentrum einer religiösen Gemeinschaft. Als nächstes folgt links im Hangwald die Seeburg (19. Jahrhundert). Danach kommen wir durch *Ammerland,* eines der ältesten Fischerdörfer am Ostufer, früher gerne besucht von Rilke, Busch, Wedekind usw.

In der Folge begleiten uns rechts Bade- und Bootshäuser, links alte Landhäuser neben modernen Villen. *Unter-Ambach* wird schon um 800 als Fischerdorf genannt. Gleich nach der kleinen Kapelle bewundern wir links ein kunstvoll geschnitztes, bemaltes ungarisches Holztor als Eingang zur Villa des Dichters Waldemar Bonsels (»Die Biene Maja und ihre Abenteuer«), der hier bis zu seinem Tode als 71jähriger lebte. Das Gasthaus Fischmeister

Starnberg
A 952
Percha
B 2
Kempfenhausen
A 95
Votiv-
kapelle
Berg
Possenhofen
Feldafing
Leoni
B 2
S t a r n b e r g e r   S e e
Tutzing
Ammerland
Unter-Ambach
Bernried
E 6
St. Heinrich
Seeshaupt

0   2   4   8 km

(Fischspezialitäten) bleibt zurück. Wir kommen zur Autostraße.
Weiter südwärts. Rechts erstrecken sich hinter dem Mischwald die
Badeplätze der sogenannten »Robinson-Insel«.

St. Heinrich hat seinen Namen vom Andechser Graf Heinrich,
der sich hierher im 13. Jahrhundert als Eremit zurückgezogen hatte. Im Gasthaus Fischerrosl vielgelobte Fischküche.

Um die südlichste Bucht des Starnberger Sees herum, vorbei am
Strandbad Lido – links breitet sich eine Mooslandschaft zu den

Osterseen hin aus – nach *Seeshaupt.* Von Starnberg 25 Kilometer. Danach gilt für uns die Tutzinger Straße. Sie entfernt sich beim Gasthof Seeseiten vom Ufer. Von Seeshaupt nach *Bernried* sind es genau 6 Kilometer. Von dort weitere 6 Kilometer bis *Tutzing* und noch einmal 6 Kilometer bis *Feldafing.* Spätestens dort vertreten wir uns wieder mal die Beine, spazieren vielleicht hinaus zum See bei der märchenhaften Roseninsel, mit einer im pompejischen Stil von König Max II. erbauten Villa, in der sich König Ludwig II. und Elisabeth (»Sissi«) öfters getroffen haben sollen.

Hinter *Possenhofen* lassen die Steigungen des Moränengeländes nach. An schönen Wochenenden herrscht beim »Paradies«, einem Badeplatz nördlich von Possenhofen, Hochbetrieb. Entlang der Straße reihen sich die Häuser von *Niederpöcking.* Für den Abschluß noch ein Tip unter Männern: Verlassen Sie vor der Bahnunterführung die Straße rechts! Der Untere Seeweg führt direkt zum Undosabad. Und dort liegen die schönsten Mädchen weit und breit in der Sonne – habe ich mir sagen lassen...

18   Zum Wörthsee und Pilsensee

Verkehrsmöglichkeiten   Als Ausgangsort wird Steinebach (S 5) am nordöstlichen Ufer des Wörthsees vorgeschlagen, 3 km südlich der Bundesstraße 12 (Abfahrt in Etterschlag).
Tourenlänge   27 km.
Fahrzeit   Nicht ganz 2 Stunden.
Höhenunterschiede   Durchwegs wellige Strecke bis Herrsching.
Karten   1 : 200 000 Die Generalkarte, Blatt 22.
Anmerkungen   Badegelegenheiten. Nächster Fahrradverleih im Bahnhof Weßling, 3 Kilometer von Steinebach.
Wissenswertes   *Wörthsee,* einer der wärmsten Seen in Oberbayern, bis zu 47 Meter tief, entstanden durch Wasserstau in einer von Moränen gesäumten Mulde.
Pilsensee, in grauer Vorzeit eine Bucht des Ammersees, verhältnismäßig flache Ufer und infolge seiner geringen Tiefe (maximal 20 m) rasche Erwärmung des Wassers, bei längerer Hitze bis zu 26 Grad, Durchschnitt im Sommer 20–23 Grad.
Seefeld: Hochgelegenes Schloß der Grafen Toerring, eine der ältesten Adelshäuser Bayerns. Einst (spätes 18. Jahrhundert) Mittelpunkt einer Herrschaft.
Tourenbeschreibung   Vom Bahnhof *Steinebach* in die Ortschaft, wohin uns der Sattelturm der Pfarrkirche leitet. Beim Gasthof Raabe rechts und anschließend leicht links haltend auf der Straße

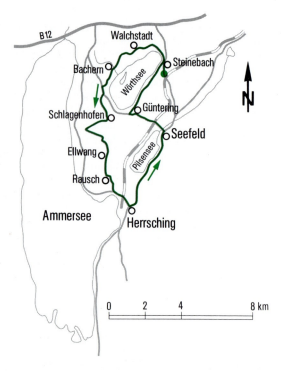

nach *Walchstadt.* Dort am Maibaum links und abwärts durch die Mulde des Krebsbaches.

In *Bachern* vom Hotel Mutz weiter auf der Fischerstraße, wobei sich immer wieder Durchblicke zum See ergeben. Wir stoßen auf die rechs von Inning kommende Straße und folgen ihr links, aber nur etliche hundert Meter, bis halbrechts die nicht asphaltierte Straße nach *Schlagenhofen* abgeht, das man durch ein Waldstück erreicht.

Im Ort rechts durch die Dorfstraße, vorbei am Friedhof und der kleinen Pfarrkirche und in Richtung Breitbrunn. Wo uns der Wald freigibt, öffnet sich plötzlich ein Blick über den Ammersee. Hier (Rastbank, Kreuz) scharf links in einen geteerten Fahrweg, der wenig später in einen unbefestigten Waldweg übergeht. Nach 1 Kilometer an der Wegekreuzung rechts, 300 Meter danach mit dem breiten Weg links halten. Im Vorblick erscheint Andechs.

Durch die Einöde *Ellwang* geradeaus, nun wieder asphaltiert, in das kleine Dorf *Rausch.* Abwärts, vorbei an der Bayerischen Beamten-Fachhochschule, zur Ammersee-Uferstraße. Auf ihr bzw. auf dem Radweg links nach *Herrsching.* Dort erneut links halten

durch die Luitpoldstraße und in Richtung München. Von Steinebach 15 Kilometer.

Ab dem Ortsausgang nehmen wir für eine Weile den Radweg.
Links erstreckt sich auf einer Fläche von 109 Hektar das Herrschinger Moos mit Schilf, Kopfbinsen und Schneidriet. Als Rast-
station und Brutbiotop für gefährdete, schilfbewohnende Vögel,
wie beispielsweise die Rohrdommel, wurde es 1982 zum Naturschutzgebiet erklärt.

Etwa 3 Kilometer nach Herrsching steht an der Straße das Café
Pilsensee. Wenig später folgt rechts ein Parkplatz – links das
Strandbad Pilsensee –, von dem wir auf der alten Straße nach *Seefeld* gelangen. Eine kurze Steigung und wir sind bei dem 1736 errichteten Torbau von Schloß Seefeld, das sich in einem leider ver-
nachlässigten Zustand präsentiert.

Steile Abfahrt, über die Ampelkreuzung geradeaus hinweg und
auf dem Radweg nach *Güntering*. Etwa 1 Kilometer hinter Güntering rechts ab. Wir sind am östlichen Ufer des Wörthsees. Der Badeplatz »Paradieswinkel« bleibt zurück. Gaststätten laden zur
Einkehr, die spätestens in Steinebach, im Biergarten vom
»Raabe«, fällig ist.

19   Von Gauting in den Forstenrieder Park

Verkehrsmöglichkeiten   Gauting zwischen Gräfelfing und Starn-
berg ist Station der S 6.
Tourenlänge   31 km.
Fahrzeit   1³/₄ Stunden.
Karten   1:200 000 Die Generalkarte, Blatt 22.
Wissenswertes   Informationen über die Lage von Gauting an der
Römerstraße Augsburg – Salzburg sowie über die keltische Vier-
eckschanze bei Buchendorf sind den jeweiligen, an Ort und Stelle
angebrachten Tafeln zu entnehmen.
Leutstetten: Wittelsbacherschloß, 1665 erbaut, einst Sommerre-
sidenz von König Ludwig III. Dort lebte Kronprinz Rupprecht bis
zu seinem Tode am 2. August 1955. Pfarrkirche St. Alto mit einem
beachtenswerten Relief von Erasmus Grasser aus dem Jahre 1480.
Tourenbeschreibung   *Gauting* wird auf der Straße in Richtung
Starnberg verlassen. Bald sehen wir links an der Würm die Reis-
mühle, der Sage nach die Geburtsstätte (!) von Karl dem Großen.
Übrigens befand sich dort in der Nähe das Zentrum des römischen
»Bratananium« aus der Zeit um 20 bis 350 n. Chr.

Die Straße führt an die Würm heran und ins malerische Mühltal.
Das »Forsthaus Mühltal« hat als Spezialität fangfrische Forellen

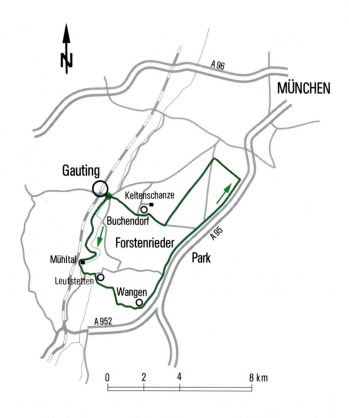

auf der Karte stehen. Über dem Gasthof trutzte einst die Karlsburg – eine weitere sagenhafte Geburtsstätte von Karl dem Großen –, die im Bruderkrieg zwischen Rudolf dem Bayern und Ludwig 1311 zerstört wurde. Ihre Quader wurden für den Bau des Schlosses in Leutstetten verwendet. Auf der rechten Straßenseite haben wir die »Mühle am Karlsberg«. Sie reicht in ihren Anfängen bis ins 12. Jahrhundert zurück.

Knapp 1 Kilometer danach biegen wir links ab nach Leutstetten. An schönen Sommerwochenenden ist im Garten der Schloßgaststätte kaum noch ein Platz frei. Und an besonderen Festtagen weht blau-weißer Nationalstolz an den zahlreichen Fahnenstangen des Ortes.

Gegenüber von Naus Nr. 13 rechts in die Wangener Straße. Durch lichten, hochstämmigen Laubwald eines Landschaftsschutzgebietes radeln wir nach *Wangen*. Von Gauting 10 Kilometer.

Im Ort links an der Kirche vorüber zur *Olympiastraße.* Auf ihr links, parallel zur Autobahn in den *Forstenrieder Park.* Die Straße wurde anläßlich der Olympischen Winterspiele 1936 in Garmisch-Partenkirchen ausgebaut. Zunächst auf dem Radweg, anschließend auf der wenig befahrenen Straße, auf der sich Münchner Freizeit-Radrennfahrer gerne austoben.

Etwa 9 Kilometer nach Wangen, wo eine Einbahnstraße die gerade Weiterfahrt versperrt, wendet man sich links. Über einen Parkplatz in den Wald und 2 Kilometer wie mit dem Lineal gezogen. Dann geht es gerade nicht mehr weiter. Links, nach 150 Metern an der Wegeteilung halbrechts und abermals schnurgerade durch den Wald, und zwar knappe 5 Kilometer, dann stoßen wir auf die Römerstraße Augsburg − Salzburg.

Rechts aus dem Wald und durch Feldfluren in die Ortschaft *Buchendorf.* An der Kirche rechts, vorbei an der Gaststätte Haller. Bei den letzten Häusern rechts in den *Römerschanzenweg* einschwenken und zur nahen Keltenschanze.

Zurück zur Abzweigung des Römerschanzenweges. Hinter dem Kreuz unter zwei Bäumen informiert eine Schautafel über die antike Straße von Augsburg nach Salzburg.

In den Ort und bei der Kirche rechts. Ein Radweg liefert uns wenig später wieder in *Gauting* ab.

20   Um Fürstenfeldbruck

Verkehrsmöglichkeiten   In Fürstenfeldbruck kreuzen sich die Bundesstraßen 2 (München − Augsburg) und 471 (Dachau − Ammersee), von München 26 km, von Augsburg 42 km. Station der S 5, Bahnstrecke München − Buchloe.

Tourenlänge   39 km.

Fahrzeit   3 Stunden.

Höhenunterschiede   Ab Schöngeising durchwegs wellige Strecke ohne hervorzuhebende Steigungen.

Karten   1 : 200 000 Die Generalkarte, Blatt 22.

Anmerkungen   Fahrradverleih in den Bahnhöfen Fürstenfeldbruck und Grafrath.

Wissenswertes   *Fürstenfeldbruck* ist, ebenso wie München, eine Gründung Heinrichs des Löwen an der ehemaligen Salzstraße München − Landsberg. Die einstige Zisterzienser-Abtei (heute Polizeischule) wurde durch die Säkularisation 1803 aufgehoben. Kirche Mariae Himmelfahrt, ursprünglich mittelalterlicher Bau, ab 1701 barokisiert. Fresken von Cosmas Damian Asam, stattlicher Hochaltar aus der Mitte des 18. Jahrhunderts. Kirchenführer-Broschüre. Pfarrkirche St. Magdalena aus dem späten 17. Jahrhundert, Stuck des Augsburgers Sießmayr, Gewölbefresko von Ignaz Baldauf aus Inchenhofen.

Schöngeising: Station (»Ad Ambra«) der Römerstraße Augsburg – Salzburg an der Amper. Pfarrkirche St. Johannes von 1699.

Grafrath: Wallfahrtskirche St. Rasso auf einer ehemaligen Amperinsel. Rasso war Graf von Dießen und Andechs. Die Wallfahrt geht bis ins 14. Jahrhundert zurück. Wandpfeilerkirche des Vorarlbergers Michael Thumb. Wessobrunner Stuck. Im Gewölbe Szenen (von Johann Georg Bergmüller aus Augsburg) aus dem Leben Graf Rassos von der Ungarnschlacht bis zu seinem Eintritt ins Kloster. Großartiger Hochaltar des Münchners Johann Baptist Straub. Auf roter Marmorplatte ein Relief des Hl. Rasso.

Tourenbeschreibung   Vom Bahnhof westwärts zu der 300 Meter entfernten Ampel. Von dort leitet uns die ehemalige *Klosterkirche.* Gegenüber ihrer eindrucksvollen Fassade durch einen Torbogen und kurz danach links. Hinter der Eisenbahnunterführung rechts in die *Zellhofstraße.* Vom Ende der Asphaltdecke müssen wir uns zwischen tiefen Schlaglöchern durchschlängeln. Die Mühen werden belohnt durch den wohl reizvollsten Abschnitt des ganzen Ampertales mit verschwiegenen Badeplätzchen.

Ab dem stattlichen *Zellhof* mit eigener Kirche und Friedhof rollen wir dann wieder auf dem Asphalt dahin. In *Schöngeising* hält man sich links in Richtung Mauern. In den Wäldern, die sich links der Straße erstrecken, hauste vor rund 250 Jahren der berüchtigte »Bayerische Hiasl« – Matthias Klostermeier –, bis er 1771 in Augsburg hingerichtet wurde.

In *Mauern* bei der kleinen Kirche rechts in das 2,5 Kilometer entfernte *Grafrath.* Dort orientieren wir uns an den Tafeln, die nach Moorenwies zeigen. Bei der Unterführung kommen wir am Bahnhof vorbei. Durch Staatsforst zu Wiesenland und auf den Kirchturm von *Moorenweis* zu. An der barocken Sixtuskirche haben sich namhafte Künstler verewigt: Joseph Schmuzer als Baumeister, sein Bruder Franz als Stukkateur, Matthäus Günther als Deckenmaler. Von Fürstenfeldbruck 20 Kilometer.

Vor der »Alten Post«, die übrigens einen schönen Biergarten hat, fahren wir rechts weiter, den Tafeln in Richtung Hattenhofen folgend durch das Tal der Maisach über *Langwied* nach *Grunertshofen.* Nach dem Maibaum rechts in die Grottenstraße. Bis *Adelshofen* sind es 3 Kilometer. Der schlanke Rokokoturm der Pfarrkirche ist nicht zu übersehen. Beim »Schmiedwirt« rechts halten und anschließend auf schnurgerader Straße nach *Pfaffenhofen.*

Die Generalrichtung der Rückfahrt ist Osten. Über *Eitelsried* nach *Aich,* das bereits zur Stadt Fürstenfeldbruck gehört. Eine

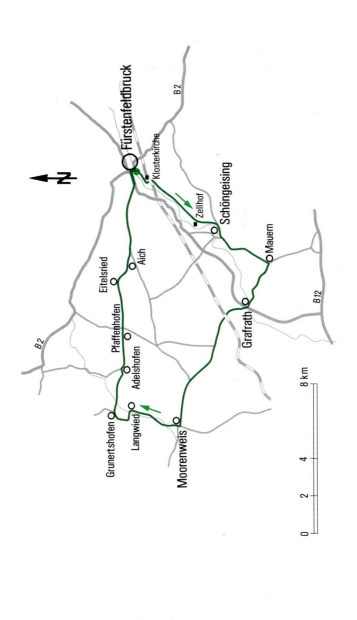

letzte Stärkung im Gasthof Drexler? Wir stoßen auf eine stärker befahrene Querstraße, die uns wieder nach *Fürstenfeldbruck* leitet.

21 Ins Dachauer Land

Verkehrsmöglichkeiten Dachau wird von München am schnellsten über die Bundesstraße 304 erreicht. Station der S 2.
Tourenlänge 45 km.
Fahrzeit 3 Stunden.
Höhenunterschiede Mäßig wellige Strecke aus dem Ampertal über Bergkirchen.
Karten 1:200 000 Die Generalkarte, Blatt 22.
Anmerkungen Fahrradverleih im Bahnhof Dachau.
Wissenswertes *Dachau* entwickelte sich im Schutze einer Burg des Geschlechtes Scheyern-Wittelsbach ab dem 11. Jahrhundert, 1391 mit Marktrechten versehen. Neubau des Schlosses von 1546 bis 1573, Umbau durch Josef Effner im frühen 18. Jahrhundert für Kurfürst Max Emanuel. KZ-Museum (Alte Römerstraße) am Ostrand der Stadt auf dem Boden des ehemaligen Konzentrationslagers mit KZ-Dokumentationen aus der Zeit zwischen 1933 und 1945, geöffnet täglich von 9 bis 17 Uhr.

Bergkirchen: Pfarrkirche St. Jakob des Münchner Stadtbaumeisters Johann Michael Fischer aus Burglengenfeld, von 1730 bis 1732 errichteter Zentralbau, Rokokoausstattung, im Hochaltar eine Madonna mit Kind. Beachtenswert ist an der Außenwand ein Wappenstein von 1308 in Ritztechnik, außerdem ein roter Marmorstein des Ritters Ulrich Straßmair von Eisolzried aus dem Jahre 1471. Kirchenschlüssel im Pfarrhaus nebenan.

Sigmertshausen: Feiner Dorfkirchenbau (St. Vitalis) von Johann Michael Fischer, Deckenfresko (Gründungslegende der Wallfahrt) des Augsburgers Franz Joseph Degle von 1755. Kirchenschlüssel bei Josef Eichenseher, Hauptstraße 18.

Schönbrunn: Ehemalige Hofmarkskirche der Freiherrn von Unertl, eine Synthese aus Zentral- und Langbau, errichtet von Johann Baptist Gunetsrhainer im Jahre 1724, höfisch eleganter barocker Stuck. – Michaelisheim für geistig Behinderte.

Mariabrunn: Einst (1860–1870) als Bad von internationalem Rang das »Bayerische Nizza« genannt. Selbst Kaiserin Elisabeth (»Sissi«) von Österreich suchte die Wirkungsstätte der aus Deisenhofen stammenden »Doktorbäuerin« Amalie Hohenester auf. Heute beliebtes Ausflugsziel mit großem Biergarten (montags geschlossen). Heilquelle in Form eines kleinen Rundbaues gefaßt.

Wallfahrtskirche Maria Verkündigung, zahlreiche Votivtafeln, jeden 13. des Monats Wallfahrtstag.

Tourenbeschreibung Auf der Südseite der Amperbrücke, wo die Schleißheimer Straße (B 471) auf die Münchner Straße (B 304) stößt, beginnen wir in der *Ludwig-Dill-Straße* (Einbahnstraße, für Fahrräder erlaubt).

Rechts haltend zur Amper. Unmittelbar nach der Brücke links ab mit dem Uferweg. Mit der nächsten Brücke wieder auf das orographisch rechte Ufer und dort rechts entlang der Amper durch die Auenlandschaft. Wir kommen zur Kläranlage. Danach links in den Seeweg, der sich nach 400 Metern rechts wendet. Auf einer Brücke über die Autobahn und zum *Gut Graßlfing*. Rechts durch die Schulstraße zur Amper. Jenseits zum Schloß (Privatbesitz) bzw. zum Nepomukkirchlein von 1727.

Geradeaus auf einer Brücke über die Bundesstraße 471. Etwa 600 Meter danach rechts, abermals über die Autobahn und links haltend in das Dörfchen *Eisolzried*. Im Norden grüßt von der Höhe die Nikolauskirche in Deutenhausen. Wir fahren rechts nach *Bergkirchen*, dessen Kirchturm weit hinausschaut ins Dachauer Moos. Das Ortszentrum mit der Kirche liegt rechts etwas abgerückt von der Kreisstraße.

Auf der Kreisstraße biegen wir vor der Gaststätte Pfeil links in die *Fachastraße* ein. An der folgenden Wegegabelung links halten und auf breitem, recht passablem Weg in nördlicher Richtung zum Lindenweg in *Oberbachern*. Links zur Kirche St. Jakob, einem schlichten Bau des Jahres 1726. Von Dachau 20 Kilometer.

Auf der Dorfstraße den Ort verlassen und in das 2 Kilometer entfernte *Stetten*. Dort über die Straßenkreuzung, vorbei an *Rummeltshausen* mit einer auffallend großen Zwiebelhaube auf dem Kirchturm. *Sigmertshausen* wird erst im letzten Augenblick sichtbar. Im Ort führt die Kirchenstraße rechts zur ehemaligen Wallfahrtskirche.

Anschließend beschreibt unsere Route einen Rechtsbogen über *Großinzemoos* und *Röhrmoos* – überwiegend auf Radwegen – in das Dorf *Schönbrunn,* das von der würfelförmigen welschen Haube der Kirche überragt wird.

In Schönbrunn an der Straßengabel halbrechts halten, bergab, worauf nach einem Kilometer rechts das Sträßchen abzweigt, das nach einem weiteren Kilometer in *Mariabrunn* endet. Wallfahrtskirche und Quellenbau entstanden in der zweiten Hälfte des 17. Jahrhunderts durch den Dachauer Pfleger Georg Teisinger.

Nach einer frischen Maß – im Garten wird das Bier nur in Maßkrügen ausgeschenkt – und vielleicht einer Schweinshaxn vom Grill, treten wir die »Heimfahrt« an: Vom Biergarten bergan zu einem Häuschen auf der Höhe, von wo an Föhntagen die Alpen zu sehen sind. Mit einem Fußweg hinunter zur Straße. Auf ihr links der Peterskirche von *Ampermoching* entgegen. Eine Tafel zeigt rechts in Richtung Dachau: 6 Kilometer. Über *Deutenhofen* erreicht man – streckenweise auf Radwegen – wieder den Ausgangsort.

22 Zwischen Isar und Amper

Verkehrsmöglichkeiten Der Ausgangsort Freising wird folgendermaßen erreicht: Von München Bundesstraße 11 (33 km) oder Freisinger Autobahn (Anschlußstelle Freising Ost); mit der Bahn S 1.

Tourenlänge 34 km.

Fahrzeit 1 1/2 Stunden.

Höhenunterschiede Kurze Steigung aus dem Tal der Amper (428 m) über Itzling zur Höhe (500 m) vor Untergartelshausen.

Karten 1:200000 Die Generalkarte, Blatt 23.

Anmerkungen Fahrradverleih im Bahnhof Freising.

Wissenswertes *Freising* breitet sich an der Stelle einer Römerstraße aus und wird beherrscht vom Domberg. Die Gründungsgeschichte der Erzdiözese (seit 1817) reicht in das Jahr 725 zurück, als der Hl. Korbinian von Herzog Hugibert durch eine Schenkung Freising zum Bischofssitz erhielt. Seit 1821 residieren die Erzbischöfe (Kardinäle) von München-Freising in der Landeshauptstadt. Die heutige Domkirche St. Maria und Korbinian auf dem »mons doctus«, dem »gelehrten Berg«, entstand ab der zweiten Hälfte des 12. Jahrhunderts (mit Unterstützung von Kaiser Friedrich Barbarossa) als Backsteinbau, dem die Gotik des frühen 14. Jahrhunderts eine Vorhalle hinzufügte, barocke Innenausstattung 1723/24 durch das Brüderpaar Asam. Im Hochaltar eine »Apokalyptische Maria« von Rubens. Kirchenführer-Broschüre. Diözesan-Museum (Domberg 21), geöffnet Dienstag bis Freitag von 10 bis 16 Uhr, Samstag und Sonntag von 10 bis 18 Uhr.

Tourenbeschreibung Vom Bahnhof zunächst 700 Meter in Richtung Landshut. An der Kreuzung mit der Erdinger Straße rechts. Über Moosach und Isar und zur Straßengabelung bei der Kirche St. Lantbert (Lantbert war von 937–957 Bischof in Freising). Hier links halten durch die Moosstraße, etwas später unter der Schnellstraße hindurch und zur *Stoibermühle* an der Goldach. Etwa 400 Meter danach an der Straßenteilung abermals links halten. Wir passieren die Häuser von *Riegerau*, lassen den Riedhof links liegen, überqueren den Süßgraben und kommen nach *Hirschau*.

Anschließend durch ein Mischwäldchen, dann an seinem Rand entlang und zur Straße, die rechts von Erding-Eiting kommt. Auf ihr links, an der Kirche von *Gaden* vorbei und nach den letzten Häusern links abbiegen (Tafel: Oberhummel). Durch den Mischwald der *Oberen Isarau*, erneut über die Isar und in das Dorf *Oberhummel*. Dort geht es links an der mittelalterlichen Kirche vorüber. In der Folge leicht bergan, über die Bundesstraße 11 hinweg zu den Häusern von *Rast*.

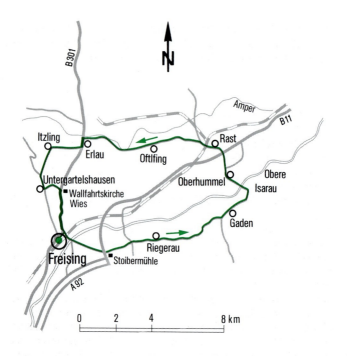

Nicht links zum Bahnhof, sondern rechts halten und über die Schienen. Danach (300 m) folgen wir halblinks dem Wegweiser zum *Amperhof,* wobei wir an der Basis des auf der Nordseite bewaldeten Fuchsberges entlang radeln.

Weiter über den ebenen Talboden der Amper durch eine typische Mooslandschaft. Hinter *Oftlfing* kommen wir unmittelbar an die Amper heran (Badeplätze). Wir fahren auf dem asphaltierten Weg am Fluß entlang bis in Höhe der Ortschaft Zolling mit dem Rokokoturm der Pfarrkirche. Von Freising 24 Kilometer.

Nun links mit der Bundesstraße 301 nach *Erlau.* Vor Haus Nr. 9 rechts in ein Asphaltsträßchen einschwenken. Zwischen den Mooswiesen und dem Moränenhang etwa 1,5 Kilometer westwärts, worauf links ein Sträßchen hochleitet zum Weiler *Itzling.*

Im Ort bei der Rechtskurve an einem ansehnlichen Gehöft geradeaus, nach 100 Metern abermals geradeaus auf einem Feldweg in südlicher Richtung. Auf der Höhe sehen wir rechts eine Radaranlage, links die graue Wetterseite der ursprünglich spätgotischen Wallfahrtskirche St. Michael in Tüntenhausen.

Ab *Untergartelshausen* auf der Landstraße in Richtung Freising. Nach 600 Metern links in ein Forststräßchen einbiegen und zur

Bundesstraße 301, auf der wir rechts zur nahen *Wallfahrtskirche Wies* (Kirchenführer-Broschüre) kommen. Von dort die letzten 2 Kilometer, abwärts rollend, zurück nach *Freising.*

23 Von München in die Fuggerstadt Augsburg

Verkehrsmöglichkeiten München weist gute Bahn-, Straßen- und Autobahnverbindungen in alle Himmelsrichtungen auf.
Tourenlänge 70 km.
Fahrzeit $4^1/_2$ Stunden.
Höhenunterschiede Hinter Fürstenfeldbruck bis Friedberg leicht bergig.
Karten 1 : 200 000 Die Generalkarte, Blatt 22.
Anmerkungen In Fürstenfeldbruck (Bahnhof) ist Fahrradverleih möglich, Rückgabe in Augsburg. Die Tour kann um 26 Kilometer verkürzt werden, wenn man bis Fürstenfeldbruck die S-Bahn (S 4) benützt.
Wissenswertes *München:* Landeshauptstadt des Freistaates Bayern, lange Zeit Residenz der Wittelsbacher. Zentrum ist der Marienplatz. In seiner Nachbarschaft die Peterskirche (älteste Münchner Kirche), das Stadtmuseum, der Viktualienmarkt, das Hofbräuhaus; außerdem die Frauenkirche (Dom), ein spätgotischer Backsteinbau (Turmbesteigung); in der ehemaligen Augustinerkirche das Deutsche Jagdmuseum; in der Michaelskirche (ehem. Hofkirche), einem Renaissancebau, die Grablege von mehr als 30 Wittelsbachern, u. a. auch Ludwig II. Königsplatz, klassizistische Anlage von Leo von Klenze mit Glyptothek und Propyläen. Alte Pinakothek, eine der bedeutendsten Bildergalerien der Welt. Villa Bechtolsheim (Maria-Theresia-Straße 27) von Martin Dülfer, Entwurf der Stuckdekoration des Erkerturmes von Richard Riemerschmied – erster Jugendstilbau Deutschlands. Barocke Theatinerkirche mit 71 Meter hoher Kuppel. Feldherrnhalle, gestaltet von Friedrich Gärtner in der Mitte des 19. Jahrhunderts nach dem Vorbild der Loggia dei Lanzi in Florenz. Bayerisches Nationalmuseum. Bayerische Staatsgemäldesammlungen. Museum für Völkerkunde. Nationaltheater. Deutsches Museum, reichhaltigstes technisches Museum der Welt. BMW-Museum. Schatzkammer der Residenz. Valentin-Museum im Isartor-Turm. Auf der Theresienwiese (Oktoberfest) das Kolossalstandbild (30 m hoch) der Bavaria, im Kopf (Aussicht) haben fünf Personen Platz. Tierpark Hellabrunn. Im Stadtteil Nymphenburg das Schloß Nymphenburg; Besichtigung des Hauptbaues mit der berühmten

Schönheitsgalerie (24 Frauenbildnisse) von König Ludwig I., im Südflügel das Marstallmuseum. An die Parkanlagen des Schlosses schließt sich der Botanische Garten an. Im Stadtteil Oberwiesenfeld die Anlagen der Olympischen Sommerspiele 1972; außerdem 290 Meter hoher Fernsehturm mit Restaurant.

Fürstenfeldbruck siehe Tour 20.

Aufkirchen: Gotische Pfarrkirche, in der ersten Hälfte des 18. Jahrhunderts barock umgestaltet, flachgedecktes Langhaus, gewölber Chor, schwer wirkender Stuck, Altäre aus dem frühen 18. Jahrhundert.

Eurasburg: Hochgelegene romanische Pfarrkirche mit quadratisch angebautem Chor (3 m starke Mauern). Aus Eurasburg stammt jener sagenumrankte Raubritter Hans, der sich den Dolch seines gehaßten Nachbarn Graf Ulrich von Mering verschaffte und damit den Pfleger von Friedberg erstach. Der Meringer wurde im sogenannten »Kopfhäusl«, etwas unterhalb des Friedberger Schlosses, enthauptet. Als Zeichen seiner Unschuld sei aus dem Blute eine Föhre gewachsen...

Friedberg: Altbayerisches Städtchen, gegründet von den Wittelsbachern zum Schutze der Lechbrücke bei Augsburg-Hochzoll. Anfang des 15. Jahrhunderts von Herzog Ludwig dem Gebarteten mit Mauern befestigt, die zum Teil noch erhalten sind. Stattliche Burganlage (Heimatmuseum, geöffnet an Sonn- und Feiertagen von 14 bis 17 Uhr) aus der ersten Hälfte des 13. Jahrhunderts, später verändert. Am Ostrand der Stadt die Wallfahrtskirche »Herrgottsruh«, Wessobrunner Stuck, Chorkuppel-Fresken von Cosmas Damian Asam, Langhausmalereien von Matthäus Günther, spätgotisches Gnadenbild. Kirchenführer-Broschüre.

Augsburg siehe Tour 1.

Tourenbeschreibung Ab der *Bayerstraße* auf der Südseite des Hauptbahnhofs westwärts zur *Landsberger Straße* bzw. mit der Bundesstraße 2 durch Stadtteile und Vororte in das 26 Kilometer entfernte *Fürstenfeldbruck* an der Amper, die aus dem Ammersee fließt.

Durch Fürstenfeldbruck zunächst in Richtung Augsburg. Am Stadtrand rechts in Richtung Maisach. Etwa 1,5 Kilometer danach links ab in das Dörfchen *Lindach* und von dort nach *Malching.* Nordwärts zur Eisenbahnunterführung. Dahinter durch die Mooswiesen und über die Maisach in den Ort *Germerswang.* Hier links und über *Geisenhofen* in das hochgelegene Dorf *Aufkirchen;* an der Stelle des Pfarrhofes stand früher ein Schloß der Edlen von Penzinger.

Wenig später sind wir in *Unterschweinbach,* das schon 772 urkundlich erscheint. Die Kirche (Barockaltäre, Deckenfresko Ma-

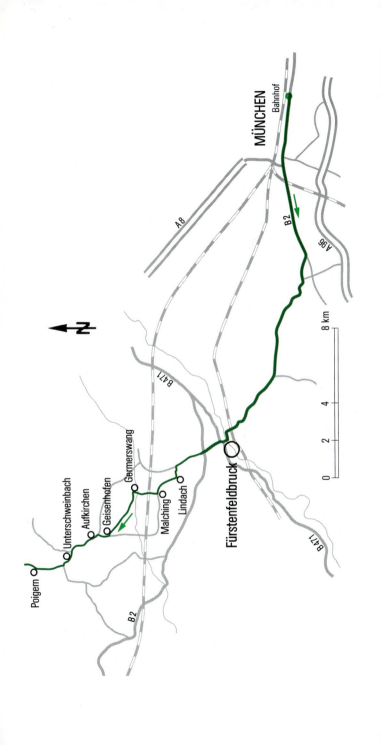

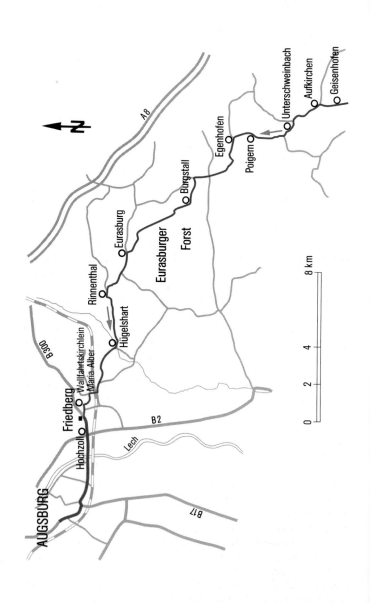

ria Himmelfahrt) bleibt rechts liegen. An der Straßengabel halblinks halten zu den Häusern von *Poigern.* Anschließend über den
Schweinbach nach *Egenhofen.*

Nun übernehmen uns Wegweiser, die nach Friedberg zeigen.
Nach etwa 3 Kilometern versteckt sich links der Straße das Schloß
Weyhern mit einer Kapelle von 1727 und Parkanlagen am Ufer der
Glonn.

Über die Glonn, dann rechts etwa 2 Kilometer, bis kurz vor
Stockach links eine Straße abzweigt. Auf ihr passieren wir die Häu-
ser von *Burgstall.* Ungefähr 1 Kilometer danach rechts ab zum
Waldrand und in der Folge geradeaus durch den *Eurasburger Forst*
nach *Eurasburg,* dessen Name sich von »Erichespurch« – Burg des
Erich – ableitet.

Durch das Tal des Eisenbaches geht es nach *Rinnenthal,* ehemals
eine Hofmark mit eigener Gerichtsbarkeit, die erst 1835 an den
bayerischen Staat kam. Über die Eisenbachbrücke zur Pfarrkirche
mit einem gotischen Sattelturm.

In *Hügelshart* kreuzen wir das Paartal und fahren wenig später in
Friedberg ein. Auf der Kreuzung mit dem Kreisverkehr links halten
und durch die reizvolle Altstadt. Danach den steilen Friedberger
Berg hinunter, wobei wir die Silhouette von Augsburg zu Gesicht
bekommen.

Geradeaus. Rechts folgt der Zentralbau (1695 vollendet) des
Wallfahrtskirchleins Maria Alber. Durch den Vorort *Hochzoll,*
über die Lechbrücke (unmittelbar nach der Brücke geht es links zur
olympischen Kanustrecke sowie zum Hochablaß und zum Freibad
am Kuhsee) und in die einstige Freie Reichsstadt *Augsburg.* Den
Milchberg hoch zur Basilika St. Ulrich und durch die königliche
Maximilianstraße über den Moritzplatz zum Rathaus, vor dem in
den Sommermonaten ein Bierausschank betrieben wird.

24   Isartal: Zwischen Hellabrunn und Grünwald

Verkehrsmöglichkeiten   Der Tierpark Hellabrunn liegt im Isartal
südlich des Zentrums von München; Parkplätze.
Tourenlänge   18 km.
Fahrzeit   1¹/₂ Stunden.
Höhenunterschiede   Kurze Steilstücke von Hellabrunn zum Harlachinger Kirchl sowie unterhalb von Grünwald aus dem Isartal
nach Höllriegelskreuth.
Karten   1:200 000 Die Generalkarte, Blatt 22. Oder topographische Karte 1:100 000, Blatt München und Umgebung.

Wissenswertes *Tierpark Hellabrunn* 1928 als erster Geo-Zoo der Welt entstanden: Die Tiere sind nach Erdteilen eingeordnet.

Harlaching: Kirche St. Anna, Rokoko-Ausstattung, Deckengemälde von Johann Baptist Zimmermann, Seitenaltäre von Ignaz Günther. Neben der Kirche ein Denkmal, das König Ludwig I. dem Landschaftsmaler Claude Gelée, genannt Lorrain, gesetzt hat.

Grünwald: Der Münchner Villenvorort hat sich um die Burg »Gruonenwalde« des späten 13. Jahrhunderts entwickelt. Vorher lag dort ein Meierhof des Klosters Tegernsee. Im 17. Jahrhundert diente Schloß Grünwald als Staatsgefängnis mit Folterkammer, später als Pulvermagazin, seit 1977 Besitz des Freistaates Bayern; Zweigmuseum der Prähistorischen Staatssammlungen, geöffnet zwischen 1. März und 30. November von Mittwoch bis Sonntag von 10 bis 16 Uhr.

Pullach: Sitz des geheimnisumwitterten Bundesnachrichtendienstes. Burg Schwaneck, erbaut von 1842 bis 1844 von Friedrich Gärtner für den Bildhauer Ludwig von Schwanthaler.

Tourenbeschreibung Als erstes müssen wir den Harlachinger Berg hoch. Hinter dem »Harlachinger Kirchl« (St. Anna) wechseln wir dann auf die Hochleite über und radeln gemächlich – von Fußgängern still geduldet – am oberen Rand des Isar-Hochufers, vor-

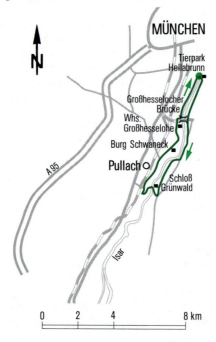

bei am Biergarten des »Franziskaners über der Klause« zur *Groß-hesseloher Brücke:* 270 Meter lang, 34 Meter hoch, früher als »Selbstmörderbrücke« in Verruf.

Wir bleiben diesseits der Isar in der Nähe des Hochufers. In *Geiselgasteig* nehmen wir kurz die Münchner Straße, um bei der ersten Gelegenheit wieder ans Hochufer zu gelangen. Flußaufwärts zum »Lindenwirt«, worauf *Schloß Grünwald* erreicht wird.

Steile Abfahrt zur Isarbrücke. Wir nutzen den Schwung und sausen am »Brückenwirt« vorbei. Droben beim Hotel Waldeck (La Belle Epoque) geht es rechts ab zum Denkmal für Gabriel von Seidl, dem Begründer des Isartalvereins. Das Krieger-Ehrenmal bleibt zurück. Wir kommen zu den ersten Häusern von *Pullach.* Dort durch die Habenschadenstraße zu der um 1500 vollendeten spätgotischen Pfarrkirche Heilig Geist. Auf dem Friedhof, von dem sich ein schöner Blick ins Isartal bietet, stehen etliche handgeschmiedete Grabkreuze.

Die Weiterfahrt ist etwas kompliziert und deshalb genau beschrieben: Über den Kirchplatz, an seinem Ende halbrechts in die Heilmannstraße und zu einer *Mariensäule.* Hier übernimmt uns die Burgstraße. Sie verläßt wenig später das Hochufer und führt zum Eingang der *Burg Schwaneck,* die heute als Jugendherberge und Jugendbildungsstätte dient.

Nach der Umzäunung rechts halten und auf breitem Waldweg (Trimm-Dich-Stationen) zur *Waldwirtschaft Großhesselohe,* wo es an schönen Wochenenden nur so von Leuten wimmelt.

Nun zum nahen ehemaligen »Staatsbahnhof« Großhesselohe. Vom Bahnhof-Stüberl ein Stück in Richtung Großhesseloher Brücke, links durch eine Unterführung und jenseits hinunter zur Isar, genau gesagt zum Isarkanal. An ihm entlang flußabwärts bis zur Isarbrücke in Höhe des Tierparks.

25 Isartal: Grünwald – Wolfratshausen

Verkehrsmöglichkeiten Grünwald liegt 10 km südlich von München auf der Ostseite des Isartales.
Tourenlänge 40 km.
Fahrzeit 3 Stunden.
Höhenunterschiede Steile Auffahrten am Wolfratshauser Berg sowie auf dem Rückweg von Mühltal (556 m) nach Straßlach (634 m).
Karten 1 : 200 000 Die Generalkarte, Blatt 22.
Anmerkungen Nach Grünwald mit dem Fahrrad vom Tierpark Hellabrunn wie bei Tour 24 beschrieben.

Wissenswertes *Grünwald* siehe Tour 24.

Wolfratshausen, hervorgegangen aus einer typischen Straßensiedlung, 1312 Marktrechte, einst durch einen Mauerring geschützt. Stadtpfarrkirche St. Andreas, nach einem Brand neuerstellt zwischen 1619 und 1650, dreischiffiger Hallenbau, beachtenswerte Prozessionsstangen der Bruderschaften und Innungen aus dem 17. und 18. Jahrhundert. 1961 wurde Wolfratshausen zur Stadt erhoben. Heimatmuseun (Untermarkt 10), geöffnet am Mittwoch von 14 bis 18 Uhr sowie an Sonn- und Feiertagen von 10 bis 13 Uhr.

Kloster Schäftlarn, um 760 als Benediktinerkloster gegründet, erste Kirchenweihe 762. 1702 Neubau des Klosters nach Plänen des Münchner Hofbaumeisters Giovanni Antonio Viscardi. 1866 kommt das Kloster durch eine Schenkung Ludwigs I. an den Benediktinerorden (heute Gymnasium und Internat). Der Neubau der Kirche wurde 1733 durch den 38jährigen Hofbaumeister Francois Cuvilliés begonnen, nach dem Österreichischen Erbfolgekrieg ab 1751 unter Johann Baptist Gunetsrhainer und Johann Michael Fischer weitergeführt, 1760 Weihe. An der Innenausstattung wirkten die fähigsten Künstler ihrer Zeit mit: Altäre und Kanzel des gebürtigen Württembergers Johann Baptist Straub. Fresken – in der Kuppelschale Klosterneubau 1140 durch Bischof Otto von Freising – des 74jährigen Wessobrunners Johann Baptist Zimmermann, der auch für den Stuck sorgte, und zwei Jahre nach dieser letzten großen Meisterleistung in München verstarb. Kirchenführer-Broschüre.

Tourenbeschreibung In Grünwald vom Marktplatz, wo der Maibaum, das Krieger-Ehrenmal und eine 160 Jahre alte Linde stehen, fahren wir in die Straße »Auf der Eierwiese« zum Schwesternheim. Dort kurz nach links, dann rechts und über Wiesen zum Rand des Hochufers. In den Wald. Im leichten Auf und Ab kommen wir zu den Wällen und Gräben der sogenannten »*Schanze*«. Hier hatten die Römer eine Station ihrer Straße von Salzburg, die sich jenseits der Ufer fortsetzte über »Bratananium« (Gauting) und »Ad Ambra« (Schöngeising) nach Augsburg.

Kurz danach wenden wir uns vom Steilhang links ab und fahren schnurgerade durch den Wald zur Grünwalder Straße. Auf ihr rechts, am Rand der Frundsbergsiedlung entlang, nach *Straßlach*. Etwa 100 Meter nach der Kirche rechts. Das Sträßchen senkt sich vom Hochufer nach *Mühlthal* am Isarwerkkanal. Auf der Wiesenlichtung steht eine Kapelle des 17. Jahrhunderts, und neben dem Kraftwerk der Isar-Amperwerke lädt der schattige Biergarten der Gaststätte zur Mühle ein.

Nun radeln wir auf einem Sträßchen neben dem Kanal her tal-

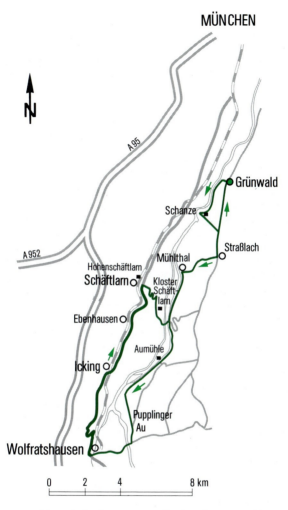

einwärts. Bald erscheint im Westen teilweise die Klosterkirche von
Schäftlarn. Den »Brückenwirt« heben wir uns eventuell für die
Rückfahrt auf; er steht nämlich am westlichen Isarufer. Wir bleiben diesseits noch kurz auf der Straße. Dann geht es rechts ab und
weiter parallel zum Kanal. Bald mündet von links der dicht bewaldete Schindergraben.

In *Aumühle* wartet der nächste Biergarten. Südlich davon breitet
sich die unter Naturschutz stehende *Pupplinger Au* aus, eine ursprüngliche Landschaft mit einer mancherorts typischen alpinen

Flora. Wir erleben prächtige Schirmföhrenbestände, die ihren Schatten über das Riedgras werfen; Wacholderstauden durchsetzen die Urstromaue.

An Forellenteichen vorbei steuern wir in südlicher Richtung zum »Aujäger« (Gasthof). Dort rechts über die Isar nach *Wolfratshausen.* Von Grünwald 21 Kilometer.

In der Stadt übernimmt uns die Bundesstraße 11 in Form der Münchner Straße. Am Rathaus vorbei. An der Stelle von Haus Nummer 12 war früher der Kerker. Bei der Weidachmühle erinnert eine Tafel an die im frühen Mittelalter links oben auf dem Schloßberg von einem Zweig der Diessener Grafen erbauten Burg und an deren wechselvolle Geschichte.

Mittels der Straßenschleifen mühen wir uns empor zum Hochufer und fahren dort nordwärts in Richtung München über *Icking –* streckenweise auf Radwegen – und *Ebenhausen* nach *Hohenschäftlarn.* Dort rechts mit einem gewundenen Bergsträßchen wieder ins Isartal zum *Kloster Schäftlarn,* einem weitum geschätzten Ausflugsziel.

Eine Allee führt uns über den Talboden zum »*Brückenfischer*«. Auf der Straße über die Isar und ihren Kanal. Unmittelbar nach der Kanalbrücke biegen wir links in das Sträßchen ein, das uns jetzt nicht mehr unbekannt ist. Über *Mühlthal* auf der vertrauten Route nach *Straßlach,* von wo man der Einfachheit halber auf der Autostraße nach *Grünwald* strampelt.

26 Von der Isar nach Oberschleißheim

Verkehrsmöglichkeiten Zentraler Startplatz ist die Ortschaft Dirnismaning an der Bundesstraße 11 zwischen Freimann und Garching. Anfahrt von Freimann auf Radwegen, von Garching oder von Ismaning (S 3).
Tourenlänge 20 km.
Fahrzeit 1¹/₄ Stunden.
Höhenunterschiede Unbedeutend.
Karten 1 : 200 000 Die Generalkarte, Blatt 23. Oder topographische Karte 1 : 100 000, Blatt München und Umgebung.
Anmerkungen Fahrradverleih in den Bahnhöfen Ismaning und Oberschleißheim.
Wissenswertes *Lustheim,* zweigeschossiges Gartenschlößchen in italienischem Barock, 1684 bis 1688 von Enrico Zucalli für Kurfürst Max Emanuel erbaut. Im südlichen Pavillon die Renatuskapelle. Im Schloß ist seit 1971 die von Ernst Schneider gestiftete Meißener Porzellansammlung untergebracht (mehr als 2000 Stük-

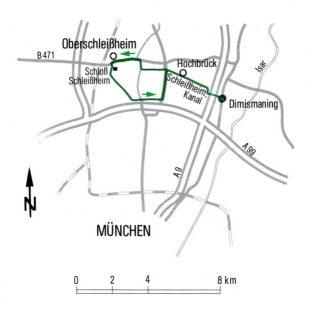

ke). Geöffnet täglich (außer Montag) von April bis Ende September von 10 bis 12.30 Uhr und von 13.30 bis 17 Uhr; von Oktober bis Ende März von 10 bis 12.30 Uhr und von 13.30 bis 16 Uhr.

Neues Schloß, Grundsteinlegung 1701, 1726 beim Tode des Kurfürsten Max Emanuel zum größten Teil fertiggestellt. Großartige Barockausstattung (unter anderem Treppenhaus, Festsaal, Galerie; prunkvolle Schlafzimmer des Kurfürsten und der Kurfürstin, Kammerkapelle). Führer-Broschüre. Besichtigungszeiten wie Lustheim.

Tourenbeschreibung Neben der Bushaltestelle, gegenüber von Haus Nummer 35 bzw. 37 wendet man sich von der Bundesstraße westwärts ab. Über die Autobahn hinweg, anschließend rechts zum träge dahinfließenden *Schleißheimer Kanal* aus dem späten 17. Jahrhundert. Wir bleiben diesseits, das heißt wir folgen dem Radweg in westlicher Richtung am Kanal entlang durch eine Pappelallee, bis ein Steg rechts über den Kanal führt. Am anderen Ufer links und durch *Hochbrück* auf der Parkstraße und der Heidenheimer Straße, worauf es wieder neben dem Kanal her geht. Abermals die Ufer wechseln. Vor der Bundesstraße 13 (Ingolstädter Landstraße) auf einem Holzsteg rechts zur Straßenkreuzung.

Auf der anderen Straßenseite kurz links, dann rechts wieder auf dem 1982 seiner Bestimmung übergebenen Radweg unter alten

Lindenbäumen. Etwas später eine weitere Straße überqueren. Vor dem Schloß Lustheim rechts erneut über den Kanal zum Gasthof zum Kurfürst. Links vom Gasthof befindet sich der Eingang in den Park aus den 80er Jahren des 17. Jahrhunderts bzw. der Zugang zum Schloß Lustheim.

Da selbst das Schieben von Fahrrädern im Schloßpark verboten ist, sind wir in der Folge auf die Freisinger Straße angewiesen, neben der uns ein Radweg erwartet. Beim Erreichen von *Oberschleißheim* hält man sich gleich links, vorbei am Rathaus und an der Feuerwehrhalle, und ist wenig später im prachtvollen Park von *Schloß Schleißheim.* Von Dirnismaning 8 Kilometer.

An der Front des Schlosses entlang, worauf uns die *Münchner Allee* aufnimmt, die allerdings streckenweise ihrer Bäume beraubt worden ist, um für die Flugplatz-Rollbahn Platz zu schaffen.

Am Ende der Allee auf dem Sträßchen links zur Ampelkreuzung. Jenseits, links der Autobahn auf einem nichtasphaltierten breiten Fahrweg weiter durch Wald zur Bundesstraße. Auch sie muß überquert werden. Danach mit dem Radweg links in nördlicher Richtung zur Brücke von *Hochbrück.* Von dort auf der bereits bekannten Route zurück.

27   Ins Erdinger Moos

Verkehrsmöglichkeiten   Erding liegt 17 km nordöstlich von München an der Bundesstraße 388. Endstation der S 6.
Tourenlänge   51 km.
Fahrzeit   3 Stunden.
Höhenunterschiede   Unbedeutend.
Karten   1 : 200 000 Die Generalkarte, Blatt 23.
Anmerkungen   Fahrradverleih im Bahnhof Erding.
Wissenswertes   *Erding* feierte 1978 sein 750jähriges Stadtjubiläum und vermittelt das behagliche Bild eines typischen altbayerischen Städtchens, das in seinem Kern die Form eines unregelmäßigen Ovals einnimmt, aus dem der Sattelturm der Pfarrkirche hervorragt. Letztere (St. Johannis) stellt einen gotischen Backsteinbau nach Landshuter Muster dar; im südlichen Seitenschiff ein Kruzifix von Hans Leinweber aus der Zeit um 1520. Schöner Turm als Rest der mittelalterlichen Befestigungsanlagen. Spitalkirche, 1444 geweiht, Miesbacher Stuck. Städtisches Heimatmuseum (Landshuter Straße 1), Öffnungszeiten über Telefon (0 81 22) 16 05 erfragen.

Langengeisling, Straßendorf mit einer Pfarrkirche (St. Martin) aus fränkischer Zeit, gotisch und barock umgebaut.

Bergham: Auf der linken (westlichen) Straßenseite das sogenannte »Hirtenhaus« aus der Mitte des 17. Jahrhunderts, 1963 restauriert; strohgedecktes Walmdach nach ur-bajuwarischer Bautechnik.

Tourenbeschreibung Die Altstadt von Erding wird durch den Schönen Turm verlassen. Anschließend an der Straßenteilung links halten und nach *Langengeisling.* Bei der Kirche links, nach 200 Metern rechts und nun an der Sempt entlang.

St. Benedikt in *Altham* stammt in seinen Anfängen aus romanischer Zeit. In *Eichenkofen* an der Straßenkreuzung vor der Egidiuskirche links. Die Straße durchzieht wie mit dem Lineal gezogen das Tratmoos. Vor Eitting kommen wir über den Saubach.

Unsere Route wendet sich am Ortsanfang von *Eitting* links. Reisener Straße und Hofmarkstraße bilden den Weiterweg. Wir kommen unter dem in den zwanziger Jahren fertiggestellten Mittleren Isarkanal hindurch. Anschließend links haltend über *Reisen* nach *Niederding.* An der Kirche links vorbei, bei der Kreuzung rechts und an der folgenden Straßenteilung links halten in das schon um 950 urkundlich erwähnte Dorf *Oberding.* Für eine »Brotzeit« im Gasthaus Balthasar Schmid wird es noch zu früh sein; empfehlen kann man dieses Speiselokal aber in jedem Fall.

Von der Georgskirche aus dem frühen 18. Jahrhundert fahren wir westwärts ins *Erdinger Moos,* eine eigenwillige Landschaft, durchzogen von zahlreichen Wassergräben. Vereinzelte Moosbauernhöfe, kleinere Waldstücke und Baumgruppen durchsetzen die weiträumige Ebene.

An der Straßenteilung gleich nach der Altachbrücke hält man sich links. Wir kommen über den Gfällbach. Weiter die westliche Richtung beibehalten. Die Anwesen von *Mooshanns* werden passiert. Rechts breitet sich das von Laubwald durchsetzte Oberdinger Moos aus. Es folgt das stattliche *Gut Wildschwaige.* Einen Kilometer danach treffen sich mehrere Moossträßchen. Hier biegen wir links ab und stoßen bald auf die Landstraße, die uns rechts nach *Goldach* ·bringt.

Dicht vor der Kirche links, nach 600 Metern abermals links, an der nächsten Wegeteilung rechts halten, an Häusern vorbei und schnurgerade in südlicher Richtung zum *Gut Zengermoos,* bei dem wir die Bundesstraße 388 überqueren (Vorsicht!). In der Folge nimmt unsere Route einen eckigen Verlauf: In *Freieneck* links, nach 1 Kilometer rechts, wenig später wieder links, und danach nochmals rechts zu den Häusern von *Eicherloh.* Geradeaus geht es zum nördlichen Ufer des *Speichersees.* Ein hoher Damm versperrt den Blick auf das Wasser. Links, über den Kanal nach *Neufinsing.* An der Straßenkreuzung links. Tafeln zeigen in Richtung Erding.

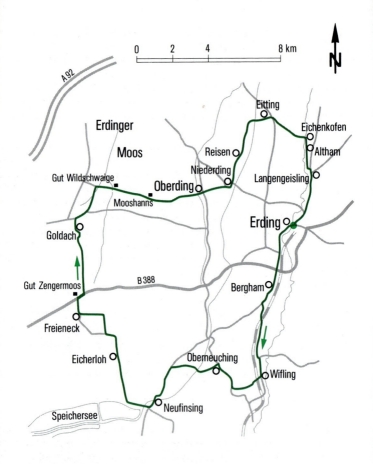

Erneut über den Isarkanal. An der Straßenkreuzung bei Lüß rechts
ab, nochmals über den Kanal und in das Dorf *Oberneuching,* wo im
Jahre 771 unter Herzog Tassilo eine vielbeachtete Synode statt-
fand.

In Höhe der in ihren Ursprüngen romanischen Martinskirche
wenden wir uns links und stoßen auf die Hauptstraße. Nun rechts
(Richtung Ottenhofen), nach knapp 1 Kilometer links und dem
Sträßchen durch die Feldflur in das Pfarrdorf *Wifling* folgen.

Hier links (nordwärts) entlang der Eisenbahn. *Bergham* heißt
unser vorläufiges Ziel, wo man das »Hirtenhaus« auf der linken
Straßenseite nicht übersehen sollte. Danach kündigt sich schon Erding an. Rechts sehen wir den Turm der Pfarrkirche Mariae Verkündigung aus dem Jahre 1724.

An der Kreuzung in Höhe der Altenerdinger Kirche geradeaus. Rechts der Straße folgt ein anderes sehenswertes Gotteshaus: Heilig Blut, eine Wallfahrtskirche aus der zweiten Hälfte des 17. Jahrhunderts. In der kreuzförmigen Krypta soll sich ein Hostienwunder ereignet haben, das letztlich die Wallfahrt begründete. Von hier ist es nicht mehr weit zum Schrannenplatz und zum Rathaus im Herzen von *Erding.*

28   Wild im Ebersberger Forst

Verkehrsmöglichkeiten   Ebersberg östlich (33 km) von München an der Bundesstraße 304 ist Endstation der S 4.
Tourenlänge   39 km.
Fahrzeit   2 Stunden.
Höhenunterschiede   Streckenweise leichte Steigungen.
Karten   1 : 200 000 Die Generalkarte, Blatt 23.
Anmerkungen   Nächster Fahrradverleih im Bahnhof Grafing (4 km).
Wissenswertes   *Ebersberg,* Erholungsort und Kreisstadt, entwickelte sich um ein 934 gegründetes Chorherrenstift der Grafen von Sempt-Ebersberg. Im Spätmittelalter sorgte eine Reliquie (Hirnschale!) des Hl. Sebastian für den Aufschwung der Wallfahrt. Die erste romanische Kirche entstand Anfang des 13. Jahrhunderts, später gotische und barocke Umbauten. Unter der Orgel-Empore die Tumba aus rotem Marmor der Kirchenstifter; sie gilt als eines der wesentlichsten Kunstwerke der bayerischen Spätgotik. Kirchenführer-Broschüre. Rathaus, als Hofwirtschaftshaus des Klosters 1529 errichtet, heute der bedeutendste mittelalterliche Profanbau im Landkreis. Entzückender Marktplatz mit Hausfronten von der Barockzeit bis zum Biedermeier.

Ebersberger Forst, größtes geschlossenes Waldgebiet der Bundesrepublik. Die gerade verlaufenden Geräumte entstanden im späten 18. Jahrhundert, als der »Churfürstliche Wald« planmäßig eingeteilt wurde. Von den insgesamt 9000 Hektar sind 7700 Hektar Staatswald.

Schwarzwildfütterung Pöringer Saupark, etwa 25 Stück Schwarzwild. Fütterungszeit täglich 1/2 Stunde von der Dämmerung. Auskünfte Forstamt Eglharting oder Forstdienststelle Ingelsberg, Telefon (0 81 06) 93 71 bzw. 23 28.
Tourenbeschreibung   Hinter dem Rathaus nehmen wir die Eberhardstraße bzw. den Radweg zum *Klostersee.* An der Straßengabelung rechts halten in Richtung Hohenlinden und bergan in den

97

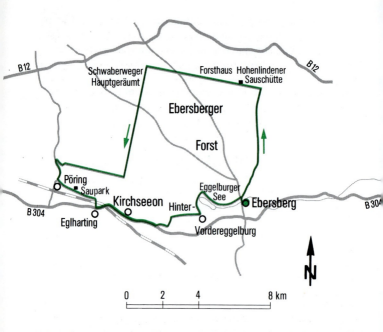

Ebersberger Forst. Nach knapp 5 Kilometern steht links an der Straße die Sebastiansäule. Und etwa 1 Kilometer danach biegen wir links in die Straße ein zum Parkplatz beim *Forsthaus Hohenlindener Sauschütte.* Hier beginnt ein 3 Kilometer langer Waldlehrpfad mit den Themen Waldgeschichte und -wirtschaft, Bodenbeschaffenheit, Baumarten und Waldtiere, Holzverwertung, Wald und Umwelt. Die Schaugatter mit Rot-, Dam- und Schwarzwild liegen am Lehrpfad.

Anschließend radeln wir pfeilgerade in schwach nordwestlicher Richtung durch den Forst, bis man nach knapp 4 Kilometern auf eine Straße stößt. Jenseits noch 1,5 Kilometer die Richtung beibehalten, dann links in das *Schwaberweger Hauptgeräumt.* Nun in südlicher Richtung wie mit dem Lineal gezogen, nach 2 Kilometern eine Straße kreuzen und weiter zur Kreuzung beim sogenannten »Blauen Stern«, wo ein großer Stadel steht.

An der Kreuzung rechts zum westlichen Saum des großen Forstes. Zur nahen Autostraße und links dem Zwiebelturm von *Pöring* entgegen. Am Ortsanfang links in die Burgstraße. Dann links in die Egelhartinger Straße. Hinter den letzten Häusern am Waldrand entlang. Bald zeigt links eine Holztafel zum Sportpfad und zur *Wildfütterung.* Weiter durch eine Eisenbahnunterführung nach *Eglharting.*

Auf der Bundesstraße 304 links in den Markt *Kirchseeon.* Am Ortsende rechts abbiegen in Richtung Osterseeon. Gleich nach dem Gasthof Eisenschmied links in die Forstseeoner Straße.

Bei den Häusern von *Forstseeon* rechts zu einem einzeln stehenden Haus mit einer Wandmalerei. Das ist die Ferkelzucht Pröbstl. Daran rechts vorbei und auf einem nicht besonders guten Feldweg ostwärts nach *Vordereggelburg.* Dort links zum Weiler *Hintereggelburg.* Rechts halten und in der Folge im Bogen um das Nordufer des *Eggelburger Sees* herum zu einem Sträßchen auf der Ostseite des Sees, der seit 1973 unter Naturschutz steht.

Vor Eggelsee links, vorbei am *Langweiher* zum Bad am *Klostersee.* Abschließend wieder durch die Eberhardstraße ins Zentrum von *Ebersberg.*

29   Von Kirchseeon zu Wallfahrten und Badeseen

Verkehrsmöglichkeiten   Kirchseeon liegt östlich von München, kurz (6 km) vor Ebersberg, Station der S 4.
Tourenlänge   36 km.
Fahrzeit   2¹/₂ Stunden.
Höhenunterschiede   Weitgehend wellige Strecke.
Karten   1 : 200 000 Die Generalkarte, Blatt 23.
Anmerkungen   Nächster Fahrradverleih im Bahnhof Grafing (6 km).
Wissenswertes   *Maria Altenburg,* als Wallfahrt im 15. Jahrhundert gegründet, Blüte im 17. und 18. Jahrhundert. Barocker Neubau der Kirche mit prächtigem Stuck, im Hochaltar eine spätgotische Muttergottes.

Möschenfeld: St.-Ottilien-Wallfahrt seit der Mitte des 15. Jahrhunderts, gegründet durch Benediktiner an der Stelle einer Schwaige des Klosters Ebersberg. Kirchenbau in einheitlichem Renaissancestil von 1640. In der Emporenbrüstung spätgotische Tafelbilder (Szenen aus dem Leben der Hl. Ottilie) aus dem Ende des 15. Jahrhunderts.

Tourenbeschreibung   In *Kirchseeon* vom Bahnhof zum Bahnübergang und danach rechts halten auf der Moosacher und der Deinhofener Straße in den Wald. Nach insgesamt etwa 3 Kilometern zweigt links die Straße ab durch eine Birkenallee zum *Gut Deinhofen.* Daran rechts vorbei und in südlicher Richtung. Links am Weg folgt ein kleiner Weiher. Der Fahrweg senkt sich zur Landstraße. Rechts nach *Moosach.*

Im Ort rechts haltend in Richtung Zorneding, worauf nach 1 Kilometer Tafeln links zur Wallfahrtsstätte *Altenburg* zeigen.

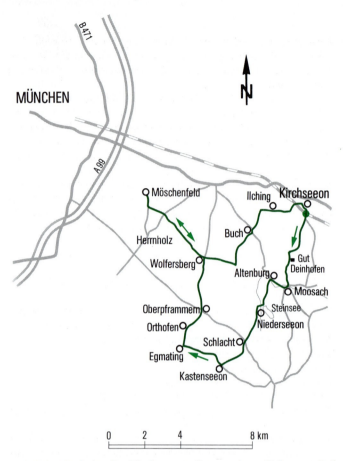

MÜNCHEN

N

B 471

A 99

Möschenfeld   Ilching   Kirchseeon

Herrnholz   Buch

Wolfersberg   Altenburg   Gut Deinhofen

Moosach

Oberpframmern   Steinsee

Orthofen   Niederseeon

Schlacht

Egmating

Kastenseeon

0   2   4   8 km

Auf der Südseite der Kirche westwärts zu einem Fahrweg. Auf
ihm links zum Sträßchen, das in schwach südwestlicher Richtung
direkt zum Badeplatz am *Steinsee* leitet. Er zählt zu den meistbesuchten und wärmsten Badeseen im Münchner Osten.

Westlich vom Steinsee an der Straßenkreuzung links, an *Nieder-
seeon* vorüber, mit leichter Steigung in das Dörfchen *Schlacht*.
Rechts an der Hauptstraße steht das gotische Kirchlein St. Martin.
Kurz darauf an der Straßengabel rechts haltend nach *Kastenseeon*
mit gepflegtem Badestrand am nahen, gleichnamigen See in der
Jungmoränenlandschaft des eiszeitlichen Inngletschers.

Ab Kastenseeon nordwestwärts durch ein Waldstück nach *Egmating* auf uraltem bajuwarischem Siedlungsboden. Am Ortsanfang rechts. Wir radeln an den Häusern von *Orthofen* vorbei, lassen
Thal zurück, behalten in *Oberpframmern* die Nordrichtung (Tafel:

Zorneding) bei und fahren zur Kreuzung bei *Wolfersberg.* Hier links über die Lichtung zum Waldrand. An der Gabelung rechts haltend in das *Herrnholz,* das uns aber schon 2,5 Kilometer danach wieder entläßt.

Wir kreuzen die Straße Harthausen – Zorneding und setzen die Fahrt durch eine Allee fort. An ihrem Ende rechts durch die Ahornallee zum Gut und zur Wallfahrtskirche von *Möschenfeld.*

Um uns nicht den Gefahren der Bundesstraße 304 aussetzen zu müssen, radeln wir zurück zur Kreuzung bei *Wolfersberg.* Auf der anderen Straßenseite weiter ostwärts, etwa 1,5 Kilometer, zur Kreuzung der Waldsträßchen. Links durch den Wald in das Dorf *Buch.* An der Straßenteilung rechts in Richtung Eglharting, aber nur 800 Meter, denn am Rand des Ilchinger Holzes wendet sich unsere Route rechts. Über *Ilching* zurück nach *Kirchseeon.*

30   Auf Römerspuren im Hofoldinger Forst

Verkehrsmöglichkeiten   Aying wird von der alten Rosenheimer Landstraße auf halbem Weg zwischen München (24 km) und Bad Aibling (21 km) berührt, Station der S 1.

Tourenlänge   30 km.

Fahrzeit   1¹/₂ Stunden.

Höhenunterschiede   Bedeutungslos.

Karten   1 : 200 000 Die Generalkarte, Blatt 23.

Anmerkungen   Fahrradverleih im Bahnhof Aying sowie im Bahnhof Kreuzstraße.

Wissenswertes   Die erwähnte Römerstraße ist ein Teilstück der antiken Straße von Augusta Vindelicum (Augsburg) über Ad Ambra (Schöngeising) – Bratananium (Gauting) – Grünwalder Schanze – Bedaium (Seebruck) nach Iuvavum (Salzburg). Es handelte sich um eine Staatsstraße (via publica), denn nur an solchen standen zylindrische Meilensteine (bis 3 m hoch, bis 75 cm Durchmesser). Zum Schutze des Straßenverkehrs wurden ab dem 2. Jahrhundert hölzerne Türme in regelmäßigen Abständen errichtet. In Raststätten (mansiones) wurde übernachtet.

Otterfing: Pfarrkirche St. Georg aus der Mitte des 16. Jahrhunderts, auf dem Hochaltar der Kirchenpatron als Drachentöter. Außerdem barocke Skulpturen des Hl. Sebastian (rechter Seitenaltar) und des Hl. Nikolaus (im Chor).

Tourenbeschreibung   Vom Bahnhof zur nahen Landstraße und in wenigen Minuten zu den Häusern von *Peiß.* In der Linkskurve rechts ab, durch die Eisenbahnunterführung und geradeaus durch

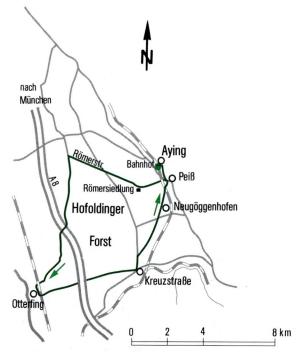

Wiesen zu den Häusern der *Römersiedlung.* Hier verlief die Römerstraße Augsburg – Salzburg. Biegt man spitzwinkelig links ab,
stößt man auf einen römischen Meilenstein.

Unsere Radtour indes wendet sich halbrechts, das heißt, sie folgt
nun der Trasse der antiken Straße. Sie verläuft wie mit dem Lineal
gezogen in Nordwestrichtung und ist über weite Strecken bestens
auszumachen, kann also nicht verfehlt werden.

Man kreuzt die Autostraße Faistenhaar – Kreuzstraße und fährt
jenseits weiter durch den *Hofoldinger Forst,* der übrigens früher, so
gegen 1600, als die bayerischen Herzöge hier ihre Jagden veran-
stalteten, hauptsächlich aus Rotbuchen bestand.

Nach insgesamt etwa 8 Kilometern stößt man auf die Straße Ho-
folding – Otterfing. Mit ihr wenden wir uns vom Verlauf der Römerstraße links ab. Nun in südlicher Richtung durch den schatten-
spendenden Wald, über die Salzburger Autobahn hinweg und nach
Otterfing.

Gleich nach der Eisenbahnunterführung links zum Bahnhof,
kurz danach abermals links, über die Eisenbahnbrücke und jetzt in
Ostrichtung. Wenig später umfängt uns wieder der Hofoldinger
Forst. Mit einem Tunnel durch die Salzburger Autobahn.

An der Straßenkreuzung bei *Kreuzstraße* links. Nach einigen hundert Metern halbrechts in einen Forstfahrweg überwechseln. Er mündet nach 2 Kilometern in die Straße. Auf der anderen Seite weiter. Bei den Häusern von *Neugöggenhofen* gibt uns der Wald frei. Hunger und Durst treiben uns zurück, aber nicht direkt zum Bahnhof, sondern vorher in die Ortschaft *Aying*, zum Brauerei-Gasthof in die Zornedinger Straße, wo man entweder im Garten sitzt oder in der gemütlich eingerichteten Stube. Bekanntlich schmeckt ja das Bier dort am besten, wo es aus dem Sudkessel kommt!

31 Ein »Heiliger Berg« bei Holzkirchen

Verkehrsmöglichkeiten Beste Zufahrt ist die Salzburger Autobahn, von München 33 km. Bahnhof, S 2.
Tourenlänge 33 km.
Fahrzeit 2¹/₂ Stunden.
Höhenunterschiede Durchwegs wellige und bergige Strecke.
Karten 1 : 200 000 Die Generalkarte, Blatt 26.
Anmerkungen Fahrradverleih im Bahnhof Holzkirchen.
Wissenswertes *Holzkirchen,* Kirche eines ehemaligen Benediktinerklosters, dessen Ursprünge in die Mitte des 8. Jahrhunderts zurückreichen. Kirchenneubau 1728 bis 1730 nach Plänen von Balthasar Neumann; kostbare romanische Sandsteinreliefs (Engelskopf, Mann mit Einhorn, Christus auf der Eselin).
Reutberg: Wallfahrt und Franziskanerinnen-Klosterkirche, hervorgegangen aus einer Loretto-Kapelle des frühen 17. Jahrhunderts, Erweiterung der Kirche zwischen 1733 und 1735. Über dem Hochaltar das Gnadenbild der Muttergottes.
Dietramszell: Kirche eines ehemaligen Augustiner-Chorherren-Stiftes, erstes Gotteshaus (Kapelle) von Dietram, einem Mönch des Klosters Tegernsee, 1102 gegründet. Die heutige Klosterkirche zählt zu den bedeutendsten Barockkirchen in ganz Oberbayern. Der äußerlich schmucklose Bau überrascht mit einem großartigen Innenraum, der geprägt wird vom Stuck und durch die Fresken des Wessobrunners Johann Baptist Zimmermann. Im rechten Winkel stößt die Pfarrkirche St. Martin an die Klosterkirche; auch dort ist Zimmermann mit Malerei und Stuck vertreten. Kirchenführer-Broschüre.
Tourenbeschreibung *Holzkirchen* wird auf der Bundesstraße 13 in Richtung Bad Tölz verlassen. An der Straßenkreuzung etwa 400 Meter nach der Überlandleitung rechts ab, nach weiteren 400 Me-

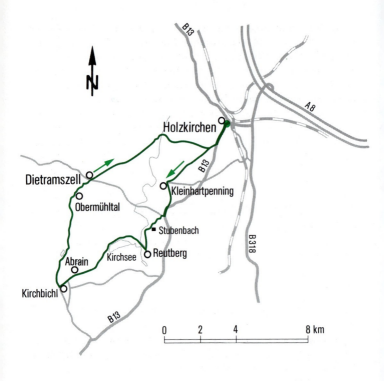

tern links halten und auf einem stillen Sträßchen in das Dorf *Klein-hartpenning*. An der Kreuzung geradeaus, rechts an Asberg vorbei, zur Bundesstraße. Auf ihr rechts, aber nur 600 Meter, dann zweigt nämlich rechts eine Straße ab. Zunächst nach *Stubenbach*. Und da erscheint auch schon der »Heilige Berg« im Blickfeld – *Reutberg*. Das letzte Stück hinauf zum Kloster und zur Kirche legen wir zu Fuß zurück. Hier ist die Atmosphäre noch volkstümlich (im Gegensatz zu Andechs), von ländlich-bäuerlicher Art. Im Garten des Bräustüberl (mittwochs geschlossen) schmeckt das »Dunkle« unter Kastanien und Eschen. Berühmt sind die »Reutberger Schmalznudeln«. Der gemischte Preßsack sauer ist ohne Knorpel. Reichlich erweist sich die »Bauernbrotzeit« mit einem mageren geräucherten Wammerl und einem großen Stück Butterkäse – fürwahr eine Brotzeitoase, ohne Plastikbesteck, was heutzutage an solchen Ausflugsstätten nicht mehr selbstverständlich ist.

Wieder unten, radeln wir ein kurzes Stück zurück und biegen dann halblinks in das Sträßchen zum Freibad am *Kirchsee* ein. Weiter am Nordufer des Sees. Nach seinem Ende links halten. Hier muß das Radl streckenweise geschoben werden. An der Wegeteilung am Rand des Naturschutzgebietes hält man sich links und trudelt schon bald beim stattlichen Anwesen *Abrain* ein.

Von dort zur nahen Autostraße und rechts zu den Häusern von *Kirchbichl.* Hier stoßen wir auf die Straße, die rechts (nordwärts) durch den Wald der Moränen zum Biergarten der Gaststätte Liegl in *Obermühltal* führt, von wo es nicht mehr weit ist bis *Dietramszell.*

Unterhalb des Klosters, bei der Schloßschänke (Inschrift zur Erinnerung an die letzte oberbayerische Postkutschenfahrt) zeigen Wegweiser unter anderem nach Holzkirchen. In nordöstlicher Richtung durch den Wald, geleitet von den schon erwähnten Tafeln (Holzkirchen). Die Straße durchquert den südlichen Teil des Teufelsgrabens, überquert beim Hof Baumgarten eine Lichtung und mündet etwas später in die schon bekannte Bundesstraße 13.

32 Zwischen Wolfratshausen und Bad Tölz

Verkehrsmöglichkeiten Anschlußstelle der Autobahn München – Garmisch-Partenkirchen. Von München 29 km, von Starnberg 15 km. Endstation der S 10.
Tourenlänge 58 km.
Fahrzeit 3¹/₂ bis 4 Stunden.
Höhenunterschiede Wellige Fahrbahn ab Ascholding bis Bad Tölz.
Karten 1 : 200 000 Die Generalkarte, Blatt 25 und 26.
Anmerkungen Die Tour kann natürlich auch in Bad Tölz (Fahrradverleih im Bahnhof) angetreten werden.
Wissenswertes *Wolfratshausen,* hervorgegangen aus einer typischen Straßensiedlung, 1312 Marktrechte, einst durch einen Mauerring geschützt. Stadtpfarrkirche St. Andreas, nach einem Brand neuerstellt zwischen 1619 und 1650, dreischiffiger Hallenbau, beachtenswerte Prozessionsstangen der Bruderschaften und Innungen aus dem 17. und 18. Jahrhundert. Wolfratshausen wurde 1961 zur Stadt erhoben. Heimatmuseum (Untermarkt 10), geöffnet Mittwoch 14–18 Uhr sowie an Sonn- und Feiertagen 10–13 Uhr.
Dietramszell siehe Tour 31.

Bad Tölz: Jodbad und heilklimatischer Kurort seit Entdeckung der Jodquellen im Jahre 1845. Tölz wird 1160 erstmals in einer Urkunde als »Tolet« bezeugt und lag an einer Salzstraße. Stadtpfarrkirche Mariae Himmelfahrt, dreischiffige Halle; an den Chor ist die Winzerer-Kapelle angebaut mit einem Epitaph von Kaspar Winzerer III., einem berühmten Haudegen seiner Zeit, der das Tölzer Pflegeamt 1515 von seinem Vater übernommen hatte. Dessen Denkmal (1887 enthüllt) steht auf der Marktstraße. Dort steht auch das »Pflegerhaus« der Winzerer, die von 1454 bis 1542 drei Generationen lang die Pfleger von Bad Tölz stellten. Ehemaliges Rathaus, zum Tölzer Jubiläumsjahr 1981 (800-Jahr-Feier) mustergültig renoviert, jetzt Heimatmuseum und Bürgerhaus. Auf dem Nagelfluhstock des Kalvarienberges die Leonhardskapelle, 1726 aus zwei Kapellen entstanden. Alljährlich am 6. November historischer Leonhardiritt und Pferdeweihe. Seit 1974 lebt Frater Camillus vom Orden der Eremiten (drittstrengster katholischer Orden) als Einsiedler auf dem Berg.

Beuerberg, ehemalige Augustiner-Chorherren-Stiftskirche, Nachfolgerin eines romanischen Baues, als dreischiffige Basilika 1635 vollendet, ohne Emporen. Kirchenführer-Broschüre. Marienkirche von 1643 in prächtiger Spät-Rokoko-Ausstattung, Hochaltar und Stuck von Tassilo Zöpf, Chor-Deckengemälde von Johann Bader (»Lechhansl«) aus Lechmühlen.

Schloß Eurasburg, frühbarocke Anlage mit 365 Fenstern, bis 1698 Besitz der Wittelsbacher, Geburtsstätte (5. Juni 1845) des berühmten Alpenerschließers Hermann von Barth. Besichtigung von Montag bis Freitag zwischen 8 und 10 Uhr.

Tourenbeschreibung Aus der Altstadt über die Loisach und der Sauerlacher Straße folgend durch den Ortsteil *Nantwein,* einst Wallfahrtsstätte zur Erinnerung an den Rompilger Conradus Nantovinus, den der herzogliche Richter in Wolfratshausen anno 1286 gemartert haben soll; Kirche von 1624.

Kurz hinter der Isarbrücke rechts ab in Richtung Bad Tölz. Die wenig befahrene Straße durchzieht Landschafts- und Naturschutzgebiete in den Isarauen. *Ascholding* ist ein ursprüngliches Bauerndorf geblieben. Alljährlich an Ostern findet nach altem Brauch eine Pferdeprozession zu dem südlich des Dorfes auf einem Bühel thronenden Georgskirchlein statt.

An der Kreuzung nach dem »Neuwirt« geradeaus. Tafeln zeigen nach Dietramszell. Wir kommen an der einstigen Weihermühle vorbei. Die Steigungen beginnen. In *Emmerkofen* rechts. Weiter über *Humbach* mit der spätgotischen Annakirche und dem traditionsreichen Gasthof Geiger. Man hält sich links. Wenig später sehen wir rechts den massiven, aus dem 14. Jahrhundert stammenden Kirchturm von St. Katharina des Dorfes Thannkirchen, das in den letzten Tagen des 2. Weltkrieges schwer zerstört wurde. Im Süden zeigt sich der Alpenkamm. Wir kommen nach *Dietramszell* und be-

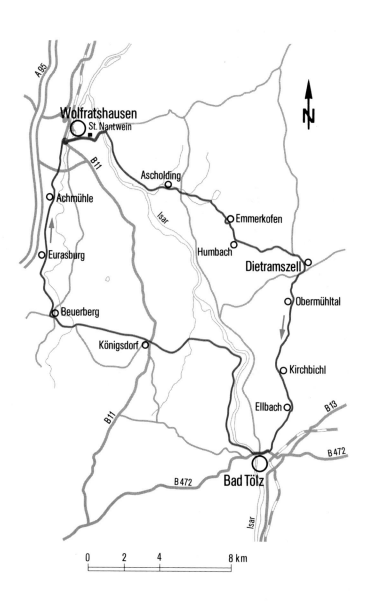

sichtigen die Kirche. Unterhalb des Klosters erinnert eine Inschrift an der Schloßschänke an die letzte oberbayerische Postkutschenfahrt im September 1938 von Holzkirchen nach Dietramszell.

Die Straße durchzieht im Auf und Ab die Moränenlandschaft. *Obermühltal* und *Kirchbichl* heißen die nächsten Dörfer. Südlich von *Ellbach* breitet sich das Naturschutzgebiet der gleichnamigen Mooslandschaft aus. Sie war in grauer Vorzeit eine Bucht des Tölzer Sees.

Rechts an der Martinskirche vorbei und mit schönen Blicken auf das Moos nach *Bad Tölz*. Wir stoßen direkt auf das Grüner-Bräustüberl. Dort rechts, an der Straßengabel vor der Kirche links halten und durch die historische Marktstraße zur Isarbrücke. Von Wolfratshausen 31 Kilometer.

Am anderen Ufer rechts. Die Straße hält sich zunächst an die Isar, die hier einen Stausee bildet. Nach einer Weile entfernen wir uns vom Fluß und radeln zu Füßen von Moränen westwärts in den ehemaligen (bis 1550) Pfarrsitz des Isarwinkels, *Königsdorf.* Dort orientiert man sich an der Kirche, von der unsere Route in eine brettlebene Moorlandschaft eindringt, aus der die hellen Stämme der Birken leuchten. Über die Loisach und hinauf zum ehemaligen Kloster *Beuerberg.*

Am westlichen Ortsrand zeigt eine Tafel rechts nach Wolfratshausen, von wo uns nur noch 10 Kilometer trennen. Gemütlich rollen wir an der Basis des bewaldeten Hochufers durch das breite Loisachtal, geformt von 150 000 Jahren in der Würmeiszeit, nach *Eurasburg,* wo von der Höhe das »Rote Schloß« grüßt. Etwas unterhalb ist die mittelalterliche Iringsburg zu suchen. Ein Otto von Iringsburg war übrigens 1121 Stifter des Klosters Beuerberg.

Wer Lust hat, kann in *Achmühle* nochmals einkehren. Ansonsten fährt man in einem Zug durch bis *Wolfratshausen.*

33   Von Penzberg zu den Osterseen

Verkehrsmöglichkeiten   Beste Anfahrt Autobahn München –
Garmisch-Partenkirchen, Ausfahrt Penzberg/Iffeldorf (4 km).
Bahnhof der Strecke München – Kochel.
Tourenlänge 35 km.
Fahrzeit 2¹/₂ bis 3 Stunden.
Höhenunterschiede   Wesentliche Steigung vom Starnberger See
(590 m) bis zur Höhe (660 m) bei Mandl.
Anmerkungen   Die Tour kann auch in Seeshaupt (Fahrradverleih
am Bahnhof) angetreten werden.
Karten   1 : 200 000 Die Generalkarte, Blatt 25.
Wissenswertes   *Osterseen.* Die Seenplatte nimmt eine Gesamtflä-
che von 224 Hektar ein, gesamte Uferlänge (ohne Inseln) 2,4 Kilometer. Größter (1,22 qkm) und tiefster (32 m) der 21 Seen ist der
nach der germanischen Göttin Ostara benannte Ostersee. Sie haben sich im Zungenbecken des eiszeitlichen Loisach-Isar-Glet-
schers entwickelt; vielgestaltige Pflanzenwelt vor allem in den Ver-
landungszonen, die allmählich in Nieder- und Hochmoore überge-
hen; Brutplätze von Wasservögeln aller Arten; fischreich, unter
anderem Aale. Freibadeplatz am Südostufer des Ostersees.
Starnberger See: Früher Würmsee, meistbesuchter See im bayerischen Oberland, zweitgrößtes (57 qkm) Gewässer in Bayern; 21
Kilometer lang, bis 5 Kilometer breit. Die Wassertemperaturen
schwanken von Juli bis September um 20 Grad.
Beuerberg siehe Tour 32.
Tourenbeschreibung   Vom Bahnhof zur nahen Straße und auf ihr
rechts in Richtung Sindelsdorf, aber nur bis zum Stadtrand, denn
dort wendet sich unsere Route nach rechts. Durch feuchte Wiesen
in Westrichtung. Breunetsried läßt man rechts liegen. Unter der
Autobahn hindurch nach *Antdorf.* Bei den ersten Häusern rechts
und zur barocken Pfarrkirche St. Vitus in *Iffeldorf.*
  Bei der Kirche links haltend abwärts. Von der Wege-Übersichtstafel nordwestwärts; rechts liegt der Sengsee, halbrechts vorne erscheint der Fohnsee. Wir kommen zum Parkplatz am *Brückensee.*
Nun auf einem asphaltierten Fahrweg – rechts haben wir jetzt den
Ostersee –, wo er sich gabelt, abermals rechts halten zur *Lauterba-
cher Mühle.*
  Anschließend an der Privatklinik vorbei, etwas später einen
Rastplatz (Wege-Übersichtstafel) passieren und zur Straße, die
uns links nach *Seeshaupt* am südlichen Ende des Starnberger Sees
bringt.
  Rechts auf der St.-Heinricher-Straße. Die Strandbäder bleiben
zurück. Über die Brücke des Singerbaches in den Landkreis Wolf-

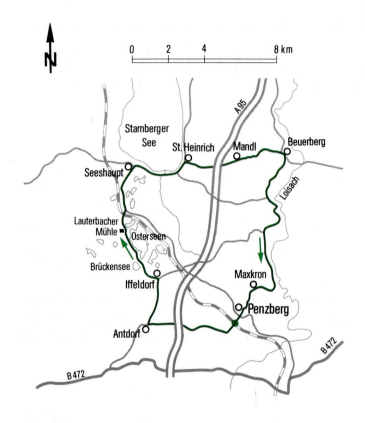

ratshausen. Das Zwiebeltürmchen leitet uns nach *St. Heinrich,* einer alten Wallfahrtsstätte. Hier hatte in der 1. Hälfte des 13. Jahrhunderts Graf Heinrich von Andechs als Eremit gelebt.

Beim Gasthaus Fischerrosl (Fischspezialitäten) rechts von der Uferstraße ab und bergan durch die waldbestandene Moränenlandschaft, unter der Autobahn hindurch und zum Scheitelpunkt der Straße östlich von *Mandl.* Anschließend abwärts in den Ort *Beuerberg.*

Vom Kloster kurz in Richtung Königsdorf, worauf rechts die Straße nach Penzberg abzweigt. Sie führt uns bald unmittelbar an die behäbig dahinfließende *Loisach* heran, entfernt sich vom Fluß, um sich dann wieder an sein Ufer zu schmiegen, von dem wir uns in *Maxkron* endgültig rechts haltend entfernen, um nach *Penzberg* zu gelangen, wo uns ein großzügig angelegtes Wellenbad erwartet.

34 Von Bad Heilbrunn zur längsten Rutschbahn der Welt

Verkehrsmöglichkeiten Die Bundesstraße 472 berührt Bad Heilbrunn 8 km westlich von Bad Tölz, von Benediktbeuren 7 km, von Weilheim 36 km.

Tourenlänge 18 km.

Fahrzeit 1¹/₂ Stunden.

Höhenunterschiede Welliger Streckenverlauf.

Karten 1 : 200 000 Die Generalkarte, Blatt 25.

Anmerkungen Radverleih in Bad Heilbrunn: Foto Soukup, Badstraße 8, Tel. (0 80 46) 2 23. Nächster Bundesbahn-Fahrradverleih in Bad Tölz. Badegelegenheit im Stallauer Weiher.

Wissenswertes *Bad Heilbrunn*, Jodbad.

Blomberg: Längste Rutschbahn der Welt mit einer Gesamtlänge von 1240 Metern bei einem Höhenunterschied von 220 Metern. Die Gleiter (»Kessi«) bewegen sich mit Nylonkufen in der Rutschbahnschale und lassen sich stufenlos beschleunigen oder bremsen.

Bad Tölz siehe Tour 32.

Tourenbeschreibung Von der Kirche zum Krieger-Ehrenmal und in der Folge am Kurhaus sowie am Kur- und Verkehrsamt vorbei. Auf dem Wörnerweg passieren wir den Sportplatz und stoßen auf eine Querstraße. Links, in *Ramsau* rechts halten und nach

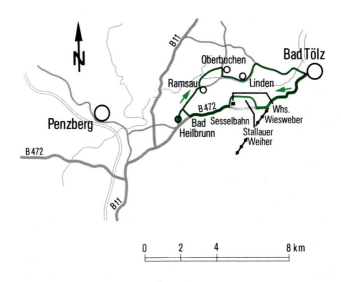

Oberbuchen, wo uns schon von weitem der Zwiebelturm des Kirchleins begrüßt.

Im Ort zeigen die Radwander-Markierungen nach rechts. Gegenüber des Bauernhofes Nr. 8 abermals rechts. Der wellige Streckenverlauf führt uns durch den Weiler *Linden* zur Straße Königsdorf – Bad Tölz.

Rechts durch die bewegte Moränenlandschaft. Die Straße senkt sich in das *Bad Tölz.* Nicht links zur Isar, sondern rechts und zum Gasthof Zollhaus, wo früher der »Scheibenmaut« an der Salzstraße erhoben wurde.

Für die Weiterfahrt nehmen wir den Fußweg rechts neben der Straße (Rücksicht auf Fußgänger!). Er bringt uns zum Parkplatz an der Talstation der *Blomberg-Sesselbahn,* neben der sich die Rutschbahn zu Tal schlängelt.

Kurz danach rechts von der Straße ab, dann links zum Café Nirwana (Spezialität: Beerenweine). Geradeaus weiter zum nördlichen Ufer des *Stallauer Weihers.* Ab dem letzten Haus muß das Radl ein Stück geschoben werden, gute 5 Minuten, dann wenden wir uns am Westufer links und kommen zum *Gasthof Wiesweber.*

Nun sind wir auf die Bundesstraße 472 angewiesen. Ein Stück weit ist ein Radweg vorhanden. Beim Haus Nr. 17 rechts und ins Zentrum von *Bad Heilbrunn.*

35 Kochel – Benediktbeuren – Freilichtmuseum

Verkehrsmöglichkeiten Kochel breitet sich am Nordrand der Alpen aus, an der Bundesstraße 11, östlich (10 km) der Garmischer Autobahn, Anschlußstelle Murnau/Kochel. Bahnhof.
Tourenlänge 37 km.
Fahrzeit 3 bis 4 Stunden.
Höhenunterschiede Hauptsächliche Steigung von Großweil über 2 km zum Freilichtmuseum.
Karten 1:200000 Die Generalkarte, Blatt 25.
Anmerkungen Fahrradverleih im Bahnhof Kochel.
Wissenswertes *Kochel,* Luftkurort am gleichnamigen See (Freibäder). Denkmal für Balthes Mayr, den »Schmied von Kochel«, der an Weihnachten 1703 mehr als 1000 Bauern aus dem Oberland nach München führte, um sich gewaltsam gegen die Repressalien durch Truppen des Habsburger Kaisers im Spanischen Erbfolgekrieg zu wehren. Am Weihnachtstag wurde die todesmutige Schar vor der Sendlinger Kirche durch den österreichischen General Kriechbaum hingemetzelt – obwohl sie sich ergeben und ihre Waf-

fen abgeliefert hatten. Im Zusammenhang mit diesem Ereignis entstand der Wahlspruch: »Lieber bayrisch sterben als kaiserlich verderben«. – Walchenseekraftwerk, nach dem 1. Weltkrieg durch Oskar von Miller erbaut, meistbesuchtes bayerisches Elektrizitätswerk. Badeparadies Trimini.

Benediktbeuren: Ehemalige Benediktinerklosterkirche St. Benedikt, gegründet um die Mitte des 8. Jahrhunderts, seit 1930 von den Salesianern Don Bosco geführt. Klosterkirche, eine Wandpfeileranlage mit Seitenkapellen und Emporen, erbaut zwischen 1681 und 1686, Gewölbefresken von Hans Georg Asam, Hochaltarbild (Hl. Benedikt) des Südtirolers Martin Knoller. Anastasiakapelle von Johann Michael Fischer aus der Mitte des 18. Jahrhunderts. Die Reliquie der Hl. Anastasia wurde im 11. Jahrhundert vom Benediktbeurer Mönch Gottschalk aus der Kirche St. Maria in Organo in Verona gestohlen, seither in Benediktbeuren verehrt. Kirchenführer-Broschüre. Historische Fraunhofer-Glashütte in einem Klostergebäude, geöffnet täglich (außer Mittwoch) von 10 bis 12 Uhr und von 14.30 bis 18 Uhr.

Freilichtmuseum an der Glentleiten, ländliche Bau- und Wohnkultur aus fünf Jahrhunderten, zeitweise Vorführungen von Hafnern, Webern, Schmieden, Wagnern; Kurzführer an der Kasse erhältlich. Öffnungszeiten: April bis November täglich (außer Montag) von 9 bis 18 Uhr, zu Ostern, Pfingsten und Kirchweih auch montags geöffnet; Führungen nach Anmeldung, Tel. (0 88 51) 2 05.

Schlehdorf: Gründung eines Klosters um 740 durch den zweiten Abt von Benediktbeuren, Landfried. Heute Missionskloster der Augsburger Dominikanerinnen. Ehemalige Stiftskirche St. Tertulin, Wandpfeilerbau des späten 18. Jahrhunderts ohne Stuck, charakteristisch für die Übergangsepoche des ausklingenden Rokoko in den Klassizismus. Kirchenführer-Broschüre.

Tourenbeschreibung Vom Bahnhof zunächst auf der Bundesstraße 11 in Richtung München. Links erstreckt sich eine weiträumige Mooslandschaft; der Kochelsee reichte einst über Benediktbeuren hinaus.

Etwa 1 Kilometer nach dem Bahnhof links über die Gleise, dann rechts parallel zum Bahnkörper, ungefähr 2 Kilometer, worauf wir uns vor einem Wasserlauf nach links wenden. Nun kurz auf einem schlechten Wegstück, wonach eine Brücke rechts über den Wasserlauf führt. Am anderen Ufer rechts. Etwas später übernimmt uns ein gepflasterter Fahrweg. Links an einer freistehenden Scheune vorbei, über die Bahn und zur Bundesstraße.

Links durch *Ried* (Alpengasthof Rabenkopf), bis halblinks die Rieder Straße abzweigt. Jetzt leiten uns die Türme von Benedikt-

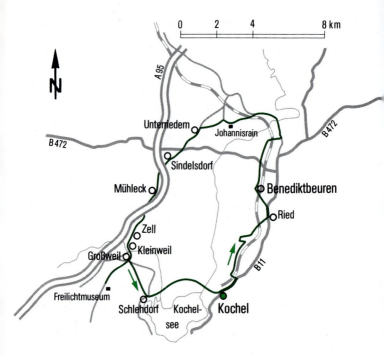

beuren: Beim ersten Bahnübergang links in die Fraunhofer Straße; rechts folgt die historische Fraunhofer Glashütte. Wir sind im Klosterbezirk von *Benediktbeuren.*

Auf dem Herweg zurück, vor dem Bahnübergang links, anschließend (nach den Klosterbauten) durch die *Meichelbeckstraße* zur *Bundesstraße 472.* Auf ihr 10 Meter links, dann rechts weiter am Bahnkörper entlang. Bichl bleibt rechts liegen. Kurz nach dem Sportplatz rechts über die Schienen und zur Autostraße, auf der wir links radeln. Man überquert die Loisach, auf der bis 1948 Flöße nach Wolfratshausen schwammen. Die Straße steigt an. Bald heißt es aufpassen, um die Linksabzweigung (Wegweiser Edenhof/Johannisrain) unserer Route nicht zu übersehen! Sie führt jenseits der Bahn rechtshaltend – Ausblicke auf Benediktenwand, Herzogstand und Heimgarten – nach *Johannisrain* mit einem freistehenden Kirchlein.

Wo sich das Sträßchen rechts in den Wald wendet, radeln wir geradeaus (Viehgatter wieder schließen!) und gelangen zu den Höfen von *Unterriedern.* Danach mit der Autostraße links. An der Schulbus-Haltestelle halbrechts und zur Unterführung der Bundesstraße. Auf der anderen Seite rechts dem Spitzturm von *Sindelsdorf* zu. Von Kochel 20 Kilometer.

In der Folge unter der Garmischer Autobahn hindurch. Hinter *Mühleck* erwartet uns der Landkreis Garmisch-Partenkirchen. Ein zweites Mal unter der Autobahn hindurch. *Zell* wird überragt vom Satteldach des Kirchturmes. In der Ortschaft *Kleinweil* hat man den alten Dorfgasthof in eine Pizzeria umgewandelt. Die Loisachbrücke bringt uns in den aus einem klösterlichen Maierhof hervorgegangenen Ort *Großweil*. An der Kirche rechts vorbei zur Straßenkreuzung. Jenseits zeigt bereits eine Tafel zum *Freilichtmuseum*.

Wieder in Großweil, fahren wir in Richtung Kochel. Die Straße beschreibt eine Linkskurve um das Kloster von *Schlehdorf*. Etwas später, nach der Loisachbrücke, wechseln wir auf den Radweg über und erreichen, ungestört vom Verkehr, wieder *Kochel*.

36   Isarwinkel zwischen Bad Tölz und Lenggries

Verkehrsmöglichkeiten   In Bad Tölz kreuzen sich die Bundesstraßen 13 und 472, von München 52 km, von Weilheim 46 km, von Miesbach 22 km. Bahnhof der Strecke Holzkirchen – Lenggries.
Tourenlänge   20 km.
Fahrzeit   1¼ Stunden.
Höhenunterschiede   Keine erwähnenswerten Steigungen.
Karten   1 : 200 000 Die Generalkarte, Blatt 26.
Anmerkungen   Fahrradverleih in den Bahnhöfen Bad Tölz und Lenggries.
Wissenswertes   Bad Tölz siehe Tour 32. Lenggries siehe Tour 37.
Tourenbeschreibung   In Bad Tölz auf der Ostseite der Isarbrücke in die Straße *Kapellengasteig* und anschließend durch die Lenggrieser Straße. Nach 2,5 Kilometern wenden wir uns gezwungenermaßen halblinks ab und fahren nach *Untergries*. Die Nebenstraße führt aussichtsreich taleinwärts. In *Rain* am »Pulverwirt« vorüber und weiter in den Luftkurort *Lenggries*.

Vom Platz vor der 1722 vollendeten Pfarrkirche St. Jakob geht es rechts in die Isarstraße und zur Isarbrücke. Am anderen Ufer rechts, nun talauswärts. Die Dörfer – Schlegldorf, Arzbach usw. – sind im Laufe der Zeit fast zusammengewachsen. In *Steinbach* geradeaus, an der Basis eines Moränenrückens entlang, zurück nach *Bad Tölz*.

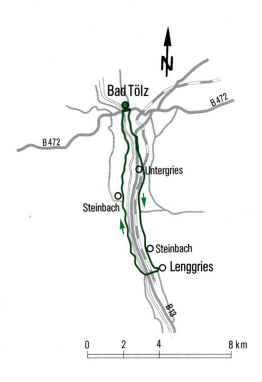

0   2   4   8 km

37   Durch die Jachenau zum Walchensee

Verkehrsmöglichkeiten   Ausgangsort ist Lenggries an der Bundesstraße 13 südlich (9 km) von Bad Tölz. Bahnhof.
Tourenlänge   64 km.
Fahrzeit   Etwa 4 Stunden.
Höhenunterschiede   Von Lenggries (679 m) mäßige Steigung in die Jachenau (790 m), von dort steiler auf eine Länge von 4,5 km bis Niedernach an der östlichsten Bucht des Walchensees.
Karten   1:200000 Die Generalkarte, Blatt 25 und 26.
Anmerkungen   Fahrradverleih im Bahnhof Lenggries. Wer nur bis in die Jachenau fährt, muß eine Tourenlänge von 35 km bewältigen. Badegelegenheit am Walchensee.
Wissenswertes   *Lenggries,* Luftkurort im Isartal. Ehemals (ab dem 13. Jahrhundert) war die Flößerei Haupterwerbszweig, heute ist es der Fremdenverkehr. Pfarrkirche St. Jakob von 1722. Schloß

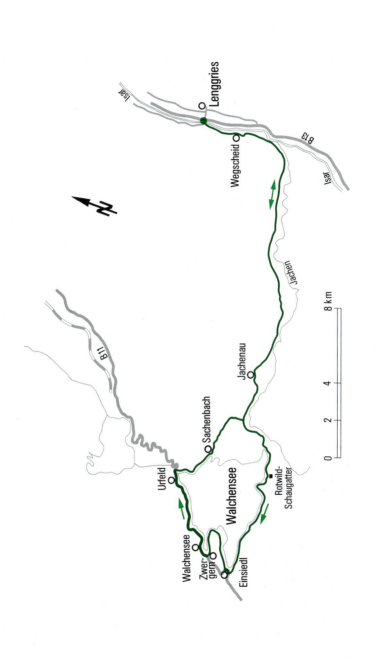

Lenggries

Isar

B 13

Isar

Wegscheid

N

Jachen

8 km

Jachenau

Sachenbach

B 11

4

2

Urfeld

0

Walchensee

Rotwild-
Schaugatter

Walchensee

Zwer-
gern

Einsiedl

Hohenburg (keine Besichtigung), eine Dreiflügelanlage aus dem frühen 18. Jahrhundert. 1921 fand im Schloß die Trauung des bayerischen Kronprinzen Rupprecht mit Antonie, Prinzessin von Luxemburg, statt. Seit 1953 Besitz der Landshuter Ursulinen. Heimatmuseum (Rathausplatz 1), geöffnet Montag bis Freitag von 8 bis 12 Uhr. Tiermuseum (Bergweg 12) mit präparierten Säugetieren und Vogelarten Mitteleuropas, geöffnet täglich von 10 bis 16 Uhr.

Jachenau, etwa 14 Kilometer langes Tal zwischen Isar und Walchensee. Sie hieß einst »Thal Nazareth« und war eine Arbeitskolonie des Klosters Benediktbeuren.

Walchensee, einer der schönstgelegenen Alpenseen in einer Höhenlage von rund 800 Metern; zahlreiche Freibadeplätze. Das Wasser erwärmt sich nur selten über 20 Grad. Größte Tiefe 195 Meter.

Tourenbeschreibung In Lenggries über die Isarbrücke. Am anderen Ufer links. Bald zweigt halblinks ein Radwanderweg ab. Straße und Radweg treffen sich wieder in *Wegscheid.* Nach einer Weile wenden wir uns mit der Straße rechts von der Isar ab und dringen in das langgestreckte, waldgesäumte Tal der *Jachenau* ein, das sich etwas später verbreitert. Vereinzelt stehende Bauernanwesen.

Von Lenggries in die Ortschaft *Jachenau* sind es 17,5 Kilometer. Beim Gasthof Jachenau links halten zum Gasthof Post. Die nun folgende Mautstraße ist für Radfahrer gebührenfrei. Man muß schon kräftig in die Pedale treten, um im Sattel zu bleiben. Wo der *Walchensee* in Form der Jachen abfließt, ist die Steigung geschafft. Ab hier wird die Tour zum Augenschmaus! Nach 1 Kilometer befindet sich links ein *Rotwild-Schaugatter.* In *Einsiedl* stößt man auf die Bundesstraße 11; von Lenggries 31 Kilometer.

Jetzt nicht auf der Straße, sondern unterhalb des Hotels in der Bucht auf einem Weg weiter, die Landzunge ausfahrend, vorbei am Kirchlein von *Zwergern* in den Uferort *Walchensee.*

Links, etwas abseits der Straße, folgt die Talstation der Herzogstand-Sesselbahn. Auch in *Urfeld* löst ein Gasthaus das andere ab: Karwendelblick mit frischen Walchenseefischen, Fischer am See, Hotel Post.

Vor dem Hotel Post wird die Bundesstraße rechts verlassen. Das sich anschließende Uthat U01 Uferstraßchen ist für den öffentlichen Verkehr gesperrt. Es bringt uns zu den Landhäusern von *Sachenbach.* Weiter auf dem Fahrstraßchen. Der Herzogstand verschwindet aus dem Rückblick. Schließlich stößt man wieder auf die schon bekannte Straße. Flugs geht es über *Jachenau* talauswärts zur Isar und nach *Lenggries.*

38 Um den Tegernsee

Verkehrsmöglichkeiten Von der Autobahn-Ausfahrt Holzkirchen sind es 17 km auf der Bundesstraße 318 nach Gmund am nördlichen Ende des Tegernsees, von wo die Tour beschrieben wird. Gmund ist Bahnstation der Strecke Holzkirchen – Tegernsee.

Tourenlänge 22 km.

Fahrzeit 1½ Stunden.

Höhenunterschiede Leichte Steigungen zwischen Gmund und Bad Wiessee.

Karten 1 : 200 000 Die Generalkarte, Blatt 26.

Anmerkungen Die Tour kann auch an jedem anderen Ort am Tegernsee angetreten werden. Fahrradverleih in den Bahnhöfen Gmund und Tegernsee sowie in Bad Wiessee (Jod- und Schwefelbad) und in Rottach-Egern (Fahrradgeschäft P. Eiblwieser, Fürstenstraße 28).

Wissenswertes *Tegernsee:* Im Schürfbecken des eiszeitlichen Tegernseegletschers, dessen Endmoränenwall sich als halbkreisförmige Staumauer zwischen Kaltenbrunn und Gmund-Gasse abgesetzt hat und das Wasser gegen Norden abdämmte. Der Wasserspiegel lag einst 15 Meter höher und reichte weit hinein ins Rottach- und Weißachtal. Der See ist 7 Kilometer lang, bis 2 Kilometer breit und vor Bad Wiessee 71 Meter tief. Strandbäder. Wassertemperatur im Sommer zwischen 18 und 20 Grad, nach längerer Hitze bis 22 Grad.

Gmund: Nördliche Pforte zum Tegernseer Tal, 6200 Einwohner. Pfarrkirche des ausklingenden 17. Jahrhunderts von Lorenzo Sciasa aus Graubünden; Kirchenführer-Broschüre. In Gmund entfließt die Mangfall dem Tegernsee.

Bad Wiessee: Heilbad am Tegernsee-Westufer, heilkräftigste Jod-Schwefelquellen Deutschlands. Spielbank (Roulette).

Rottach-Egern: Luftkurort am südlichen Ende des Tegernsees. Im Ortsteil Egern die Pfarrkirche St. Laurentius, als gotischer Bau 1466 geweiht, im 17. Jahrhundert barockisiert, unter anderem Hochaltarbild von Hans Georg Asam. Auf dem Friedhof die Grabstätten berühmter Künstler (Ludwig Ganghofer, Ludwig Thoma, Leo Slezak usw.) sowie von Vertretern namhafter Adelshäuser.

Tegernsee: Heilklimatischer Kurort am Ostufer, 4500 Einwohner, hervorgegangen aus einer 747 gegründeten benediktinischen Klosterzelle. Das Kloster wurde 1803 säkularisiert, 1817 vom bayerischen König Max I. Joseph aufgekauft und durch Leo von Klenze klassizistisch zum Schloß umgebaut. Ehemalige Klosterkirche, heute Pfarrkirche St. Quirin, romanische Turmunterbauten,

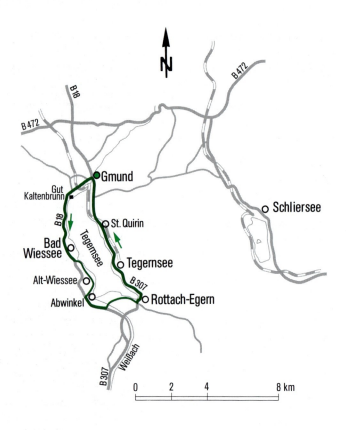

klassizistische Fassade; das Innere der dreischiffigen Basilika mit einem östlichen Querschiff ist barock, italienischer Stuck, Fresken von Hans Georg Asam. Kirchenführer-Broschüre. Neben der Schloßkirche das Heimatmúseum, geöffnet vom 1. Juni bis 1. Oktober täglich zwischen 14 und 17 Uhr. Im Kurpark das Olaf-Gulbransson-Museum, geöffnet täglich (außer Montag) von 11 bis 17 Uhr, im November geschlossen. Ludwig-Thoma-Haus (Auf der Tuften 12).

St. Quirin: Gotische, 1676 barock erneuerte Kirche. Im Inneren ein achtseitiger Ziehbrunnen mit dem Wasserheiligen Nepomuk; weitere Angaben sind in der Kirche angeschlagen.

Tourenbeschreibung   Vom *Bahnhof* in *Gmund* auf der Bundesstraße 318 in Richtung Bad Wiessee. Wir kommen am *Gut Kaltenbrunn* (Gasthaus) vorbei und radeln in Ufernähe dahin. Der Grundnerhof (links) bleibt zurück.

In *Bad Wiessee* wendet man sich in der Ortsmitte links zum Schiffsanleger. Von dort schieben wir das Radl ein Stück auf der *Seepromenade*, wenden uns dann rechts vom Ufer ab und kommen hinauf zum malerischen Dorfplatz von *Alt-Wiessee* mit dem prächtigen *Sterneggerhof*, vor dem der Wendelinbrunnen murmelt.

Rechts halten, links in den Sonnenfeldweg (Fußweg) und anschließend auf der Straße geradeaus. Linker Hand folgt das Freibad. Über die Söllbachbrücke in den Ortsteil *Abwinkel* und nun auf der *Ringbergstraße*. An der Straßenteilung vor Haus Nr. 48 links und weiter mit dem *Ringseeweg*. Vorbei am *Strandbad Ringsee* zur Bundesstraße. Links ein Stück auf der Straße, etwa 1,5 Kilometer, dann links ab, über die *Weißach* (Seezufluß) und zur Pfarrkirche St. Laurentius in *Rottach-Egern*. Von Gmund 14 Kilometer.

In der Folge kommen wir am Prominentenhotel Bachmair am See vorbei und gelangen in Ufernähe zum See-Warmbad. Anschließend übernimmt uns die Ostufer-Straße. Es geht etwas bergan. Rechts die Prinzenkapelle. Auf der Straßenkuppe steht links (Haus Nr. 86) das »Ganghofer-Haus«, und kurz danach das »Stieler-Haus«, ein Geschenk König Ludwigs I. an seinen Hofmaler Joseph Stieler. Abwärts, und wenig später links zum Schiffsanleger und auf den *Schloßplatz* von *Tegernsee*, wo man unbedingt einmal im urgemütlichen Bräustüberl einkehren sollte.

Unsere Fahrt setzt sich durch Tegernsee fort, zunächst auf der Hauptstraße, am Rathaus und am Strandbad vorbei. Etwas später wechseln wir links auf den Radweg über, der die Münchner Straße begleitet. Ungestört vom Verkehr kommen wir über *St. Quirin* zurück nach *Gmund*.

39   Von Miesbach durch das Mangfalltal

Verkehrsmöglichkeiten   Miesbach liegt im Tal der Schlierach am Treffpunkt der Bundesstraßen 472 und 307, von der Autobahn-Anschlußstelle Weyarn 11 km, von der Anschlußstelle Irschenberg 10 km, von Gmund 13 km, von Bad Tölz 22 km. Bahnhof der Strecke Holzkirchen – Bayrischzell.
Tourenlänge   58 km.
Fahrzeit   4 1/2 Stunden.
Höhenunterschiede   Erhebliche, aber nicht allzu lange Steigungen und Abfahrten im Mangfalltal von Weyarn bis Altenberg, ab Berbling wellige und bergige Strecke.
Karten   1 : 200 000 Die Generalkarte, Blatt 26.
Wissenswertes   *Miesbach*, einst Mittelpunkt der Reichsherrschaft

Hohenwaldeck, Station der Salzstraße Rosenheim – Bad Tölz, 1861 Anschluß an das Eisenbahnnetz, 1918 Stadterhebung. Pfarrkirche mit einem Hochaltarkruzifix des in Roßhaupten geborenen, in München wirkenden Roman Anton Boos von 1783, der unter anderem auch die Statuen an der Fassade der Münchner Theatinerkirche schuf und ein Schüler von Johann Baptist Straub war; in der Seitenkapelle marmorne Gedenktafeln der Gefallenen beim Bauernaufstand 1705 an der Sendlinger Kirche in München. Heimatmuseum (Waagstraße 2), geöffnet Mittwoch von 15 bis 17 Uhr, Samstag von 18 bis 19.30 Uhr, Sonntag von 10 bis 11.30 Uhr.

Weyarn mit einem ehemaligen Augustiner-Chorherren-Stift und der Barockkirche St. Peter und Paul, einem Wandpfeilerbau von Lorenzo Sciasca aus den Jahren 1687–1693. Die Verkündigungsgruppe des Münchner Hofbildhauers Ignaz Günther stellt ein Hauptwerk des bayerischen Rokoko dar. Stuck und Fresken von Johann Baptist Zimmermann aus Wessobrunn, der nach seiner Heirat eine Zeitlang in Miesbach lebte. Kirchenführer-Broschüre.

Mangfall: Voralpenfluß aus dem Tegernsee, der bei Rosenheim in den Inn mündet.

Valley, hervorgegangen aus einer spätrömischen Befestigung bzw. gegründet durch einen Zweig der Wittelsbacher (Graf Otto von Dachau). Südlich der alten Burg entstand 1740 das Schloß (mit Brauhaus); Besitz der Grafen von Arco-Valley.

Berbling. Die Pfarrkirche Hl. Kreuz stellt eine der typischen Landkirchen des bayerischen Rokoko dar, heutige Form aus der Mitte des 18. Jahrhunderts, Zentralbau mit querovalem Chor. Im Inneren eine Kopie des berühmten Gemäldes »Drei Frauen« (Original in der Kunsthalle Hamburg), das Wilhelm Leibl 1882 in Berbling malte.

St. Marinus, reizvolle sakrale Örtlichkeit neben der Salzburger Autobahn. Kirche 1724 erbaut, 1729 mit Rokokostuck geschmückt, Fresken eines Schülers (Martin Heigl) von Johann Baptist Zimmermann, Altäre spätbarock. Die Marmortumba steht angeblich an der Stelle, wo der aus Südfrankreich kommende Wanderbischof Marinus von eingefallenen Wenden (Slawen) am 15. November 697 verbrannt wurde. Am gleichen Tag starb sein Neffe Anianus in seiner Klause im benachbarten Alb eines natürlichen Todes. Auf der Rückseite des Kirchenraumes die beiden spätgotischen Sandsteingrabplatten der beiden Missionare. Neben der Kirche die Rotunde der Vituskapelle (ursprünglich vermutlich Taufkapelle). Dort hatte der Hl. Marinus seine Zelle.

Tourenbeschreibung Vom Bahnhof zur nahen *Wallenburger Straße* und auf ihr nordwärts über dem Tal der Schlierach durch eine prächtige Allee zum *Schloßgut Wallenberg* (zeitweise Ausstellungen). Hier rechts zur Straße. Mit ihr links. Etwa 7 Kilometer sind wir dem Verkehr ausgesetzt, bis es in *Weyarn,* unmittelbar hinter der Ampel, links in die Ignaz-Günther-Straße geht und zur sehenswerten Kirche.

Anschließend kurz zurück, gegenüber der Raiffeisenbank links in die J.-B.-Zimmermann-Straße. Sie leitet uns schwach rechts haltend wieder zur Autostraße. Links, das heißt gleich links einordnen in Richtung Holzkirchen. Die Straße senkt sich (17 %) ins Tal der *Mangfall,* über die uns bei Mühlthal eine Brücke leitet.

Wir kommen unter die 270 Meter lange Mangfallbrücke der Salzburger Autobahn, die in einer Höhe von 65 Metern das Tal überspannt. Nun wieder bergan, nach 400 Metern rechts ab (Richtung Kreuzstraße), 600 Meter danach abermals rechts halten und nach *Valley.*

Mit 24 Prozent Gefälle den Schloßberg hinunter ins Mangfalltal. Im Gegenzug etwa 1 Kilometer aufwärts (14 %) zu den Höfen von *Sonderdilching.* Links, vorbei an einem uralten Steinmarterl (rechts an der Straße) und auf den Zwiebelturm von *Kleinhöhenkirchen* zu. Von Miesbach 19 Kilometer.

Vor dem Maibaum bzw. vor der Kirche rechts, eine weiteres Marterl passieren und 14 Prozent abwärts, erneut ins Tal der Mangfall. Die Talwiesen sind geradezu übersät mit Gänsen einer hier ansässigen Federnfarm.

Nun bleiben wir eine Zeitlang an der Mangfall. Das Tal öffnet sich. In *Westerham* links der Miesbacher Straße folgen. In Höhe der Kirche rechts in Richtung Feldolling. Dort vor dem Bahnübergang rechts und zum wiederholten Mal über die Mangfall. Anschließend über einen Verbindungskanal des Pumpspeicherwerkes Leitzach I. *Vagen, Wiechs* und *Götting* sind die nächsten Orte in dem hier weitflächigen Mangfalltal.

In *Willing,* einem Stadtteil von Bad Aibling, biegen wir rechts ab. Vorbei an der Pfarrkirche mit ihrem Sattelturmdach, und etwa 400 Meter danach rechts nach *Berbling.* Zum hübsch bemalten Haus von 1714, vor dem Gasthof zum Oberwirt rechts und zum Weiler *Mainz.* Vor dem Bauernhof links in Richtung *Heinrichsdorf.* Über *Pfaffing* zur Salzburger Autobahn. Jenseits rechts nun parallel zur Autobahn, bis links die Stichstraße zum einstigen *Wallfahrtsort St. Marinus* beim Gehöft *Wildparting* einschwenkt. Die Linde vor der Kirche (Rastbank) soll der Legende nach vom Hl. Marinus gepflanzt worden sein.

Anschließend noch etwa 1 Kilometer neben der Autobahn her, dann links in Richtung Harrain. *Hochholz* bleibt zurück. Bei den Höfen von *Untermoos* rechts zur ehemaligen Ausflugswirtschaft Binzerhütte. Weiter zu den Anwesen *Poschanger* und rechts zur

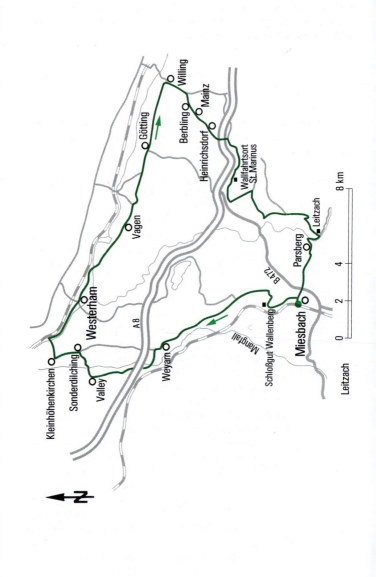

nahen Straße. Auf ihr links in Richtung Bayrischzell, aber nur bis *Leitzach* (Gasthaus Bierhäusl), wo wir rechts über die Leitzach fahren. Es folgt eine letzte spürbare Steigung, worauf wir von *Parsberg* mühelos nach *Miesbach* gelangen.

40   Von Schliersee zum Spitzingsee

Verkehrsmöglichkeiten   Bundesstraße 307 zwischen Miesbach und Bayrischzell. Bahnstrecke Miesbach – Bayrischzell.
Tourenlänge   11 km (Hinfahrt).
Fahrzeit   1 bis 2 Stunden.
Höhenunterschiede   Die Spitzingstraße überwindet auf einer Länge von 5 Kilometern einen Höhenunterschied von 350 Metern.
Karten   1 : 200 000 Die Generalkarte, Blatt 26.
Anmerkungen   Fahrradverleih im Bahnhof Schliersee.
Wissenswertes   *Schliersee:* Luftkurort am nördlichen Ufer des gleichnamigen Sees, der im Sommer Wassertemperaturen von durchschnittlich 20 Grad aufweist; Strandbäder. Im Ort Schliersee

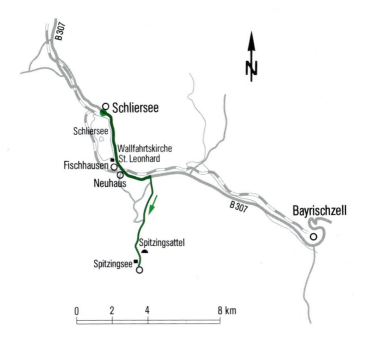

die Pfarrkirche St. Sixtus, barock ausgestattet; Kirchenführer-Broschüre. Heimatmuseum.

Fischhausen: Wallfahrtskirche St. Leonhard, um 1670 von Georg Zwerger erbaut. Zum Leonhardstag (6. November) alljährlich Prozession mit geschmückten Gespannen und Reitern.

Spitzingsee: Hochgelegener Bergsee, Kahnverleih. Zugleich Bergdorf mit Taborkirche von 1938 und Wirtshaus, historische Wurzhütte von 1720.

Tourenbeschreibung Vom *Bahnhofsplatz* (Parkraum) durch die *Bahnhofstraße* ostwärts. Anschließend rechts durch die *Lautererstraße* in Richtung des Kirchturmes. Beim Seestüberl stößt man auf die *Bundesstraße 307.* Auf ihr rechts zum *Park-Strandbad* und weiter am Ostufer des Schliersees. An seinem Ende auf der Bundesstraße bleiben. Rechts der Straße folgt die malerisch im freien Felde stehende *Wallfahrtskirche St. Leonhard* von *Fischhausen.* Die Bundesstraße durchzieht den Ferienort *Neuhaus.*

Etwa 5,5 Kilometer nach Schliersee zweigt rechts die *Spitzingstraße* ab. Über die *Aurach,* den Talfluß, worauf die Steigung ansetzt. Der erste Kilometer ist selbst mit einfachen Tourenrädern noch zu schaffen. Danach heißt es schon intensiv treten! Nach etwa 2 Kilometern bietet rechts ein Parkplatz Gelegenheit zum Verschnaufen, bevor das letzte Stück in Angriff genommen wird, hinauf zum Gasthaus Alte Seilbahn (vor dem Bau der Spitzingstraße führte von Neuhaus eine Seilbahn hierher) und zum nahen *Spitzingsattel* in einer Höhe von 1128 Metern.

Nun lassen wir es gemütlich ausrollen mit schwachem Gefälle. Rechts tritt der Spitzingsee ins Blickfeld. Wir kommen an der Talstation der Taubenstein-Seilbahn vorbei. Danach durch den Tunnel des Katzenhalses in den Ort *Spitzingsee* mit seinen Gasthöfen und Hotels.

41   Von Bayrischzell zum Tatzelwurm

Verkehrsmöglichkeiten Bayrischzell liegt an der Bundesstraße 307, 24 km von Miesbach. Endstation der Bahnstrecke Schliersee – Bayrischzell.

Tourenlänge   23 km (hin und zurück).

Fahrzeit   2 bis 3 Stunden.

Höhenunterschiede Anhaltende Steigung von Bayrischzell (800 m) über 4 km zur Sudelfeldhöhe (1097 m), von dort überwiegend abwärts zum Alpengasthof Tatzelwurm (765 m); Rückfahrt bergauf über etwa 4 km.

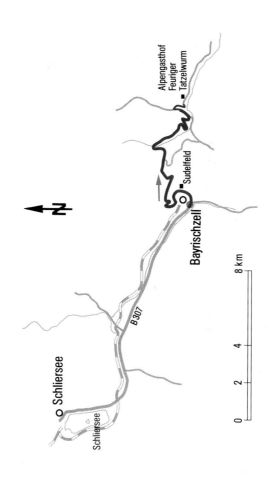

N

Alpengasthof
Feuriger
Tatzelwurm

Sudelfeld

Bayrischzell

Schliersee

Schliersee

B 307

0   2   4   8 km

Karten   1 : 200 000 Die Generalkarte, Blatt 26.

Anmerkungen   Fahrradverleih im Bahnhof Bayrischzell.

Wissenswertes   Der heilklimatische Luftkurort *Bayrischzell* ging aus der Örtlichkeit »Hellingerswang« hervor. Dort gründete die Pfalzgräfin Hazige von Scheyern, Urmutter der Wittelsbacher, im Jahre 1077 ein Benediktinerkloster, das zwei Jahrzehnte später nach Fischbachau kam. Pfarrkirche St. Margaretha aus der 1. Hälfte des 18. Jahrhunderts. Bayrischzell bietet seinen Gästen ein vielfältiges Freizeitangebot.

Tatzelwurm, der Lindwurm der germanischen Sage, im Glauben der Alpenbevölkerung ein meterlanges, drachenähnliches Untier, dessen giftiger bzw. feuriger Hauch angeblich zum Viehsterben beitrug.

Tourenbeschreibung   Mit den üblichen, von der Bundesbahn leihweise ausgegebenen Fahrrädern, ist die 4 Kilometer lange Steigung zur Sudelfeldhöhe wohl kaum im Sattel zu bewältigen. Dann eben schieben, ganz gemütlich, zwischendurch an einem Aussichtsplatz rastend!

Hinter der Sudelfeldhöhe kann dann der »Normalverbraucher« aufsteigen. Zwar folgt noch eine kurze Gegensteigung, doch im großen und ganzen geht es eben dahin, anschließend abwärts. Etwa 11 Kilometer nach Bayrischzell biegen wir rechts ab und bremsen hinunter zum *Alpengasthof feuriger Tatzelwurm.* Auf der Terrasse sitzend, genießen wir den prächtigen Blick hinaus durch das Auerbachtal zum Kaisergebirge. Hinter der Gaststätte (von Oktober bis April am Dienstag geschlossen) steht die ramponierte Gestalt des Tatzelwurms. Von dort zu Fuß etwa 100 Meter bergan, worauf eine Holztafel links zum nahen Wasserfall zeigt.

Nach ausgiebiger Rast machen wir uns wieder an die Rückfahrt: Aufwärts zur Sudelfeldhöhe und dann die rasante Abfahrt nach *Bayrischzell.*

42   Durch die Filzlandschaft um Bad Feilnbach

Verkehrsmöglichkeiten   Bad Feilnbach liegt 15 km südwestlich von Rosenheim am Nordrand der Alpen; von der Autobahn-Ausfahrt Bad Aibling 5,5 km.

Tourenlänge   26 km.

Fahrzeit   2 Stunden.

Höhenunterschiede   Unbedeutend.

Karten   1 : 200 000 Die Generalkarte, Blatt 26.

Anmerkungen   Fahrradverleih am ehemaligen (bis 1973) Bahnhof von Bad Feilnbach, Tel. (0 80 66) 2 09. Nach längerem Regenwetter nicht von Wasserwiesen nach Derndorf, sondern auf der Straße nach Bad Feilnbach fahren.

Wissenswertes *Bad Feilnbach,* Heilbad mit Moorkuranstalten. *Westerndorf,* 1180 urkundlich erstmals erwähnt. Die Kirche St. Johannes Baptist gehört infolge ihrer äußeren Formen zu den eigenartigsten Gotteshäusern dieser Gegend, entstanden aus einem mittelalterlichen Bau bzw. vom Schlierseer Georg Zwerger 1668/69 errichtet, und nimmt unter den oberbayerischen Zentralanlagen eine besondere Stellung ein; die Zwiebel geht auf die venezianische halbkugelige Turmkuppe zurück; reicher Stuck Miesbacher Prägung. Kirchenführer-Broschüre.

Tourenbeschreibung In *Bad Feilnbach* von der Kirche ostwärts, nach 200 Metern vor der Kaltenbachbrücke rechts in die Wendelsteinstraße, bis links eine Brücke nach *Altofing* führt. Eine Brotzeit im Biergarten des »Aumannwirt« ist wohl noch zu früh!

Geradeaus zur Autostraße. Auf ihr rechts durch *Derndorf* dem Zwiebelturm der Pfarrkirche von *Litzldorf* entgegen. Nach den letzten Häusern halblinks in das Sträßchen nach *Kleinholzhausen* einschwenken. Bei der kleinen Kirche rechts halten zum hübschen Gasthof Neiderhell (Montag geschlossen). Einige Meter danach links in den Mitterfeldweg, der nach *Großholzhausen* leitet.

Vor dem ersten Haus links in Richtung Nicklheim (Wegweiser). Durch Wiesen zu den Höfen von *Spöck.* Geradeaus weiter. Baumwuchs und Flora charakterisieren die Filzlandschaft. Die Straße durchzieht die *Steinbeisfilze,* an die sich die *Kollerfilze* anschließen.

Beim Sportplatz von Nickelheim, vor dem Torfwerk links. Wir kreuzen mehrere Male die Schienen von Torfbähnlein. Beiderseits der Straße reihen sich die Häuser einer Torfsiedlung. Danach ist die Asphaltdecke zu Ende. Links erstreckt sich die typische Moorlandschaft der *Hochrunsfilze,* in der, wie überall in der Umgebung, Torf gewonnen wird.

Die Schlaglöcher des Sträßchens nehmen unsere Aufmerksamkeit in Anspruch. Nördlich der Autobahn erwartet uns das leicht gewellte Acker- und Grasland der sogenannten »Wasen« südlich von Rosenheim. *Westerndorf* liegt westlich von Pang, dem alten Wasen-Hauptort.

Nun halten wir uns vorerst an die nach Bad Feilnbach zeigenden Tafeln. Hinter der Salzburger Autobahn breitet sich eine kleine Seenplatte auf den *Wasserwiesen* aus. Die Gewässer sind durch den Aushub von Lehm entstanden. Nach dem ersten See, unmittelbar nach der Bushaltestelle, biegt man links in ein Anliegersträßchen ein und fährt zwischen den Gewässern durch. Das holprige Sträßchen dringt in die Filze ein. Ein gutes Stück weit können wir noch

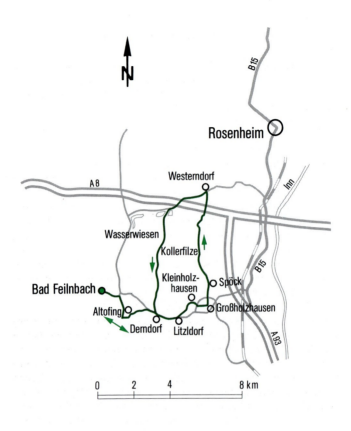

im Sattel bleiben, worauf sich der Fahrweg zum Pfad verschmälert. Ungefähr ¼ Stunde muß das Radl geschoben werden, eigentlich gar nicht so schlecht, denn dadurch wird das Moorland noch intensiver erlebt. Beim letzten Wäldchen geht's dann wieder auf einem Fahrweg weiter nach *Derndorf.* Von dort auf dem Herweg zurück nach *Bad Feilnbach.*

43 Von Bad Aibling nach Rott am Inn

Verkehrsmöglichkeiten Bad Aibling wird mit dem Fahrzeug am schnellsten von der gleichnamigen Autobahn-Ausfahrt erreicht, von München 51 km, von Rosenheim 12 km, von Miesbach 25 km. Bahnhof der Strecke München – Rosenheim.

Tourenlänge 42 km.

Fahrzeit 3 Stunden.

Höhenunterschiede Weitgehend wellige Strecke.

Karten 1 : 200 000 Die Generalkarte, Blatt 26.

Anmerkungen Fahrradverleih im Bahnhof Bad Aibling, oder (billiger) in Firma Weigl, Schmiedgasse 2.

Wissenswertes *Bad Aibling,* Moorheilbad, im Kern reizvoller Markt, hervorgegangen aus einem 804 erstmals beurkundeten Königshof unweit der ehemaligen Römerstraße Augsburg – Salzburg; 1224 Marktrechte, seit 1895 »Bad«, seit 1933 Stadt. Pfarrkirche St. Maria, aus der Mitte des 18. Jahrhunderts, nach Plänen von Johann Michael Fischer auf mittelalterlichen Fundamenten entstanden. Im Zentrum noch etliche Wohnhäuser in typischer Inntalbauweise aus dem 17. und 18. Jahrhundert.

Rott. Klosterstiftung 1081 durch Pfalzgraf Kuno von Rott. Ehemalige Benediktinerklosterkirche St. Marinus und Anianus (siehe auch Tour 39), gehört zu den sehenswertesten Gotteshäusern in Oberbayern und entstand in der 2. Hälfte des 18. Jahrhunderts unter Abt Benedikt Lutz durch die damals fähigsten bayerischen Künstler: Johann Michael Fischer (Baumeister), Matthäus Günther (Maler), Ignaz Günther (Bildhauer), Franz Xaver Feichtmayr und J. Rauch (Stukkatoren). Die Osttürme der dreischiffigen, flachgedeckten, querschifflosen Basilika stammen aus der 2. Hälfte des 12. Jahrhunderts. Kirchenführer-Broschüre.

Tuntenhausen, als »Toutinhusa« erstmals Ende des 10. Jahrhunderts bezeugt, Mitte des 12. Jahrhunderts Besitz des Klosters Rott, einer der ältesten Wallfahrtsorte in Altbayern. Neubau der Kirche Mariae Himmelfahrt als Pfeiler-Hallenkirche von 1628 bis 1630 durch den Münchner Valentin Schmidt im Auftrag des Kurfürsten Maximilian I., seit 1946 im Rang einer Basilika, laut Reclam-Kunstführer »einer der großen beispielhaften Bauten des frühen 17. Jahrhunderts in Bayern, nachgeborene Gotik in Renaissance«. Kirchenführer-Broschüre.

Beyharting, ehemalige Augustiner-Chorherren-Stiftskirche, eine Wandpfeileranlage des Münchners Konstantin Bader, entstanden im Rahmen des Umbaues (1668–1670) bzw. des Langhaus-Neubaues, Pflanzenstuck des Wessobrunners Johann Baptist Zimmermann. Grabplatte der Stifterin (Judith von Beyharting)

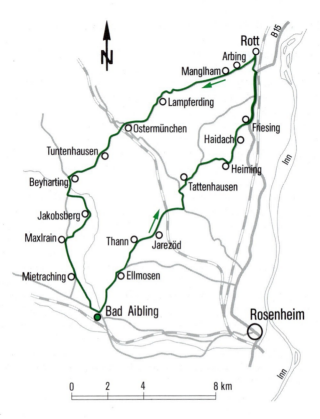

mit Relieffigur. Chorgitter von 1670. Kirchenführer-Broschüre.

Schloß Maxlrain, Stammsitz der 1734 im Mannestum ausgestorbenen Reichsfreiherrn von Maxlrain und Hohenwaldeck (siehe auch Tour 39 bei Miesbach), die sich seit 1080 nach dem alten Fiskalgut nannten. Das Renaissanceschloß mit seinen vier Ecktürmchen entstand während der Blütezeit (2. Hälfte des 16. Jahrhunderts) des Geschlechtes. Heute landwirtschaftliches Gut und Brauerei.

Tourenbeschreibung Vom Marienplatz aufwärts zur Pfarrkirche und der *Ellmosener Straße* folgen. Durch *Ellmosen,* wenige hundert Meter nach dem Ort links haltend in Richtung *Thann.* Von dort in das Dorf mit dem sonderbaren Namen *Jarezöd* und dem Wirt von Dred. Etwas später die Eisenbahn kreuzen. Dann zeigen Tafeln links nach *Tattenhausen.* Vom Gasthaus zum Bräu bei der Kirche geradeaus weiter und nach *Heiming.* Kurz hinter dem Ort links in einen beschilderten Radwanderweg einschwenken. Durch hochstämmigen Wald. In *Haidach* geradeaus. Das betonierte Sträßchen leitet über *Ziegelreuth* nach *Friesing*. Jetzt sind wir auf die Bundesstraße 15 angewiesen, zum Glück aber nur 4 Kilometer bis *Rott*. Von Bad Aibling 19 Kilometer.

Auf dem Marktplatz bzw. vor dem Gasthaus zur Post hält man sich links in Richtung Lampferding – Ostermünchen. Es ist die Aiblinger Straße. Bei Haus Nummer 21 steht ein Marterl von 1686. *Arbing* bleibt rechts liegen. Hinter *Manglham* nimmt uns der Rotter Forst auf. Über *Lampferding* in das 2 Kilometer entfernte *Ostermünchen* mit einem für die Gegend ungewöhnlichen, spitzen Kirchturm. Neben der Kirche das stattliche Gasthaus zur Post (Dienstag geschlossen).

Wir halten uns an die nach *Tuntenhausen* weisende Beschilderung, wohin uns zuletzt die Doppeltürme der Kirche leiten: Im Ort durch die Tillystraße (Tilly stiftete den Andreasaltar) hinauf zum Kirchplatz mit dem Gasthof Schmid (Montag ab 12 Uhr geschlossen).

Von Tuntenhausen sind es 2 Kilometer nach *Beyharting*. Am Maibaum links. Wenig später abermals links. Wir machen den empfehlenswerten Umweg über das hochgelegene Dörfchen *Jakobsberg,* worauf man über Fischbach nach *Maxlrain* gelangt. Im Garten der reizvollen Schloßwirtschaft stärken wir uns für den »Endspurt«.

In *Mietraching* an den Kasernen vorbei. An der Ampel links zum Gasthof Kriechbaumer, dem allerletzten Biergarten auf dem Weg zum Ausgangsort.

44 Das Inntal zwischen Rosenheim und Wasserburg

Verkehrsmöglichkeiten Rosenheim bildet sowohl für den Schienen- als auch für den Straßenverkehr einen wichtigen Knotenpunkt, 68 km von München, Autobahn-Anschlußstelle (5 km).
Tourenlänge 30 km.
Fahrzeit 2 Stunden.
Höhenunterschiede Ab Mühltal wellige Strecke.
Karten 1 : 200 000 Die Generalkarte, Blätter 26 und 23.
Anmerkungen Von Wasserburg regelmäßige Bahnverbindungen mit Rosenheim.
Wissenswertes *Rosenheim:* Im Schutze einer 1247 erbauten herzoglich-bayerischen Burg entstanden, und zwar um die Pfarrkirche, 1328 mit Marktrechten begabt, seit 1856 Stadt, heute Sitz des

Landrates für den Kreis Rosenheim. Das Bild der Altstadt wird teilweise noch geprägt von Inn-Salzach-Bürgerhäusern mit Laubengängen im Erdgeschoß, Erkern, Grabendächern und horizontalen Fassadenabschlüssen. Städtische Galerie (Max-Bram-Platz 2) mit Beständen aus der Kunst des Voralpenlandes, hauptsächlich des Chiemgauer und Münchner Kreises seit der Mitte des 19. Jahrhunderts, geöffnet von Dienstag bis Samstag zwischen 9 und 17 Uhr, am Sonntag von 10 bis 17 Uhr. Heimatmuseum (Ludwigsplatz 26) im Mittertor, geöffnet Dienstag bis Freitag von 9 bis 12 Uhr und von 14 bis 17 Uhr, Samstag von 9 bis 12 Uhr, Sonntag von 10 bis 12 Uhr.

Altenhohenau: 1235 Gründung des ersten altbayerischen Dominikanerinnenklosters durch Graf Konrad von Wasserburg. Seitdem (mit Unterbrechungen) vom Orden geführt. Erste Kirche 1239, ihre Chor-Grundmauern dienten für den Neubau in der 2. Hälfte des 14. Jahrhunderts, um 1675 eingewölbt. Meisterhafte Ausstattung im Stil des späten Rokoko durch Matthäus Günther (Chorfresken), Johann Michael Hartwanger (Langhaus-Fresko), Ignaz Günther (Altäre), der hier mit seine reifsten Arbeiten schuf. Kirchenführer-Broschüre.

Wasserburg: Interessante, vom Inn umschlungene Stadt an einer alten Salzstraße, eine der mustergültigsten Innstädte überhaupt. Beachtenswertes, hochgiebeliges Rathaus (1459 vollendet) an der Ecke des Marienplatzes, um den sich reizvolle Häuser scharen. Burg mit Stufengiebel und gotischem Palás. Stadtpfarrkirche St. Jakob des Baumeisters Hans von Burghausen, genannt »Stethaimer« aus der 1. Hälfte des 15. Jahrhunderts. Stadtmuseum im spätgotischen Herrenhaus (Herrengasse 13), dem einstigen Stadthaus der Äbte von Attel, geöffnet von Dienstag bis Freitag von 10 bis 12 Uhr und von 14 bis 16 Uhr, Samstag, Sonntag und an Feiertagen von 10 bis 12 Uhr. Wegmachermuseum in der Straßenmeisterei (Herderstraße 5), geöffnet täglich von 8 bis 15 Uhr. Imaginäres Museum im ehemaligen Heilig-Geist-Spital (Bruckgasse 2) mit rund 400 Repliken großer Meister, geöffnet von Mai bis September von 11 bis 17 Uhr, von Oktober bis April von 13 bis 17 Uhr.

Tourenbeschreibung Vom *Max-Joseph-Platz* in der Stadtmitte hält man sich zunächst an die Wegweiser in Richtung Endorf. Auf einer Brücke über die Mangfall, die hier in den Inn mündet. Mit der Salzburger Straße über den *Inn.* Anschließend links und am Fluß entlang. Etwas später weist uns eine Tafel halbrechts durch die Auen zum *Bad Leonhardspfunzen,* einem idyllischen Erdenfleck.

Wir radeln weiter auf der Mühlthalstraße durch den Wald zum Restaurant und zur *Leonhardskapelle.* Die Asphaltdecke endet. Nun dem breiten Fahrweg folgen. Er wendet sich nach einiger Zeit

B 304

Inn

Wasserburg

B 304

Höhfelden

Freiham

N

B 15

Altenhohenau

Griesstätt

Inn

Berg

Baumurn

Untermühle

Sunkenroth

Vogtareuth

Weikering

Sulmaring

Straßöd

Haidbichl

B 15

Leonhardspfunzen

Rosenheim

Inn

rechts und steigt an zu den Häusern von *Haidbichl,* wo man auf die Landstraße stößt. Auf ihr links, bis nach etwa 3 Kilometern, kurz hinter *Straßöd,* links ein Sträßchen nach *Sulmaring* abzweigt, das wir rechts haltend erreichen. Über *Weikering* in die Ortschaft *Vogtareuth.*

Auf der Hauptstraße einige Meter links, nach der Bäckerei erneut links und durch die *Bergstraße.* Eine Tafel zeigt zum Weiler *Sunkenroth.* Gleich nach dem ersten großen Hof geht es links, wenig später rechts, bei der folgenden Wegeteilung links, abwärts ins Tal der *Murn.* Vor *Untermühle* rechts wieder bergan. Der Fahrweg zwingt kurz zum Absteigen, aber nur bis zu den Häusern von *Baumurn.* Von dort auf besserer Strecke, leider ohne Blicke ins Inntal, über die Einöde *Geiereck,* und dann, wieder asphaltiert, durch *Berg* in Richtung des Spitzturmes von *Griesstätt.* Von Rosenheim 21 Kilometer.

Am Ortsausgang von Griesstätt am Gasthof zum Jagerwirt vorbei. Im Vorblick taucht halblinks Kloster Attel auf, das über dem linken Innufer thront. Links unserer Straße ducken sich etwas abgerückt die Baulichkeiten des Dominikanerinnenklosters Altenhohenau (Gasthaus Hubertushof).

Bei der Weiterfahrt bleibt Kerschdorf rechts liegen. Östlich des Kirchleins von *Freiham* wölbt sich schwach der Spielberg. Bei den Häusern von *Höhfelden* wird der bewaldete Uferhang berührt. Und dann rollt unser »Drahtesel« hinunter zur Innbrücke und nach *Wasserburg.*

45   Badeplätze um Rosenheim

Verkehrsmöglichkeiten   Rosenheim ist sowohl für den Schienen- als auch für den Straßenverkehr ein wichtiger Knotenpunkt, 68 km von München, Autobahn-Anschlußstelle (5 km).
Tourenlänge   41 km.
Fahrzeit   2½ bis 3 Stunden.
Höhenunterschiede   Wellige Strecke.
Karten   1:200 000 Die Generalkarte, Blatt 26.
Wissenswertes   *Rosenheim* siehe Tour 44.
Tourenbeschreibung   Vom *Max-Joseph-Platz* im Herzen der Stadt mit dem gelobten »Duschlbräu« hält man sich an die in Richtung Endorf zeigenden Tafeln. Auf einer Brücke über die Mangfall, die hier in den Inn mündet. Danach auf der Salzburger Straße über den *Inn.* Gleich danach rechts in die *Rohrdorfer Straße.* Zunächst am Inn entlang, durch die Eisenbahnunterführung. Dahin-

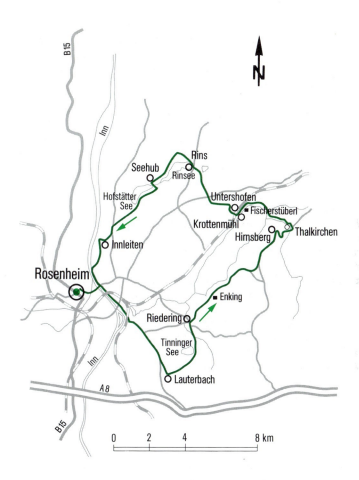

ter mündet die *Sims* in den Inn. Der Ziegelberg setzt an. Bei der Straßengabel nach dem Schienenstrang geradeaus durch die leicht bewegte Landschaft in das Dorf *Lauterbach*. Am Ortsanfang, vor dem Seebach links und am Bach entlang. Etwa 2 Kilometer danach versteckt sich links der Straße ein Badeplatz (Kiosk) am *Tinninger See*.

Die Straße bringt uns nach *Riedering*. Dort rechts. Bald tritt der Simssee ins Blickfeld. Wer schon jetzt ein nettes Lokal sucht, wendet sich in *Enking* rechts von der Umgehungsstraße ab zum »Brotzeit- und Weinstüberl am Birnbaum«. Ansonsten bleiben wir auf der Umgehungsstraße. Tafeln weisen auf die Strandbäder am See hin.

Kunstfreunde steigen in der reizvoll gelegenen Ortschaft *Hirnsberg* ab. Das Krüppelwalmdach des Sattelturmes der Pfarrkirche Mariae Himmelfahrt grüßt weit hinaus über das Thalkirchner Moos. Beachtenswert sind im Inneren die beiden ausgezeichneten Figuren der Hl. Barbara und der Hl. Katharina, Rokokoarbeiten, die von Ignaz Günther sein könnten.

Straßenschleifen bringen uns rasch hinunter nach *Thalkirchen.* Der Kirchturm ist typisch für die Gegend: gedrungene Zwiebel über einer Halbkuppel-Laterne. Anschließend radeln wir nordwestlich des Simssees durch eine von Auenwäldchen durchsetzte Mooslandschaft.

Vor der Eisenbahnunterführung links ab und auf dem asphaltierten Fahrweg in das Landschaftsschutzgebiet zum »*Fischerstüberl*«; unterhalb des Gasthauses wartet ein kiesiger Badestrand.

In *Krottenmühl* wenden wir uns vom Ufer rechts ab nach *Untershofen.* Dort links haltend hinauf zur Landstraße Rosenheim – Endorf, die gekreuzt wird. Unsere Straße durchzieht einen Waldgürtel und zeigt uns etwas später rechts den Siferlinger See. Bei *Rins* führt links ein Fahrweg zum Freibadeplatz am *Rinssee.*

Über den *Nickelbach,* der in den Rinssee fließt, und danach links in ein Sträßchen. An der nächsten Gabelung abermals links halten, durch ein Wäldchen zu den Häusern von *Seehub.* Etwa 1,5 Kilometer danach stößt man auf eine breite Straße. Links, nach 200 Metern rechts und vom moorhaltigen *Hofstätter See* zurückversetzt in Richtung Rosenheim. Bald machen uns Tafeln auf das Strandbad (rechts am See) aufmerksam.

Durch den Sonnenwald fahren wir hinaus zur alten Wasserburger Landstraße. Wir folgen ihr links, aber nur 400 Meter, dann biegen wir halbrechts ab und lassen es unterhalb der Kirche von Leonhardspfunzen abwärtslaufen zu den Häusern von *Innleiten.* Hier links entlang von Altwassern des Inns über *Hofau* zur Innbrücke von *Rosenheim.*

46   Zur Seenplatte bei Rimsting-Eggstätt

Verkehrsmöglichkeiten   Aus verkehrsmäßigen Gründen nehmen wir Endorf als Ausgangsort, 16 km nordöstlich von Rosenheim, 20 km von Wasserburg, 8 km von Prien. Bahnhof.
Tourenlänge   35 km.
Fahrzeit   2^1/$_2$ bis 3 Stunden.
Höhenunterschiede   Ab Halfing wellige Strecke.
Karten   1 : 200 000 Die Generalkarte, Blatt 23.

Anmerkungen Fahrradverleih im Bahnhof Endorf.

Wissenswertes *Endorf* ist ein Luftkurort (Jod-Thermal-Quelle).
Ostoberbayerisches Bauernhausmuseum Amerang in Hopfgarten. Geöffnet von Mitte März bis Mitte November von Dienstag bis Sonntag zwischen 10 und 17 Uhr, ansonsten nach Vereinbarung, Tel. (08075) 810.

Amerang: Pfarrkirche St. Rupertus, ursprünglich im 14. Jahrhundert errichtet. Beachtenswerte Keramik-Votivtafel mit farbiger Glasur aus der Mitte des 16. Jahrhunderts. Epitaph des Johann Dietrich von Amerang, einem der letzten aus dem Geschlecht der Veroneser Scaliger.

Schloß Amerang, heutige Anlage Mitte des 16. Jahrhunderts als Eigentum der Veroneser Scaliger entstanden. Trapezförmiger Arkadenhof von 1560, einer der ältesten dieser Art in Bayern, Rittersaal mit Fresken, Verließ, Schloßkeller, Kunstwerke aus verschiedenen Epochen. Besitzer ist Krafft Freiherr von Crailsheim. Geöffnet zwischen Mitte Juni und Mitte September täglich von 10 bis 17 Uhr sowie nach Vereinbarung, Tel. (08075) 204.

Rimsting-Eggstätter-Seenplatte, Naturschutzgebiet auf 1000 Hektar, insgesamt rund 15 mehr oder weniger große, teilweise stark verlandete Wasserflächen; reiche Moorflora, Brutstätte zahlreicher Vogelarten (Kiebitz, Haubentaucher, Wachtel usw.)

Tourenbeschreibung Vom Bahnhof in *Endorf* in den Ort, rechts an der Pfarrkirche vorüber und geradeaus nach *Halfing.*

In Höhe der Kirche (links) wendet man sich rechts, aber schon nach 50 Metern links und nordwärts ins *Freimoos.* Unmittelbar nach der Brücke über die *Zillhamer Achen* (2. Brücke im Moos) biegt der breite Weg rechts ab und zieht sich nun schnurgerade durch die Mooslandschaft. Nach genau 2 Kilometern nicht rechts über die Brücke, sondern links halten in das Dorf *Zillham.*

Rechts, an der Straßenteilung links halten zur Straße, auf der wir rechts nach *Murn* gelangen. Auch dort rechts halten und weiter zum *Ostoberbayerischen Bauernhausmuseum.*

Anschließend nach *Amerang.* Südwärts durch den Erholungsort. An der Straßenteilung nach dem Bahnkörper links halten. Wenig später zweigt rechts die Zufahrt zum *Schloß Amerang* ab.

Die Route als solche setzt sich geradeaus fort durch *Oberratting* und *Obergebertshausen* nach *Höslwang.*

Von dort nicht direkt nach Endorf, sondern zunächst kurz in Richtung Obing, bis dann südöstlich unterhalb der Kirche rechts die Straße abzweigt zum *Pelhamer See* inmitten des offenen Moränengeländes; Badestrand unterhalb der Ortschaft Pelham.

Im Süden erwartet uns ein Waldstück. Wo es von Wiesen abgelöst wird, biegen wir halblinks in ein Sträßchen ein; gleich links ein

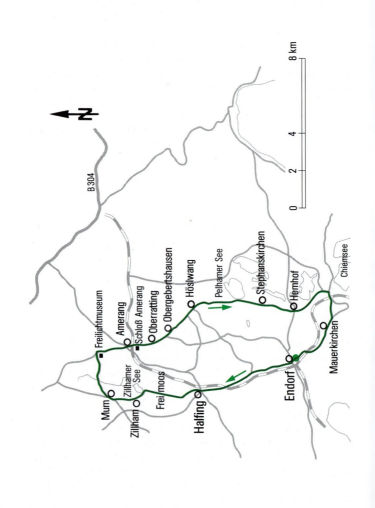

B 304

Freilichtmuseum
Amerang
Murn
Zillham
Zilhamer See
Schloß Amerang
Oberratting
Freimoos
Obergebertshausen
Höslwang
Halfing
Pelhamer See
Stephanskirchen
Hemhof
Endorf
Mauerkirchen
Chiemsee

0 2 4 8 km

uraltes Flurkreuz. Der kleine Umweg führt durch das Kuppendorf *Stephanskirchen,* am Gasthof Mayer vorbei, und geht dann wieder in die Straße nach *Hemhof* über.

Geradeaus, die Straße Endorf – Seebruck kreuzen und jenseits auf einem asphaltierten Fahrweg dahin. Nach 600 Metern zeigt eine Tafel links zum Badeplatz am Langbürgner See, der allerdings nur zu Fuß erreicht werden kann.

Der asphaltierte Fahrweg leitet uns an einem Flüssiggas-Lager vorüber zum ehemaligen Bahnhofsgebäude der Station Rimsting, wo uns wieder eine Straße erwartet. Links (700 m) befindet sich ein Badeplätzchen am kleinen Stettner See. Unsere Route führt rechts über die Bahn, 200 Meter danach erneut rechts, von der Straße ab und zu den Häusern von *Kalkgrub.*

Auf der Landstraße angekommen, wenden wir uns rechts und gelangen durch *Mauerkirchen* wieder nach *Endorf.*

47   Um den Chiemsee

Verkehrsmöglichkeiten   Als Ausgangsort wird Prien vorgeschlagen, 6 km nördlich der Autobahn-Anschlußstelle Bernau. Bahnhof der Strecke München – Salzburg.
Tourenlänge   62 km.
Fahrzeit   4¹/₂ Stunden.
Höhenunterschiede   Unbedeutend, insgesamt etwa 100 Meter Steigungen.
Karten   1 : 200000 Die Generalkarte, Blatt 26.
Anmerkungen   Fahrradvermietung im Bahnhof Prien. Die Tour kann an jedem anderen Ort am See angetreten werden. Fahrradverleih auch im Bahnhof Übersee sowie in Grabenstätt (A. Lex, Tel. [08661] 692), in Chieming (E. Heimhilger, Tel. [08664] 790), Gollenshausen (L. Dobler, Söllerstraße) und Seebruck (P. Heistracher, Tel. [08667] 210).
Wissenswertes   *Chiemsee:* Das »Bayerische Meer« nimmt eine Fläche von 82 Quadratkilometern ein und erreicht Tiefen bis zu 73 Metern, Schürfbecken einer Gletscherzunge. Wassertemperaturen im Sommer zwischen 18 und 20 Grad, höchstens 25 Grad. Im See die Fraueninsel mit Kloster sowie die Herreninsel mit Schloß (Führungen), Schiffsverbindungen.

Prien, Hauptort am Chiemsee, im 12. Jahrhundert entstanden. Pfarrkirche Mariae Himmelfahrt aus der 1. Hälfte des 18. Jahrhunderts, Stuck und Fresken des Wessobrunners Johann Baptist Zimmermann. Heimatmuseum (Friedhofweg 1).

Seebruck: An der Stelle der Pfarrkirche befand sich ein spätrömisches Kastell zur Sicherung der Straße Augsburg – Salzburg am Alzübergang. Römer-Museum-Bedaium im Gebäude der Raiffeisenkasse, geöffnet Dienstag bis Freitag zwischen 15 und 17 Uhr.

Tourenbeschreibung In Prien durch die Seestraße zum Hotel Feldhütter (vor dem Schiffsanleger) und dort rechts in die Harrasser Straße. Wir folgen ihr bis zum Parkplatz, etwa 150 Meter nach dem Gasthaus Fischer am See. Hier links ab, über zwei Bachläufe und durch eine Birkenallee. Unsere Route beschreibt einen Halbkreis durch die Mooslandschaft. Vor den Häusern links, nach 200 Metern rechts und am Hotel Fischerstüberl vorbei auf der Asphaltstraße zum US-Rasthaus. Weiter auf der linken Seite der Autobahn. Bald geht es über einen Autobahnrastplatz und an seinem Ende auf schmaler Spur zu einer Unterführung. Auf der anderen Seite vor einem Bauernhof (Außenstelle der Justizvollzugsanstalt Bernau) links und auf nichtasphaltiertem Feldweg auf der rechten Seite der Autobahn dahin, vorbei an einem Rastplatz, und nach einiger Zeit links durch die Unterführung. Gleich wieder rechts. Wir kommen zum *Campingplatz Rödelgries,* wo uns eine Asphaltstraße übernimmt. Nach dem Überseer Bach rechts durch eine Unterführung, an der Wegegabel links halten und nach *Feldwies.* Dort rechts nach *Übersee.* Von Prien 18 Kilometer.

Ab Übersee folgen wir der beschilderten Straße in den 6 Kilometer entfernten Erholungsort *Grabenstätt.* Auf dem Marktplatz biegt man vor dem Auerbräu links in die Poststraße ein. Nach Haus Nr. 13 rechts weiter im Birkenhain, danach auf einem landwirtschaftlichen Fahrweg einem Kanal entlang. Bei einer Rastbank rechts und erneut an einem Kanal entlang. In Höhe der Steinbrücke rechts zur Ostuferstraße, auf der wir nach *Chieming* radeln.

Ab hier könnte man über Autostraßen das nächste Ziel – Seebruck – ansteuern. Abwechslungsreicher und ruhiger ist aber die Route am Ufer entlang, und zwar ab dem Schiffsanleger von Chieming.

In *Seebruck* (von Prien 39 Kilometer) über die Alzbrücke. Rechts am Römer-Museum-Bedaium vorüber und nun auf der Römerstraße den Ort verlassen. Die Straße geht in einen Wiesenweg über. Wir kommen am Landgasthof Lambach vorbei. Anschließend nehmen wir den Uferweg über die Gaststätte Malerwinkel zum Hafen von *Gollenshausen.* Von dort ist es 1 Kilometer zum Anleger in *Mitterndorf.* Etwas später entfernen wir uns rechts vom Ufer und kommen zum *Gasthof Schalchen.* Von Seebruck 8 Kilometer.

Auf der Westuferstraße nach *Gstadt.* Dort von der Schiffslände wieder am Ufer entlang in die Mühlner Bucht. Vom Restaurant in

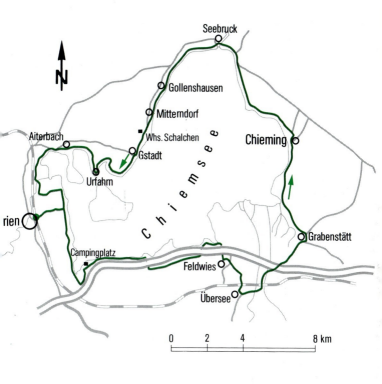

Mühln am verlandeten Ufer zur Landspitze von *Urfahrn,* hinter der
uns die Kailbacher Bucht aufnimmt. *Kailbach* bleibt zurück. Etwa
1 Kilometer danach stößt man auf einen Querweg. Links, über die
Wegekreuzung (nicht links zur Halbinsel Sassau mit dem gleichnamigen Gut) und nach *Aiterbach.* Auf der Straße links, nach 100
Metern abermals links. Bevor die Straße ansteigt, biegen wir links
zur *Gaststätte Seehof* ab. Am Ufer einer Chiemseebucht (»Schaf-
waschener Winkel«) entlang und zu einer Querstraße. Auf ihr links
zu einem Kiosk. Kurz danach auf einer Brücke über die Prien. Am
anderen Ufer links, nach etwa 200 Metern rechts. Vor der Kläranlage links. Zuletzt in Seenähe über das Strandbad zurück nach
Prien.

48 Mooslandschaft am Rande der Alpen

Verkehrsmöglichkeiten Ausgangsort ist der Luftkurort Übersee südlich des Chiemsees halbwegs zwischen Prien und Traunstein, Autobahn-Anschlußstelle Feldwies, Bahnhof der Strecke München – Salzburg.

Tourenlänge 28 km.

Fahrzeit 1³/₄ Stunden.

Höhenunterschiede Nördlich von Bergen bergige Strecke bis zum Tüttensee.

Karten 1 : 200 000 Die Generalkarte, Blatt 26.

Anmerkungen Fahrradverleih im Bahnhof Übersee.

Wissenswertes *Tüttensee,* Moorsee mit einer Wasserfläche von 10 000 Quadratmetern, steil abfallende Ufer, im Hochsommer Wassertemperaturen bis zu 26 Grad.

Tourenbeschreibung Gegenüber dem Bahnhof kurz auf einem Fußweg, eine Straße überqueren und bei den nächsten Häusern an der Kapelle rechts zum Albererweg. Links am Überseer Bach entlang, dann abermals links, nach 100 Metern rechts und angesichts des Hochgern im Süden zu einem betonierten Fahrsträßchen. Auf ihm links, die Autostraße kreuzen und jenseits rechts halten. Vor den Höfen von Almau links zur Tiroler Achen. Nicht über die Brücke, sondern auf dem Damm links, und erst dann auf einem Steg an das andere Ufer.

Nun über den westlichen, schmalen Rücken des Osterbuchberges, die wie eine Insel den Mösern und Filzen entragt, bergan. Bald senkt sich links ein Fahrweg. In der Ebene zum Rand eines Auenwäldchens. Dort in spitzem Winkel rechts, abermals unter der Überlandleitung hindurch und anschließend an der nördlichen Basis des Berges entlang. Nach einer Weile rechts halten, über den Almbach und auf einem Feldweg zur Autostraße. Mit ihr links am südlichen Rand des Bergener Mooses bzw. an den nördlichen Ausläufern der Chiemgauer Alpen zur Straßenkreuzung südlich von Bergen. Rechts geht es zur Talstation der Hochfelln-Seilbahn (Betriebszeiten: 9 bis 11.30 Uhr und 12.30 bis 17 Uhr jeweils halbstündlich). Wir fahren links nach *Bergen,* vorbei am kleinen Kurpark zur Pfarrkirche in der Ortsmitte.

Tafeln zeigen in Richtung Autobahn: Nordwärts, vor dem Bahnhof rechts, kurz danach links und in Richtung Traunstein, unter der Salzburger Autobahn hindurch, nach *Humhausen.* Hier wenden wir uns links von der stark befahrenen Straße ab. Etwa 150 Meter vor der Kirche von Einharting geht es rechts über den Weiler *Wipfling* ins Tal des Grabenstätter Mühlbaches. Links, wenig später rechts hinauf nach *Hiensdorf.* Links durch das Dorf mit der

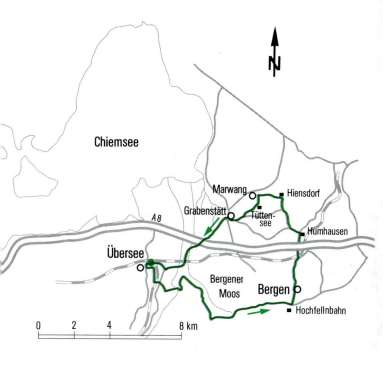

Straße nach *Marwang*. An der Straßenkreuzung am Ortsrand links, bis nach knapp 1 Kilometer links der Fahrweg zum *Tüttensee* (Gasthof) abzweigt.

Nachdem wir uns erfrischt haben – äußerlich oder innerlich – geht es hinaus nach *Grabenstätt*. Vom Marktplatz mit dem Auerbräu links und auf der Straße zurück zum 6 Kilometer entfernten Ausgangsort.

49   Von Ruhpolding durch die Trauntäler

Verkehrsmöglichkeiten   Schnellste Anfahrt von der Autobahn-Ausfahrt Traunstein/Siegsdorf (8 km), von Traunstein 14 km, von Bad Reichenhall 26 km. Bahnhof.
Tourenlänge   30 km.
Fahrzeit   2¹/₂ bis 3 Stunden.
Höhenunterschiede   Bis Inzell bergige Strecke.
Anmerkungen   Fahrradverleih im Bahnhof Ruhpolding sowie an zwei Shell-Tankstellen. Außerdem im Bahnhof Siegsdorf.

Karten 1 : 200 000 Die Generalkarte, Blatt 26.

Wissenswertes Der Luftkurort *Ruhpolding* hieß ursprünglich (12. Jahrhundert) »Rapoltigin« und wurde im 16. Jahrhundert Jagdsitz der bayerischen Herzöge; im ehemaligen Renaissance-Jagdschloß ist heute das Forstamt untergebracht. Pfarrkirche St. Georg, typische Alpendorfkirche von außergewöhnlicher Pracht, erbaut Mitte des 18. Jahrhunderts vom kurbayerischen Hofbaumeister Johann Baptist Gunetsrhainer. Im rechten Seitenaltar die angebetete »Ruhpoldinger Madonna«, ein spätromanisches Schnitzwerk. Museum für bäuerliche und sakrale Kunst (Roman-Friesinger-Straße 1), geöffnet von Januar bis Ende Oktober Dienstag bis Samstag von 9.30 bis 12 Uhr und von 14 bis 16 Uhr, Sonntag von 9.30 bis 12 Uhr. Bartholomäus-Schmucker-Heimathaus (Schloßstraße 2), geöffnet von Januar bis Mitte Oktober von Montag bis Freitag von 10 bis 12.30 Uhr, Freitag zusätzlich von 14.30 bis 16.30 Uhr. Miniaturstadt.

Hammer: Bauernhofmuseum Wastlbauer an der Mauer, geöffnet von Juni bis Oktober Sonntag von 13 bis 16 Uhr, übrige Zeit Anmeldung, Tel. (0 86 62) 78 41.

Tourenbeschreibung Vom Bahnhof etwa 150 Meter nordwärts, dann rechts in den Schwabenbauernweg und auf dem Bojernsteg über die *Weiße Traun.* Gleich danach auf dem Traunweg rechts am Fluß entlang, am Stadion vorbei und bei den Häusern von St. Valentin links auf die Straße. An ihrer Gabelung links haltend der Zellerstraße folgen zur kleinen romanischen Filialkirche St. Valentin, der im 15. Jahrhundert ein gotischer Chor angefügt wurde; die Fresken wurden erst 1955 freigelegt.

Durch *Zell,* über den Windbach, an der Wegeteilung links halten und zur Deutschen Alpenstraße (B 305). Links an Aschenau vorüber und nach knapp 2 Kilometer links ab (Tafel: Froschsee). Wir kommen zum Anwesen *Point* am westlichen Ufer des teilweise stark verlandeten *Froschsees.* In *Oberhausen* rechts halten und westwärts in Richtung Inzell in den Weiler *Niederachen.* Dort wenden wir uns spitzwinkelig links. Hinter *Wald* führt eine Brücke über die Rote Traun. Wir radeln an ihrem rechten Ufer entlang, dem Verlauf der ehemaligen Soleleitung von Berchtesgaden folgend talauswärts nach *Hammer,* dessen Name vom Eisen- und Bleibergabbau zeugt.

Abstecher zum Bauernhofmuseum: Sobald man die B 306 erreicht, rechts in Richtung Inzell, hinter der Gaststätte Forsthaus links (Täfelchen: Mauer) und etwa 1 Kilometer bergan zum Wastlbauer an der Mauer.

Nun müssen wir ein Stück mit der Bundesstraße 306 vorliebnehmen. Durch *Hammer,* links an Hachau vorbei und nicht ganz

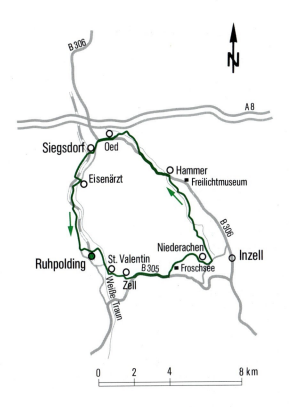

1 Kilometer danach halbrechts in die Straße nach *Unterheutau* einschwenken. In der Folge über die Rote Traun und an der Basis des
Kirchenberges von St. Johann zu den Häusern von *Weiher.* Hier
links wieder zur nahen B 306. *Oed* wird passiert. Wenig später biegen wir links in die Straße nach *Siegsdorf* ein.

Mit der Hauptstraße durch den Ort zur Brücke über die *Weiße
Traun.* Gleich danach links in den *Höpflinger Weg.* Kurz darauf
zeigt eine grüne Tafel links den *Traunauenweg* an. Auf ihm radeln
wir taleinwärts, an der Traun bzw. an ihrem Kanal entlang. Bei der
Traunbrücke (Nepomuk-Kapelle) von *Höpfing* bleiben wir am
diesseitigen Ufer. Rechts des Weges folgt im Wald eine Kneippanlage. Der *Grubweg* verläßt den Auenwald. Links über den Bahnkörper, dann über die Traunbrücke in den Luftkurort *Eisenärzt.*

Am südlichen Ortsende abermals über die Traun. Nach dem
Bahnhof erinnert rechts am Haus Nr. 58 eine Aufschrift an den einstigen Eisenerzabbau am Arztberg Keller. Die letzten 4 Kilometer
bis *Ruhpolding* legen wir auf der Talstraße zurück.

50 Über Berg und Tal um Bad Reichenhall

Verkehrsmöglichkeiten Bad Reichenhall liegt 8 km südlich der Salzburger Autobahn (Anschlußstelle), von Berchtesgaden 19 km, von Ruhpolding 26 km. Bahnhof.

Tourenlänge 41 km.

Fahrzeit 3¹/₂ Stunden.

Höhenunterschiede Hauptsächliche Steigung von Anger (530 m) auf weitgehend nicht asphaltierten Forststräßchen über einen bewaldeten Sattel (912 m), von dort Gefälle (nicht asphaltiert bis Adlgaß) nach Inzell (700 m).

Karten 1:200000 Die Generalkarte, Blatt 26.

Anmerkungen Fahrradvermietung im Bahnhof Bad Reichenhall. Die Tour kann auch in Inzell begonnen werden, Ausgabe von Leihrädern in der Shell-Tankstelle, Reichenhaller Straße.

Wissenswertes *Bad Reichenhall:* Kurort mit starken Solequellen, Sole-Hallenbad. Auf Grund seiner klimatisch begünstigten Lage auch »Bayerisches Meran« genannt, Heilanzeigen bei Erkrankungen der Atmungsorgane, rheumatischen Erkrankungen, Kreislauf- und Durchblutungsstörungen, Frauenleiden. Die Quellen der Reichenhaller Saline weisen den höchsten Sättigungsgrad (24%) in Europa auf. Quellenbau der Saline, Besichtigungen bzw. Führungen zwischen April bis Oktober täglich von 10 bis 11.30 Uhr und von 14 bis 16 Uhr, November bis März Dienstag bis Donnerstag um 14 Uhr. Münsterkirche St. Zeno, eine der größten romanischen Basiliken in Süddeutschland, Bestandteil eines ehemaligen Augustiner-Chorherren-Stiftes, 1208 fertiggestellt, 1512 ausgebrannt, danach gotisiert. Kirchenführer-Broschüre. Städtisches Heimatmuseum (Getreidegasse 4) im ehemaligen städtischen Getreidestadel, geöffnet von Mai bis Ende Oktober von Dienstag bis Freitag zwischen 14 und 18 Uhr, außerdem jeden 1. Sonntag im Monat von 10 bis 12 Uhr. Reichenhaller Spezialität: »Mozartkugeln«.

Anger: Spätgotische Pfarrkirche Mariae Himmelfahrt, im 17. Jahrhundert umgebaut, beachtenswerte kassetierte Türe mit Sebastianrelief im Eichenholz, eine Salzburger Kistlerarbeit aus der Zeit um 1520.

Adlgaß: Einer Sage nach stammt der Name von den Hirschhatzen einer Herzogin Adelheid. Sie habe die Tiere in eine künstliche Gasse treiben und hinschlachten lassen.

Gletschergarten: Eiszeitliche Auswaschungen an einer Felspartie neben der Deutschen Alpenstraße.

Karlstein: Nachweislich von Römern besiedelt. Am Verlauf der Soleleitung Berchtesgaden – Bad Reichenhall, überragt vom Wallfahrtskirchlein St. Pankraz auf felsiger Warte.

Tourenbeschreibung Vom Bahnhof nordwärts, vorbei an der Eislauf- und Schwimmhalle, in Richtung Autobahn. Auf der stark befahrenen Bundesstraße bleiben wir nur 3 Kilometer, dann verlassen wir sie links in Richtung Aufham (Tafel). Linker Hand haben wir die spätmittelalterliche Burg Staufeneck, infolge ihres ovalen Grundrisses im Volksmund »Badewanne« genannt. Und von der Höhe grüßt der zerklüftete Gipfelaufbau des Hochstaufen.

Am Ortsende von *Aufham* befindet sich vor der Autobahn-Unterführung links das Schwimmbad. Jenseits der Autobahn leitet uns der hochaufragende Kirchenbau von *Anger.*

Auf der *Scheiterstraße* links unterhalb der Kirche zum Haus Nr. 6, wo man links in die *Kohlhäuslstraße* einschwenkt. Auf einer

Brücke rechts über die Stoißer Ache (Wegweiser: Adlgaß). Bei den Häusern von *Wolfertsau* unter der Salzburger Autobahn hindurch und auf dem Asphaltsträßchen neben dem durch Verbauungen gezähmten Bergbach taleinwärts.

Etwa 3 Kilometer hinter Anger endet die Asphaltdecke. Weiter auf dem Forststräßchen (Saulochstraße) zur Lichtung von *Kohlhäusl*. »Frillensee/Adlgaß« ist unsere Richtung. Die Steigung nimmt zu. Am besten schiebt man hier und genießt in aller Ruhe den Bergwald. Sechs Kilometer nach Anger haben wir den Anstieg hinter uns. Hier verlief die alte bayerisch-salzburgische Grenze. Jenseits versteckt sich links des Forststräßchens der Quelltopf des Bayerischen Brünndl.

Der Zustand der Abfahrt ist passabel. Wir kommen zum Parkplatz unterhalb des *Forsthauses Adlgaß* (Dienstag geschlossen). Nun wieder auf einer asphaltierten Straße. Der Wald gibt uns frei. Bei den ersten Häusern von *Inzell* biegen wir links in den asphaltierten *Falkensteinweg* ein, kommen am Restaurant Hummelsberger vorbei, radeln geradeaus und halten uns dann im Wald links. Die Forststraße führt über den Falkensteinbach, etwas später rechts am Falkensee vorüber und stößt schließlich auf die *Deutsche Alpenstraße* (B 305).

Vom Café Zwing (27 km von Bad Reichenhall) links. Nach 500 Metern befindet sich links an der Straße der *Gletschergarten*.

Im Erholungsort *Weißbach* wird man ein Stück weit links auf einen Radweg gezwungen. Hinter *Weißbach* folgt an der rechten Straßenseite das *Gasthaus Mauth-Häusl*, einst jahrhundertelang Zollstätte zwischen Bayern und Salzburg. Unmittelbar neben der Terrasse führen Stufen (Geländer) in 5 Minuten in die eindrucksvolle Weißbachschlucht.

Bald teilen sich die Straßen. Wir radeln geradeaus in Richtung Bad Reichenhall. Ohne treten zu müssen, kommen wir zum *Thumsee* (Freibad am jenseitigen Ufer). Danach liegt rechts das reizvolle *Seemösl* (Seerosen). Ab *Karlstein* haben wir einen Radweg. Auf ihm legen wir das letzte Stück nach *Bad Reichenhall* zurück. Dort an der Saline vorbei und zum Bahnhof.

51 Von Berchtesgaden in die Ramsau und zum Hintersee

Verkehrsmöglichkeiten Berchtesgaden ist 150 km von München entfernt (Autobahnausfahrt Bad Reichenhall), 18 km von Bad Reichenhall, 24 km von Salzburg.

Tourenlänge 29 km.

Fahrzeit 2 Stunden.

Höhenunterschiede Anhaltende Steigung ab Berchtesgaden-Bahnhof (etwa 500 m) bis Hintersee (800 m).

Karten 1 : 200 000 Die Generalkarte, Blatt 26.

Anmerkungen Fahrradverleih im Bahnhof Berchtesgaden.

Wissenswertes *Berchtesgaden,* heilklimatischer Kurort in hochalpiner Umgebung. Salzbergwerk, gegründet 1517 durch Fürstpropst Gregor Rainer, seit 1840 Besichtigung bzw. Einfahrt, zwei unterirdische Salzseen, Abbauschächte usw., Besichtigungen vom 1. Mai bis 15. Oktober (mit Ausnahme von Pfingstmontag) sowie an Ostern täglich zwischen 8 und 17 Uhr, ansonsten werktags von 13 bis 16 Uhr. Schloßmuseum in der ehemaligen Residenz der Berchtesgadener Fürstpröbste, seit 1809 im Besitz der Wittelsbacher. Heimatmuseum im Schloß Adelsheim (Schroffenbergallee 6). Deutsches Wappenmuseum (Kälbersteinstraße 4). Ehemalige Augustiner-Chorherren-Stiftskirche St. Peter und Johannes, deren älteste Bauteile in die 2. Hälfte des 12. Jahrhunderts zurückreichen; Kirchenführer-Broschüre. Marktplatz in stilvoller Geschlossenheit; an der Fassade des Hauses der Sparkasse Wandmalereien mit Szenen aus der Geschichte des Ortes. Am Kälberstein die größte Matten-Sprungschanze Westeuropas. In der Umgebung großartige Ausflugsziele: Königssee (Schiffahrt), Kehlstein (Bus), Jenner (Seilbahn), Kugelmühle (letzte in Deutschland) an der Mündung der Almbachklamm, Schellenberger Eishöhle im Untersberg usw.

Tourenbeschreibung Vom Bahnhof zunächst auf der Deutschen Alpenstraße (B 305) entlang der Ramsauer Ache. In *Ilsank* arbeitete von 1810 bis 1927 eine Wassersäulenmaschine, welche die Sole des Berchtesgadener Salzbergwerkes 364 Meter bis zum 950 Meter hohen Söldenköpfl anhob und über die Schwarzbachwacht in 30 Kilometer langer Röhrenleitung bis nach Reichenhall trieb.

Links an der Straße folgte die Wimbachbrücke, von der es zu Fuß 1/4 Stunde zum Eingang der wildromantischen *Wimbachklamm* ist.

Weiter taleinwärts, bis halblinks die Straße nach *Ramsau* abzweigt, in das gleichnamige langgestreckte Tal zwischen imposanten Bergstöcken. Die malerische – und als Fotomotiv beliebte Kir-

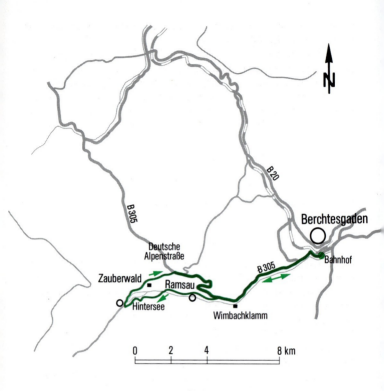

che – ist der Mittelpunkt der im 11. Jahrhundert erstmals bezeugten Gemeinde.

Durch den Ort, vorbei am »Oberwirt«. Etwa 2 Kilometer nach Ramsau steht links an der Straße der Gasthof Datzmann. Dort erklärt eine Tafel den Zugang in den *Zauberwald,* einem urigen Erdenfleck mit verstreut herumliegenden, mächtigen moosüberwachsenen Felsblöcken als Zeugen eines Bergsturzes vom Hochkalter.

Bald führt die Straße an das Ufer des bis zu 60 Meter tiefen *Hintersees* heran. Wir stoßen auf die Hirschbichler Straße, wenden uns scharf rechts und sind im Ramsauer Ortsteil *Hintersee.* Vorbei am Brotzeitstüberl von Wolfgang Bartels, Bronzemedaillen-Gewinner in der olympischen Abfahrt 1964 in Innsbruck, zum Hotel Post. Unmittelbar neben der Straße liegt der Hintersee, in dem sich die umstehenden Gipfel – Göll, Hochkalter, Reiteralpe – spiegeln. In den Gasthöfen und Hotels stehen fangfrische Forellen auf den

Speisekarten, unter anderem auch im Seehotel Gamsbock, an dem wir auf der Weiterfahrt vorbeikommen.

Die Antoniuskapelle bleibt zurück. Die Straße senkt sich zum Lattenbach. An der Kreuzung geradeaus bergan zur *Deutschen Alpenstraße*. Rechts erwartet uns bei der uralten »Hindenburglinde« der gleichnamige Gasthof. Jetzt geht es nur noch abwärts – bei Nässe Vorsicht auf den gepflasterten Straßenabschnitten! – ins Tal der Ramsauer Ache und hinaus zum Bahnhof von *Berchtesgaden*.

52 An der Salzach zwischen Laufen und Tittmoning

Verkehrsmöglichkeiten Laufen breitet sich am linken Ufer der Salzach an der Bundesstraße 20 zwischen Freilassing (12 km) und Burghausen (36 km) aus, von Salzburg 20 km. Bahnhof der Strecke Mühldorf – Freilassing.

Tourenlänge 48 km.

Fahrzeit 3^1/$_2$ bis 4 Stunden.

Höhenunterschiede Wellige Strecke.

Karten 1 : 200 000 Die Generalkarte, Blatt 23.

Anmerkungen Fahrradverleih im Bahnhof Laufen. Personalausweis oder Reisepaß mitnehmen!

Wissenswertes *Laufen:* Uralter Siedlungsplatz an einer Schleife der Salzach, liebenswertes typisches Inn-Salzach-Städtchen. Ehemalige Stiftskirche Mariae Himmelfahrt, älteste (1332) gotische Hallenkirche in Süddeutschland, dreischiffige Pfeileranlage; Kirchenführer-Broschüre. Schloß von 1424, heutige Form durch den Salzburger Dombaumeister Vincenzo Scamozzi nach Umbau von 1606. Heimat der Maler Gordian Guckh und Johann Michael Rottmayr. Schiffertheater aus der Tradition der Salzach-Schiffer bzw. des Laufener Komödiantentumes.

Oberndorf, gegenüber von Laufen am österreichischen Salzachufer. Dort erklang 1818 erstmals »Stille Nacht« von Johannes Mohr (1792–1848), später Pfarrer in Wagrain, und dem Volksschullehrer und Organisten Franz Xaver Gruber (Musik). An dieses schönste Weinachtslied der Christenheit erinnert die Stille-Nacht-Kapelle. Heimathaus.

Obereching bzw. *Eching* erscheint urkundlich erstmals im ausgehenden 8. Jahrhundert als »Achinga«. Hochgelegene Filialkirche Unserer Lieben Frau, spätgotische Anlage auf (wahrscheinlich) romanischen Grundmauern. Beschlagene Eisentür aus dem 15. Jahrhundert, barock ausgestattet.

St. Georgen, Dekanatspfarrkirche in hübscher Lage und weithin sichtbar im Flachgau über dem Salzachbett. Der erste Kirchenbau an dieser Stelle wurde vermutlich im 10. Jahrhundert von den Ungarn zerstört, spätgotischer (1499) Turm, Neubau 1755 geweiht, ornamentaler Rocaillestuck des Salzburgers Benedikt Zöpf. Kirchenführer-Broschüre.

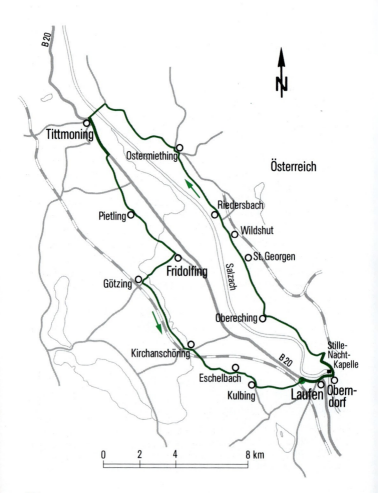

Tittmoning: Uralte Handelsniederlassung an der Salzach. 1234 befestigte der Salzburger Erzbischof Eberhard II. den heutigen Schloßberg. Im sogenannten Prälatenstock und im Getreidehaus des Schlosses ist das Heimatmuseum des Rupertiwinkels untergebracht, geöffnet täglich (außer Donnerstag) zwischen Mai und Ende September, Führungen um 14 Uhr. Über der Schloßkapelle gut erhaltener Wehrgang. Die Altstadt breitet sich um die Marktstraße aus, von welcher der Uferberg terrassenförmig ansteigt. »Plätten«-Fahrten auf der Salzach.

Tourenbeschreibung In *Laufen* durch das Obere Tor, das ehemalige Salzburger Tor von 1650, und auf der 1899 errichteten Eisenbrücke über die *Salzach,* den deutsch-österreichischen Grenzfluß.

Im salzburgischen *Oberndorf* vor der Kirche links, den Schienenstrang kreuzen, vorbei am Museum (Heimathaus). Kurz darauf steht links, etwas abseits der Straße, die *Stille-Nacht-Kapelle.* Bergauf, am Ende der Steigung links einordnen in Richtung St. Georgen. Halblinks vorne erscheinen die zierlichen Zwiebeltürme der Kirche Maria Bühel. Durch auseinandergezogene Ortschaften wird *Obereching* mit seinem Gasthof Duschl erreicht.

Hinter Obereching gibt *St. Georgen* unübersehbar die Richtung an: Nach Irlach rechts auf einem Sträßchen hinauf zur Kirche.

In *Wildshut* lädt der Bräugasthof zur Rast. Östlich von hier erstreckt sich das Erholungsgebiet um St. Pantaleon und den Hölderer See im oberen Innviertel.

Wir bleiben in der Nähe des breiten Salzachbettes. Am Dampf-Kraftwerk von *Riedersbach* vorbei. Anschließend rechts neben der Straße auf einem Radweg in den Markt *Ostermiething,* wo man aufpassen muß, um die Linksabzweigung der Straße in Richtung Tittmoning nicht zu übersehen. Knapp 5 Kilometer hinter dem Ort hält man sich links, durchfährt die Öffnung des Hochwasserdammes und gelangt über die Salzach nach *Tittmoning.* Von Laufen 24 Kilometer.

Nun auf der Bundesstraße 20 etwa 2 Kilometer in Richtung Laufen, dann halbrechts in eine Nebenstraße. Sie führt durch Kirchheim und weiter über *Pietling* in das Pfarrdorf *Fridolfing.*

Im Ort rechts (Tafel: Waging). Die gotische Johanneskirche bleibt links liegen. Nach *Götzing.* Hier links halten parallel zur Eisenbahn in das 4,5 Kilometer entfernte *Kirchanschöring.*

An der Kirche rechts vorbei, erneut über den Achenbach. Nach 400 Metern rechts zum Bahnübergang. In der Folge dann links haltend zum Weiler *Eschelbach,* durch das Dörfchen *Kulbing* auf einem Moränenhügel des eiszeitlichen Salzachgletschers, etwas später zum wiederholten Male links und ostwärts nach *Laufen.*

53 Östlich von Traunstein

Verkehrsmöglichkeiten Der Verkehrsknotenpunkt Traunstein liegt östlich des Chiemsees zwischen Rosenheim (55 km) und Salzburg (38 km), Autobahn-Ausfahrt (6 km). Bahnhof der Strecke München – Salzburg.
Tourenlänge 31 km.
Fahrzeit 2 Stunden.
Höhenunterschiede Überwiegend bergige Strecke. Wesentliche Steigungen von Oberteisendorf (519 m) nach Neukirchen (679 m) sowie zum Abschluß etwa 180 Höhenmeter auf den Hochberg.
Karten 1:200000 Die Generalkarte, Blatt 26.
Wissenswertes *Traunstein* entstand an der Salzstraße Augsburg – Salzburg, war bis 1275 salzburgische Pflege und kam dann zu Bayern. In der Nähe des ehemaligen Sudwerkes steht die Salinenkapelle St. Rupert von 1630 als ein Zentralbau des frühen Barock, in dem aber Gotik und Renaissance nicht zu übersehen sind. Pfarrkirche St. Oswald, ein Wandpfeilerbau von Kaspar Zuccalli aus der 2. Hälfte des 17. Jahrhunderts. Neben der Salinenkapelle die früheren Wohnungen der Salinenarbeiter; Beispiel einer frühen (Anfang des 17. Jahrhunderts) Sozialsiedlung ähnlich der Fuggerei in Augsburg. Heimathaus (Stadtplatz 2–3), Führungen zwischen Dienstag und Sonntag.
Tourenbeschreibung Am Ostrand der Altstadt auf der »Haferlbrücke« über die Traun und noch 150 Meter auf der Bundesstraße 304. Dann links in Richtung Waging. Über einen Moränenrücken hinweg, durch die Eisenbahnunterführung und an der folgenden Straßengabelung rechts halten, den nächsten Schienenstrang kreuzen und in der Folge parallel zum Bahnkörper in östlicher Richtung.

In *Lauter* vor dem Bahnhof rechts, dann wieder links in Ostrichtung bis zu den Häusern von *Lacken*. Hier rechts. Die Straße senkt sich ins Tal zur Bundesstraße 304. Auf ihr links in das nahe *Oberteisendorf*. Von Traunstein 12 Kilometer.

Jetzt geht's erst richtig los! Im Ort an der Kreuzung rechts zur Pfarrkirche und zur Talöffnung der Oberteisendorfer Ache. Links oben auf dem Raschenberg stand früher eine Burg. Das *Achtal* nimmt uns auf. Einst wurde im Tal Eisen gewonnen bzw. verhüttet, wovon hier und dort noch Reste derartiger Anlagen zeugen. Auf rund 5 Kilometer steigt die Talstraße an, beiderseits von Hangwäldern gesäumt.

Neukirchen bleibt rechts liegen, das heißt, wir halten uns am Ortsanfang halblinks, kommen unter der Salzburger Autobahn

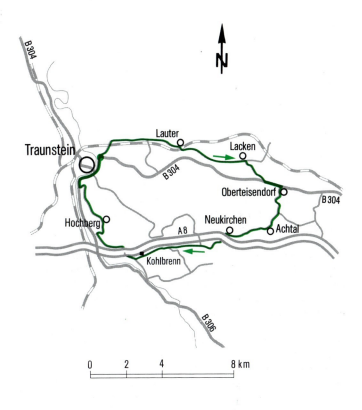

hindurch und halten uns hernach an die Autobahn in westlicher Richtung. Die Route kann nicht verfehlt werden. Erst hinter den Häusern von *Kohlbrenn* heißt es aufpassen! Dort geht es nämlich rechts ab über die Rote Traun zu einer Unterführung der Autobahn. Ein erstes Steilstück bringt uns zum Weiler *Vorderwelln*. Eine kurze Verschnaufpause – dann nehmen wir den *Hochberg* endgültig in Angriff. Der Alpengasthof auf der Kuppe (775 m) ist Montag, Dienstag einschließlich Mittwoch bis 15 Uhr geschlossen. Den Aussichtsturm darf man nicht mehr besteigen, doch auch von seiner Kuppe vermittelt der Hochberg prächtige Augenweiden vor allem in südlicher Richtung.

Die Abfahrt über den Nordrücken des Berges entschädigt uns für zurückliegende Mühen! An der Mündung des Röthelbaches, unweit des Röthelseeweihers, nimmt uns das Trauntal auf. An heißen Tagen lockt das Freibad – oder ein kühler Schluck samt Brotzeit im Brauergasthof Schnitzlbaumer am Stadtplatz mit seiner unverwechselbaren Atmosphäre.

54   Um die Waginger Seen

Verkehrsmöglichkeiten   Anfahrt nach Waging unter anderem von Traunstein (11 km), von Laufen 22 km, von Tittmoning 17 km.

Tourenlänge   32 km.

Fahrzeit   2 Stunden.

Höhenunterschiede   Überwiegend wellige Strecke.

Karten   1 : 200 000 Die Generalkarte, Blatt 26.

Anmerkungen   Fahrradverleih in der Shell-Station, Tel. (0 86 81) 2 33.

Wissenswertes   *Der Luftkurort Waging* ist aus einem Salzburger Klostergut des 8. Jahrhunderts hervorgegangen, später Station der Salzstraße, Marktrechte seit Mitte des 14. Jahrhunderts. Pfarrkirche St. Martin, 1698 eingewölbt, im Langhaus Wessobrunner Stuck. Kirchenführer-Broschüre. Südwestlich von Waging steht auf einer Anhöhe das im 17. Jahrhundert erbaute Schloß Gessenberg, eine dreischiffige Anlage mit vier Erkertürmchen; Kunstausstellungen, literarische und musikalische Veranstaltungen.

Die Waginger Seen bestehen aus dem Waginger See und dem sich nordwärts anschließenden Tachinger See und erfreuen den Besucher durch weitgehend unverbaute Ufer. Wassertemperaturen im Sommer zwischen 20 und 23 Grad, zeitweise bis zu 25 Grad.

Tourenbeschreibung   Vom Friedhof (500 Meter östlich der Kirche) an der Salzburger Straße zur Umgehungsstraße. Auf der anderen Seite bei der Leitplanke die Böschung hinunter und zum Schinderbach. Über die Brücke zu den Anwesen von *Egg*. Rechts oben thront auf dem Mühlberg die Wallfahrtskirche Unserer Lieben Frau.

An der Straßengabel links halten. In der Filialkirche St. Rupert in *Gaden* soll der Hl. Rupertus, Apostel der Bayern und erster Bischof von Salzburg, im späten 7. Jahrhundert einen Gottesdienst gehalten haben. Hinunter zum Maibaum und zur Straße am südwestlichen Ufer des Waginger Sees. Auf der Straße rechts, nach 5 Kilometern an der Kreuzung links. Hinter *Petting* fahren wir über den Achenbach. *Kühnhausen* und *Lampoding* werden passiert.

Knapp 1 Kilometer nach *Lampoding* verlassen wir die Uferstraße halblinks auf einem Fahrweg. Ab- und aufwärts zu den Häusern von *Wolkersdorf*. Dort wenden wir uns links. Es geht bergab zu feuchten, moorigen Wiesen. Über die Bachläufe führen Stege bzw. Brücken.

Bei den Häusern von *Horn* rechts in den zweitgrößten Ort – *Tettenhausen* – am See, an dem sich das Strandbad Tettenhausen befindet. Von Waging 16 Kilometer.

Weiter in nördlicher Richtung (Wegweiser: Bicheln). Es folgt die einzige größere Steigung. Ab *Bicheln* radeln wir dann über den waldbestandenen Moränenrücken. Sobald uns der Wald freigibt, sehen wir rechts die Ortschaft Gessenhausen. Etwas später steht

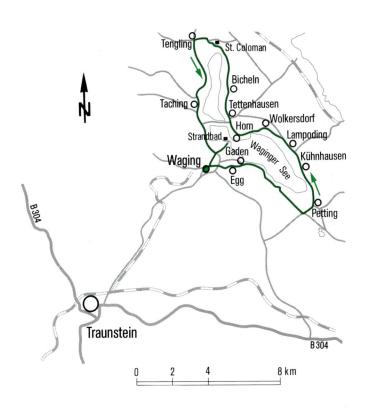

rechts oberhalb der Straße das spätgotische Kirchlein St. Coloman. *Tengling* ist rund 2 Kilometer vom Tachinger See entfernt. Von dort geht es wieder in Richtung Waging durch eine bewegte Moränenlandschaft mit zauberhaften Seeblicken. Die Straße führt um das Dorf Mauerham herum. *Taching* besitzt ein Strandbad mit 80 Meter Uferlänge; ansonsten erweist sich dort das Ufer als feucht und sumpfig. Beim »Unterwirt« besteht Einkehrmöglichkeit (Montag geschlossen).

Südlich der Straße, die hinüberführt nach Tettenhausen, lockt an dem dort steil abfallenden Ufer des Waginger Sees das *Strandbad »Seeteufel«:* 200 Meter Strand. Etwa 1 Kilometer südlich davon folgt das *Strandbad Waging,* meinen Beobachtungen nach das am stärksten besuchte Freibad an den Seen. Dort befindet sich auch das Kurhaus, ein Hallenschwimmbad, Bootverleih, Kneippanlage usw.

Vom Kurhaus sind es dann nur mehr 1,5 Kilometer nach *Waging.*

55 Burgen und Schlösser nördlich des Chiemsees

Verkehrsmöglichkeiten Als Ausgangsort wird Trostberg empfohlen, Treffpunkt der Bundesstraßen 299 und 304, nördlich (15 km) vom Chiemsee, von Traunstein 23 km, von Wasserburg 32 km. Bahnhof.

Tourenlänge 40 km.

Fahrzeit 3 Stunden.

Höhenunterschiede Von Trostberg (485 m) Steigung bis Waltersham (549 m), anschließend wellige Strecke, zum Schluß Steigung aus dem Alztal (500 m) zum Kloster Baumburg (550 m).

Karten 1 : 200 000 Die Generalkarte, Blatt 23.

Anmerkungen Die Tour kann zum Beispiel auch in Obing (Fahrradverleih G. Kißlinger, Tel. [0 86 24] 13 18) angetreten werden oder in Altenmarkt (Radvermietung im Fahrradgeschäft Schönlinner). – Alz-Fähre am Donnerstag nicht in Betrieb.

Wissenswertes *Trostberg,* hervorgegangen aus einer Herzogssiedlung an der Alz, teilweise noch Wohnhäuser in der Inntal-Bauweise mit Grabendächern und kleinen Erkern, Stadt seit 1913. Heimatmuseum (Schedling 9), geöffnet von Juni bis September sonntags zwischen 16 und 18 Uhr, ansonsten jeden 1. Sonntag im Monat von 16 bis 18 Uhr.

Obing: Erholungsort am gleichnamigen See, dessen mooriges Wasser sich rasch erwärmt, im Sommer auf durchschnittlich 20

Grad, höchstens auf 26 Grad. Spätgotische Pfarrkirche St. Lorenz mit außergewöhnlichen spätgotischen Schnitzwerken im neugotischen Hochaltar.

Seeon, ehemaliges Benediktinerkloster, gegründet im späten 10. Jahrhundert, 1803 durch die Säkularisation aufgehoben, Privatbesitz, 1979 von der Erzdiözese München-Freising für 6 Millionen Mark erworben, Altenheim. Kirche St. Lambert, ursprünglich romanische dreischiffige querschifflose Säulenbasilika, 1428–1433 Umbau in gewölbte Pfeilerbasilika, Fresken aus dem späten 16. Jahrhundert, freigelegt 1911. Weitere Angaben in der Kirchenführer-Broschüre.

Baumburg, als Gerichtsstätte »Poumburc« 925 erstmals bezeugt, im 11. Jahrhundert Klostersiedlung, 1105 Gründung eines Augustiner-Chorherren-Stiftes, 1803 säkularisiert, 1816 größtenteils abgebrochen, das Konventgebäude 1909 zum Pfarrhof bestimmt. Ehemalige Stiftskirche St. Margarethen aus der Mitte des 18. Jahrhunderts mit romanischen Türmen des 1156 geweihten Vorgängerbaues. Sehenswerte Marmor-Epitaphien, unter anderem von der Klosterstifterin Gräfin Adelheid und ihrer drei Männer. Kirchenführer-Broschüre.

Stein an der Traun: Interessante Schloßanlage bzw. mittelalterliche Höhlenburg, bestehend aus dem unteren (Neuen) Schloß und dem Hochschloß, die durch Felsgänge verbunden sind. Führungen täglich (außer Montag) um 14 und 15 Uhr, ansonsten Voranmeldung, Tel. (0 86 21) 28 36.

Tourenbeschreibung Vom Bahnhof zur nahen Alzbrücke. Jenseits an der Basis des Schloßberges links, bis rechts die Straße in Richtung Kraiburg abzweigt. Nach 1 Kilometer ist die hauptsächliche Steigung genommen. Unmittelbar hinter den Häusern von *Waltersham* geht es links ab. Westwärts durch hügeliges, altbayerisches Bauernland. Im Süden die ferne Silhouette der Gebirgskette.

Wir kommen durch die hochgelegene Ortschaft *Kienberg.* An der nächsten Straßenkreuzung links halten, jetzt in Richtung Obing. In *Pfaffing* sucht man an heißen Tagen das Strandbad am Nordostufer des *Obinger Sees* auf.

In *Obing* an der Kirche rechts vorbei, 100 Meter danach links und an der folgenden Straßengabel halbrechts in das Gebiet der Seeoner Seen: 7 moorhaltige Gewässer, mehr oder weniger stark verlandet, durch Wassergräben miteinander verbunden, vor Jahrtausenden eine geschlossene Wasserfläche. Links befindet sich (in Höhe der Häuser von Thalham) in einiger Entfernung der Brunnensee, rechts folgt zurückgesetzt der Seeleitensee. Und wenig später wenden wir uns links von der Straße ab und erreichen das *Kloster Seeon.* Von Trostberg 21 Kilometer.

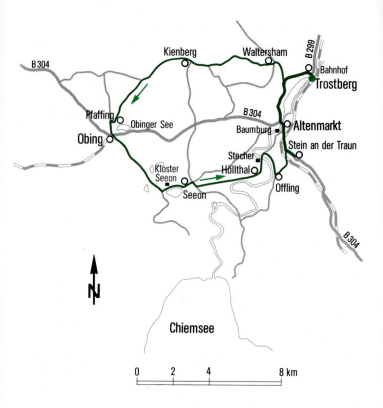

Rast in der Klosterwirtschaft, an den Bänken und Tischen im Freien, im Schatten von Bäumen, über denen sich die Turmzwiebel wölbt. Danach der Kunstgenuß von St. Lambert.

Anschließend auf einem Steg hinüber zur Kirche von *Bräuhausen.* Von dort rechts haltend in der Nähe des Nordufers nach *Seeon.* Das Freibad befindet sich am südöstlichen Ufer des Klostersees im Ortsbereich von Niederseeon.

Wir radeln an der Kirche links vorbei. Nach 500 Metern an der Straßenkreuzung rechts, nach 150 Metern links und anschließend geradeaus, die Kläranlage passieren, an der Kreuzung oberhalb einem Weiher ebenfalls geradeaus und zu den Höfen von *Apperting.* Dahinter senkt sich die Straße nach *Höllthal,* wo an einem Seitenarm der Alz ein Elektrizitätswerk arbeitet. Das Asphaltsträßchen führt weiter zum Anwesen *Brandl.* Auf Feldwegen die Richtung vorerst noch beibehalten, bald aber links halten und zur *Gartenwirtschaft Stecher* (Donnerstag geschlossen), wo wir den Fährmann zum Übersetzen ans rechte Alzufer bitten.

Vom Anleger muß das Radl über einige Steinstufen hochge-
schultert werden. Auf der flachen Uferterrasse rechts in den Tannenwald und auf schlechtem Fahrweg hinauf zum Hochufer. Dort
rechts haltend zur Straße am nördlichen Ortsrand von *Offling*. Mit
der Straße scharf links – im Norden grüßen die Doppeltürme von
Baumburg – zur Bundesstraße 304. Rechts geht es nach *Stein an
der Traun*, links nach *Altenmarkt*, wo die Auffahrt zur Baumburg
beschildert ist. Sie wird zwar einige Überwindung kosten, doch
lohnt allein schon das urgemütliche Bräustüberl die kurze An-
strengung.

Abschließend geht es auf der Bundesstraße die letzten Kilometer zurück nach *Trostberg*.

56 Das Inntal zwischen Wasserburg und Mühldorf

Verkehrsmöglichkeiten Wasserburg am Inn liegt an der Bundesstraße 304. Von München 56 km. Gute Bahnverbindungen; Bahn-
hof 4 km westlich vom Zentrum.
Tourenlänge 43 km.
Fahrzeit 3 Stunden.
Höhenunterschiede Von Wasserburg (428 m) Steigung über
1 Kilometer zur Höhe des Kellerberges (490 m). Im weiteren Ver-
lauf bis Gars-Bahnhof wellige Strecke; ab Pürten flache Strecke.
Karten 1 : 200 000 Die Generalkarte, Blatt 23.
Anmerkungen Von Mühldorf entweder Rückfahrt auf der glei-
chen Strecke, oder wie bei Tour 81 beschrieben, oder mit der Bahn.
Wissenswertes *Wasserburg* siehe Tour 44.
Ecksberg: Wallfahrtskirche St. Salvator, erbaut von 1684 bis
1686, barock ausgestattet, Rokoko-Kanzel.
Mühldorf: Das Stadtbild wird von der Inntalbauweise geprägt:
Laubengänge, Erker, zinnengekrönte Fassaden, geschlossene
Straßenzeilen. Einst bedeutender Schiffshandelsplatz. Am malerischen Stadtplatz das spätgotische Rathaus. Marktbrunnen von
1692. Stadtpfarrkirche St. Nikolaus, romanischer Turm, spätgotischer Chor. Mühldorf war bis 1803 salzburgisch. Kreismuseum
(Tuchmacherstraße 7) im sogenannten Lodron-Haus (nach Erzbischof Paris Graf Lodron), das 1638 erweitert wurde und als Vor-
ratsmagazin für das Kollegiatstift von St. Nikolaus diente. Bei
Mühldorf wurde 1322 die letzte große Ritterschlacht (ohne Feuerwaffen) auf deutschem Boden geschlagen: Ludwig der Bayer besiegte seinen Gegenkönig Friedrich den Schönen von Österreich.

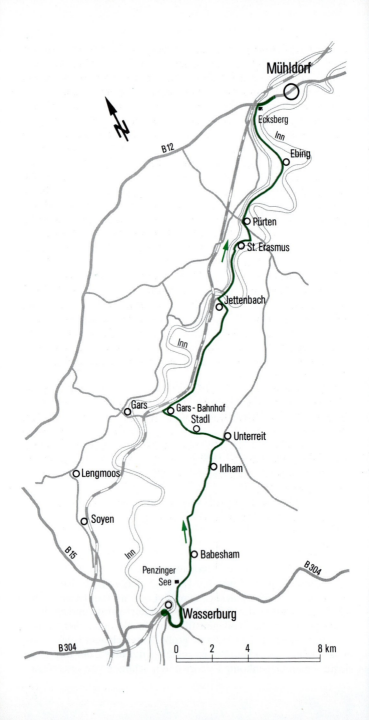

Tourenbeschreibung Aus der Altstadt durch die Bruckgasse zur Innbrücke. Es folgt nun die Steigung der Uferterrasse. Wer das Radl schiebt, nimmt den Fußweg auf der linken Straßenseite. Auf der Höhe belohnt uns die *Gaststätte Kellerberg* durch einen prächtigen Blick über Wasserburg. Etwas später ordnen wir uns links ein in Richtung Kraiburg. Die Straße berührt das Landschaftsschutzgebiet am *Penzinger See* (Freibad). Voraus leitet uns der spitze Kirchturm von *Babesham* mit einem reizenden Maibaum. Vor *Irlham* erstreckt sich rechts unten das Irlhamer Moos (Naturschutzgebiet). Im Südosten zeigt sich der Fernsehturm bei Schnaitsee. An der Straßenkreuzung dicht bei *Unterreit* wenden wir uns links. Über eine Kuppe hinweg in die Ortschaft *Stadl.* Dahinter fällt die Straße ab und läuft, vorbei am Gasthaus Zimmermann, im Inntal aus, wo uns der Ortsteil Gars-Bahnhof erwartet. Von hier ist ein Abstecher möglich (4,5 Kilometer) zum ehemaligen Augustiner-Chorherren-Stift Gars, siehe Tour 81.

Wir halten uns rechts in Richtung Mittergars – Jettenbach. Über den ebenen Talboden radeln wir gemütlich nach *Jettenbach.* Beim Gasthaus Engelhart vor dem Inn links, etwas später rechts über eine Staustufe, danach abermals rechts halten, nun parallel zum Kanal (landwirtschaftlicher Fahrweg) in den Kraiburger Stadtteil *St. Erasmus.* In Richtung Kraiburg nach *Pürten,* wo man unmittelbar nach dem Gasthaus Pürten rechts abzweigt (Tafel: Ebing). Von Wasserburg 29 Kilometer.

Die vorletzte Steigung liegt hinter uns. An der Route folgt die Siedlung *Innthal.* Ein letzter kurzer Aufschwung (16 %) zum Weiler *Rausching.* Anschließend immer geradeaus in die Ortschaft *Ebing* (schöner Blick auf den Inn). Hinter Ebing lädt die nette *Ebinger Alm* zur Einkehr. Damit sind wir in einem prähistorischen Fundgebiet: Kurz darauf zeigt rechts eine Tafel zur Fundstelle eines Dinotherium (elefantengroßes Rüsseltier) am Innufer bei Flußkilometer 112.

Vor *Ecksberg* links zur Bundesstraße 12. Auf ihr rechts und weiter ins historische Zentrum von *Mühldorf.*

57 Salzachtal zwischen Burghausen und Tittmoning

Verkehrsmöglichkeiten Burghausen liegt im Tal der Salzach an der Grenze zu Österreich. Von München 110 km, von Passau 82 km. Bahnhof.

Tourenlänge 33 km.

Fahrzeit 2¹/₂ Stunden.

Höhenunterschiede Wellige bis bergige Strecke.

Karten 1:200000 Die Generalkarte, Blatt 23.

Anmerkungen Für den Grenzüberschritt nach Österreich ist ein Personalausweis oder ein Reisepaß erforderlich.

Wissenswertes *Burghausen.* Die Burg stellt eine der größten derartigen Anlagen in Deutschland, wenn nicht sogar in ganz Europa dar: Längsausdehnung rund 1100 Meter. Heutige Gestalt unter Herzog Georg dem Reichen seit 1480, angesichts der Türkengefahr. Die äußere Burgkapelle St. Hedwig gilt als eine Kostbarkeit spätgotischer Baukunst. Innere Burgkapelle St. Elisabeth aus der späten Romanik. Im 2. Obergeschoß des Palas ist die Gemäldegalerie (unter anderem spätgotische Tafelmalereien) untergebracht. Führer-Broschüre. Geöffnet von April bis Ende November täglich von 9 bis 12 Uhr und von 13 bis 17.30 Uhr, übrige Zeit Dienstag bis Sonntag. Gesondert zugänglich ist das Heimatmuseum in der Burg, geöffnet von Mitte März bis Mitte November zwischen 9 und 17 Uhr. Am Stadtplatz das ehemalige Churbairische Regierungsgebäude mit drei kleinen Giebeltürmchen aus dem 16. Jahrhundert. Schnauferl-Stall (Kapuzinergasse 237) mit Autos und Motorrädern aus der Zeit von 1900 bis 1960.

Raitenhaslach: Ehemalige Zisterzienserklosterkirche, Barockisierung in der 1. Hälfte des 18. Jahrhunderts auf romanischen Umrissen. Meisterhafte Gewölbefresken von Johannes Zick aus Ottobeuren. Grabdenkmäler unter anderem des Ingolstädter Herzogs Ludwig der Gebartete sowie der Landshuter Herzogin Hedwig (siehe auch »Landshuter Hochzeit«). Kirchenführer-Broschüre.

Tittmoning: Uralte Handelsniederlassung an der Salzach. 1234 befestigte der Salzburger Erzbischof Eberhard II. den heutigen Schloßberg. Im sogenannten Prälatenstock und im Getreidehaus des Schlosses ist das Heimatmuseum des Rupertiwinkels untergebracht, geöffnet täglich (außer Donnerstag) zwischen Mai und Ende September, Führungen um 14 Uhr. Über der Schloßkapelle gut erhaltener Wehrgang. Die historische Altstadt breitet sich um die Marktstraße aus, von welcher der Uferberg terrassenförmig ansteigt. »Plätten«-Fahrten auf der Salzach.

0   2   4   8 km

Tourenbeschreibung *Burghausen* wird mit der Bundesstraße 20 salzachaufwärts verlassen. Durch die Tittmoninger Straße, vorbei am ursprünglich spätgotischen Tuffsteinbau der Heiligkreuzkirche. Nach einer Weile steht rechts oberhalb der Straße die 1764 fertiggestellte Wallfahrtskirche Mariae Himmelfahrt. Kurz darauf zweigt links die Straße hinunter nach *Raitenhaslach* ab. Damit ist zwar ein kleiner Umweg mit anschließender Steigung verbunden, doch den lohnen die ehemalige Klosterkirche und – der Biergarten der Klosterwirtschaft.

Dann kommt die versprochene Steigung, knapp 1 Kilometer. Kurz vor der Bundesstraße halblinks in einen Wanderweg (Markierung: roter Punkt auf weißem Grund), der befahrbar ist. Bei einem Haus werden wir schließlich auf die Bundesstraße gezwungen.

Links folgt eine Parkbucht mit eindrucksvollem Tiefblick zur Salzach. Wir kommen an der Gastwirtschaft Pritzl vorüber. Etwas später beschreibt die B 20 eine Linkskurve. Dort biegen wir rechts in einen Feldweg zum Weiler *Wechselberg* ein.

Beim Silo mit der Aufschrift »Awila« zwischen zwei Birken durch in Südostrichtung. Der Feldweg leitet zum Anwesen *Reit*. Am Gehöft rechts vorbei, an der Wegegabel rechts halten mit dem Fahrweg zu einem asphaltierten Sträßchen. Links, bei der kleinen Kapelle rechts und nun immer geradeaus in Richtung des bereits sichtbaren Kirchturmes von *Asten*.

Im Dorf rechts an der Kirche vorbei. An der Straßenteilung links halten (Tafel: Tittmoning). Unsere Route berührt den Ortsrand von Laufing und stößt dann auf die Bundesstraße 20. Die bisherige Richtung wird beibehalten. Rechts liegt in einer feuchten Mulde der Leitgeringer See (Freibad). Nach *Tittmoning* sind es nur noch knappe 3 Kilometer.

Über die *Salzach* und damit über die deutsch-österreichische Grenze. Hinter der Öffnung des Hochwasserdammes wenden wir uns links. Eine Tafel erklärt die Rückfahrt in Richtung Ach – Burghausen und verrät, daß wir noch 13 Kilometer vor uns haben. Vorerst zieht sich die Straße über den Talboden hin, bis die Steigung ansetzt. Etwa 1 Kilometer bergauf zur Höhe von Hadermarkt. Die Linksabzweigung (St. Radegund) bleibt unbeachtet. Bald taucht die Route in den Oberen Weilhartforst ein. Wo er uns freigibt, erscheinen in der Ferne die häßlichen Industrieanlagen nördlich von Burghausen. Sie verschwinden bei der Abfahrt nach *Waghausen*. Nun erfüllt Burghausen das Blickfeld, überragt von den Bastionen der Burg. Mit der ersten Brücke fahren wir zur Grenzstation bzw. über die Salzach nach *Burghausen*.

58   Das Isental zwischen Ampfing und Dorfen

Verkehrsmöglichkeiten   Ampfing liegt etwas abseits (1 km nördlich) der Bundesstraße 12 an der Isen westlich von Mühldorf (5 km). Von München 72 km. Bahnhof.
Tourenlänge   56 km.
Fahrzeit   4 Stunden.
Höhenunterschiede   Bis Schwindegg welliger bis bergiger Streckenverlauf.
Karten   1:200000 Die Generalkarte, Blatt 23.
Anmerkungen   Die Tour kann natürlich auch in Dorfen angetreten werden. Zwischen Ampfing und Dorfen Eisenbahnverbindung.

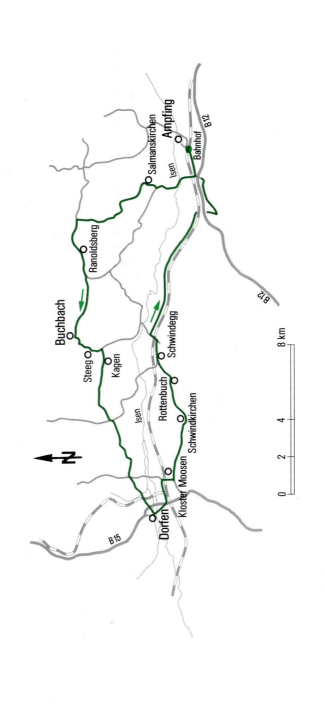

Wissenswertes *Ampfing,* erstmals im 8. Jahrhundert als »Amfinga« urkundlich bezeugt, gehörte bis zum Anfang des 19. Jahrhunderts zur Diözese Salzburg. Zwischen Ampfing und Mühldorf wurde 1332 die letzte große Ritterschlacht (ohne Feuerwaffen) auf deutschem Boden geschlagen: Ludwig der Bayer besiegte seinen Gegenkönig Friedrich den Schönen von Österreich und nahm ihn gefangen.

Buchbach: Pfarrkirche St. Jakob, ein Zentralbau des Salzburgers Wolfgang Hagenauer von 1766, mit dem bereits die Kühle des Klassizismus anklingt; Kirchenführer-Broschüre. Kirchenschlüssel beim Pfarrer oder beim Mesner.

Dorfen siehe Tour 59.

Tourenbeschreibung Vom Bahnhof auf der Münchner Straße ortsauswärts, über die Schienen, anschließend rechts halten, nach einer Weile abermals rechts und erneut über den Bahnkörper. Anschließend über den *Feldlohkanal,* etwas später über das Flüßchen *Isen* und der Kirchturmspitze von *Salmanskirchen* entgegen.

Vorbei am Restaurant Ritterstub'n bergan in Richtung Ranoldsberg. Überall wo man hinschaut, liegen verstreut kleine Dörfer, in den Geländemulden versteckte Weiler, und fast in jedem Flecken eine Kirche. Wir stoßen auf eine Vorfahrtsstraße (10 Kilometer von Ampfing). Links über *Ranoldsberg* in den Markt *Buchbach.*

Wer auf eine Besichtigung der Kirche verzichtet, hält sich links und folgt den Tafeln »Dorfen«. Südlich von *Steeg* wendet sich unsere Route rechts. An der Straße folgen die Häuser von *Kagen.* Schwach südwestwärts gelangen wir durch weitere Kirchdörfer schließlich nach *Dorfen.* Von Ampfing 29 Kilometer.

Vom Zentrum bzw. bei der Apotheke in die Haager Straße und zur Bundesstraße 15. Auf ihr rechts, vor dem Bahnübergang links, am Bahnhof vorbei in die *Siedlung Kloster Moosen.* Dort rechts über die Schienen. Vor dem *Kloster Moosen* (Kinderheim der Armen Schulschwestern), ursprünglich ein Wasserschloß aus dem 17. Jahrhundert, links und bergauf zu einer Querstraße, mit der wir links fahren nach *Schwindkirchen.* Rechts an der Kirche vorüber und erneute Steigung. Ab *Rottenbuch* senkt sich die Straße ins Tal des Rimbaches, wo uns *Schwindegg* erwartet. Im Ort rechts, an der Straßengabel nochmals rechts und über den Rimbach. Rechts das Wasserschloß mit seinen vier achteckigen Ecktürmchen und dem quadratischen Torbau – das besterhaltene Renaissancebauwerk weit und breit, einst Mittelpunkt einer altbayerischen Hofmark.

Weiter in Richtung Wörth. Hinter dem Bahnkörper rechts und nun eine Zeitlang parallel zu den Schienen. Nach *Söllerstadt* rechts durch die Unterführung der Bundesstraße, dann links, und nach

1,5 Kilometern wieder links zur Münchner Straße, die uns zum Ausgangspunkt zurückleitet.

59 Von Dorfen in den Isengau

Verkehrsmöglichkeiten Dorfen liegt ungefähr halbwegs zwischen Landshut (35 km) und Wasserburg (30 km) an der Bundesstraße 15 bzw. 19 km östlich von Erding. Bahnhof.
Tourenlänge 36 km.
Fahrzeit 3 Stunden.
Höhenunterschiede Durchwegs wellige Strecke mit Steigungen aus den jeweiligen Tälern zwischen 50 und 80 Höhenmetern.
Karten 1 : 200 000 Die Generalkarte, Blatt 23.
Wissenswertes *Dorfen:* Um 1230 durch die Wittelsbacher gegründet, früher (bis 1910) namhafter Wallfahrtsort mit sieben Brauereien und 30 Wirtschaften (bei 3000 Einwohnern), altbayerisches Ortsbild um den typischen Straßenmarkt, seit 1954 Stadt. Nördlich der Altstadt auf dem Hochufer die Pfarr- und Wallfahrtskirche Maria-Dorfen aus dem späten 18. Jahrhundert, Wandpfeileranlage, eingezogener Chor auf spätgotischen Grundmauern. Deckenfresken (Bilder aus dem Leben Marias), gotisches Gnadenbild der thronenden Muttergottes.

Isengau, altbayerischer Gau, Kernland der Fagana, die neben den Agilolfingern, Huosi, Hahilinga, Drozza und Annioma zu den ersten bayerischen Adelsgeschlechtern gehörten.

Isen: Klostergründung im Jahre 748 durch den Freisinger Bischof Joseph. Um 1180/90 entstand die dreischiffige romanische Pfeilerbasilika – »Klein-Freising« – in Anlehnung an den Freisinger Dom. Die äußerlich schmucklose Kirche wurde dem Hl. Zeno, von 362 bis 372 Bischof zu Verona und Sippenheiliger der Fagana, geweiht. Kirchenführer-Broschüre.

St. Wolfgang, ehemals Kollegiats-Stiftskirche, heute Pfarrkirche, 1484 geweiht. Vor dem spätgotischen Altar eine »Schmerzhafte Muttergottes« von Johann Baptist Straub. In der angebauten Brunnenkapelle aus dem 15. Jahrhundert soll sich der Legende nach durch den Hl. Bischof Wolfgang von Regensburg (924–995) ein Quellwunder ereignet haben. Sie wurde im 18. Jahrhundert barock ausgestattet; im Rokokoaltar eine Wolfgangs-Figur aus der 2. Hälfte des 15. Jahrhunderts.
Tourenbeschreibung Die Einkehr im traditionsreichen Braureigasthof im Bräuwinkel aus dem 16. Jahrhundert stellen wir an den Schluß der Tour, das heißt wir fahren von Dorfen ab der

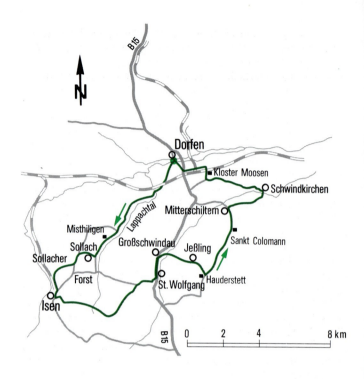

Marktkirche St. Vitus zum Isener Tor aus der 1. Hälfte des 16. Jahrhunderts (Neubau 1929). Südwestwärts (Tafel: Isen) aus der Stadt, vorbei an der Isener Siedlung zur Eisenbahnunterführung. Nach der Brücke über die Lappach links halten, an der Straßengabel rechts und bergan. Haidvocking bleibt rechts liegen. Die Straße senkt sich wieder ins *Lappachtal* und führt taleinwärts, und zwar auf der orographisch linken Seite. Nach einer Weile stehen rechts die Häuser von *Misthiligen.* Anschließend noch 600 Meter im Tal, dann rechts ab auf einem Fahrweg hinauf zu den Höfen von *Sollach* und auf breitem Weg zum Rand des *Sollacher Forstes.* Links in den Wald, an der Gabelung rechts halten. Über eine Lichtung mit einem Einzelgehöft und wieder in den Wald. Nach 300 Metern an der Kreuzung rechts in ein Forststräßchen. Es senkt sich am Rand eines Tälchens zu den Häusern von *Kuglstadt.* Links haltend durch das Wiesental zur *Feldstraße,* die in die *Lengdorfer Straße* mündet. Vom ehemaligen Bahnhof über die Schienen und aufwärts in den Marktflecken *Isen.* Von Dorfen 11 Kilometer.

In der Folge wieder hinunter zum Bahnübergang. Unmittelbar danach rechts und in Höhe des großen Lagerhauses links in die *Ranischbergstraße.* Aufwärts zur St.-Josefs-Kapelle (Barockaltar, verschlossen); unterhalb der Kapelle ist eine Lourdes-Grotte.

Nun wendet sich unsere Route links (ADAC-Rundweg), passiert einen Fischweiher und setzt sich über die Höhe des Ranischberges fort in den Sollacher Forst. Halblinks auf breitem Weg, vor Bienenstöcken rechts und zur Kreuzung der Waldstraßen mit einem kleinen Bildstock von 1926. Geradeaus weiter. Bald wendet sich der Fahrweg rechts und führt ins idyllische *Lappachtal.* Auch hier an der Wegekreuzung geradeaus im Gegenanstieg in den Wald Tann, wo man auf einen quer verlaufenden Fahrweg stößt. Mit ihm links, an einem Kreuz vorbei zum Anwesen *Stangl.* Wir sind wieder auf freiem Wiesenland und fahren hinunter nach *St. Wolfgang* im Tal des Feuerbaches.

Auf der Straße talauswärts. Ungefähr 1 Kilometer nach der Kirche halbrechts ab zur Kirche von *Großschwindau,* dort über den Feuerbach und an der Straßengabel links. Die Steigung bringt uns durch ein Waldstück nach *Jeßling.* Dahinter ist die Steigung vorerst zu Ende. Beim Hof *Hauderstett* stößt man auf eine Querstraße. Links, an der Straßenteilung abermals links halten und über die Höhen von Gatterberg zum Kirchlein *Sankt Colomann,* das rechts einige Schritte abseits der Straße steht. Von der Anhöhe bieten sich schöne Ausblicke über das Isental nach Dorfen mit seinen drei herausragenden Kirchtürmen.

Abwärts zu den Häusern von *Mitterschiltern.* Von dort rechts über *Unterschiltern* nach *Schwindkirchen* am nördlichen Ufer der Goldach. Vor der Kirche links, nach 100 Metern erneut links und bei der Straßengabelung halbrechts, durch *Straß* zu einer weiteren Straßengabel. Rechts, bei *Wampeltsham* links und zum *Kloster Moosen* (Kinderheim der Armen Schulschwestern) in einem viergeschossigen ehemaligen Wasserschloß mit einem Walmdach aus dem 17. Jahrhundert. Nördlich der Anlage zum Bahnübergang und zu den Häusern der *Siedlung Kloster Moosen.* Links, am Bahnhof vorbei zur Bundesstraße 15. Auf ihr rechts, bis halblinks eine Tafel in die Altstadt weist.

60 Um Bad Füssing

Verkehrsmöglichkeiten Bad Füssing liegt 38 km südlich von Passau abseits der Bundesstraße 12 nahe dem Inn bzw. der österreichischen Grenze.

Tourenlänge 32 km.

Fahrzeit 2¹/₂ Stunden.

Höhenunterschiede Hinter der Bundesstraße 12 welliger Verlauf.

Karten 1:50000 Fritsch Wanderkarte, Blatt 73.

Anmerkungen Die örtlichen, mit Nummern versehenen Radwege sind aus der genannten Karte zu ersehen. Fahrradverleih: Egginger (Pockinger Straße), Tel. 2461; Uttenthaler (Inntalstraße 46), Tel. 2526; Zwicklbauer (Birkenweg 13), Tel. 2754; Haus Elsa (Ortsteil Würding), Tel. 2072; Reitmeier (Ortsteil Egglfing), Tel. (08537) 286.

Wissenswertes *Bad Füssing:* Badeort mit drei heißen, schwefelhaltigen Mineralquellen; Quelltemperatur 56 Grad aus einer Tiefe von rund 1000 Metern. Freizeitpark (nachts beleuchtet), Kurpark mit Pavillon, Rosen- und Kräutergarten (nachts beleuchtet).

Aigen: Wallfahrtskirche Mariae Himmelfahrt zu St. Leonhard. Neben Inchenhofen (siehe Tour 4) die älteste bayerische Leonhardiwallfahrt, begründet durch eine Schnitzfigur des Hl. Leonhard, die der Inn im 13. Jahrhundert bei Aigen ans Ufer schwemmte; zahlreiche Votivgaben.

Rotthalmünster, hervorgegangen aus einer klösterlichen Ansiedlung des ausgehenden 8. Jahrhunderts. Pfarrkirche Mariae Himmelfahrt, spätgotische (1452) Basilika mit drei Schiffen. Beachtenswertes sogenanntes »Portalstöckl« als Rest der Friedhofsbefestigung; die überdeckte Freitreppe führte zum Wehrgang.

Tourenbeschreibung Als »Startplatz« wird die Kurverwaltung (Informationszentrum) vorgeschlagen. Zunächst vorbei an der Therme II am Hotel Bayerischer Hof bzw. durch die Kurallee ortsauswärts. Nach 700 Metern links in die *Hochrainstraße.* Der Komplex von Johannesbad (Thermalquelle) bleibt zurück. Links erstreckt sich der Wald eines Landschaftsschutzgebietes. Wir passieren die Hochhäuser von *Aichmühle.*

Im Füssinger Ortsteil *Würding* radeln wir an der stattlichen Gaststätte Würdinger Hof vorüber und halten uns auf den Spitzturm der Pfarrkirche zu. Vor der Kirche rechts in die Metzgerstraße, dann erneut rechts und kurz darauf links, über einen Bachlauf und zu den Inn-Auen, wo man auf den (insgesamt etwa 250 Kilometer langen) Inntal-Wanderweg von Passau nach Rosenheim stößt; Markierung roter senkrechter Balken auf weißem Feld.

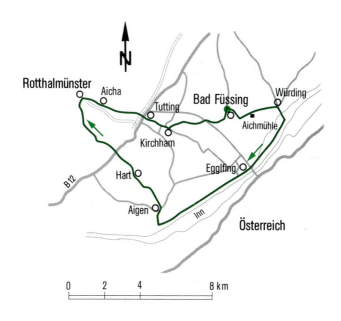

Nun mit dem örtlichen Radwanderweg 1 flußaufwärts durch die Landschafts- und Vogelschutzgebiete der Auen, etwa 9 Kilometer, dann wenden wir uns rechts vom Inn ab. Mit dem Dammweg zur Bauerngasse in *Aigen.* Auf ihr rechts zur Herrenstraße, in der die Pfarrkirche St. Stephan mit ihrer Zwiebelhaube steht. Im ehemaligen bischöflichen Zehntstadel aus dem 15. Jahrhundert ist eine Gaststätte untergebracht.

Durch die Leonhardistraße zur gleichnamigen Kirche. Anschließend auf dem Radwanderweg 11 und damit auf der Harter Straße in den Riedenburger Wald und in die Ortschaft *Hart.* Geradeaus zur Bundesstraße 12. Auf der anderen Seite weiter in das 4 Kilometer entfernte *Rotthalmünster.*

Über den ansehnlichen Straßenmarkt zur Kirche. In der Folge durch die Passauer Straße, beim Postamt über die Schienen, worauf uns rechts ein Fuß- und Radweg übernimmt, der aber leider in *Aicha* schon endet. Nun auf der Straße, zum Schluß bergab zur Bundesstraße 12 in *Tutting.*

Kurz rechts, gegenüber dem Gasthof links in Richtung Kirchham (Tafel). In *Kirchham* nach der Kirche, die etwas links liegen bleibt, links halten zur Verbindungsstraße B 12 – Grenze. Auf ihr 200 Meter rechts, dann abermals links halten, am Kößlarner Bach entlang, zur Kreuzung der Münchner Straße. Links zur Thermalbadstraße. Nach dem Hotel Füssinger Hof (Nr. 9) rechts in die Kurallee und zum Ausgangsplatz.

61   Von Bad Füssing in die Pöckinger Heide

Verkehrsmöglichkeiten   Bad Füssing liegt 38 km südlich von Passau abseits der Bundesstraße 12 nahe dem Inn bzw. der österreichischen Grenze.
Tourenlänge   15 km.
Fahrzeit   1 Stunde.
Höhenunterschiede   Keine.
Karten   1 : 50 000 Fritsch Wanderkarte, Blatt 73.
Anmerkungen   Siehe Tour 60.
Wissenswertes   *Bad Füssing* siehe Tour 60.
Tourenbeschreibung   Wie bei vorstehend beschriebener Radwanderung 3 Kilometer in den Füssinger Ortsteil *Würding.* Dort auf der Unteren Inntalstraße links an der Kirche vorbei. Kurz danach halbrechts mit dem örtlichen Radwanderweg 2 (auf gelben Täfelchen) in die Gögginger Straße.

Am Ortsanfang von Gögging biegen wir links in die *Marstaller Straße* ein und sind auf der Radlroute 3, an die man sich nun eine Zeitlang hält: Auf der nächsten Querstraße 50 Meter links, dann rechts und zum *Thaler Wald,* einem Landschaftsschutzgebiet, wo die Route nicht mehr asphaltiert ist. Etwas später an der Wegegabel links halten. Nach dem Verlassen des Waldes erscheinen halbrechts die Häuser von Thalau. An der Wegeteilung abermals links halten. Durch ein Waldstück zu einer Asphaltstraße bei einem Weiher. Rechts (1 Kilometer) zu den Häusern von *Pram.*

Gegenüber dem Gasthof links und durch die *Pöckinger Heide* zur nächsten Straßenkreuzung. Und wieder schwenken wir links ein. Im Weiler *Haidzing* schwach links halten. Man stößt auf eine Querstraße. Rechts, nach 50 Metern links. Wir sind im *Naturpark Bad Füssing.* In *Zwicklarn* am Wiesenhof vorbei, beim Gästehaus am Waldrand rechts und entlang einem Laubwaldstreifen. Nacheinander zwei Querstraßen kreuzend, erreichen wir die Kurzone. Vor dem Parkhotel links in die Straße Promenade und zurück zur *Kurverwaltung.*

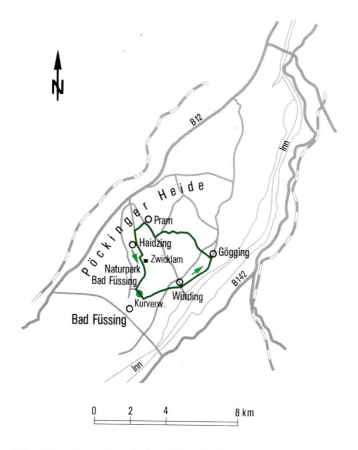

62 Das Rottal zwischen Birnbach und Pfarrkirchen

Verkehrsmöglichkeiten Birnbach breitet sich an der Bundesstraße 388 aus. Von München 136 km, von Passau 47 km, von Regensburg 120 km. Bahnhof.
Tourenlänge 25 km.
Fahrzeit 1¹/₂ Stunden.
Höhenunterschiede Unwesentlich.
Karten 1 : 200 000 Die Generalkarte, Blatt 23.
Anmerkungen Von Pfarrkirchen Rückfahrt mit der Eisenbahn möglich. Fahrradverleih in Birnbach im Reisebüro D. Makat am Neuen Markt, Tel. (0 85 63) 7 03.

Wissenswertes *Birnbach:* Erholungsort und Thermalbad. Pfarrkirche Mariae Himmelfahrt, ursprünglich von 1465; Seitenkapelle (Rokokostuck) 1734 durch Franz Caspar Freiherr von Schmid erbaut, im Altar einst der Reliquienschrein des Hl. Chrysant.

Schwaibach: Kirche St. Peter und Paul, gotische Anlage, Hochaltar im Stil des Rokoko.

Postmünster: Pfarrkirche St. Benedikt aus spätgotischer Zeit, Langhaus aus dem frühen 16. Jahrhundert, gotische Fresken. Hustenmutterkapelle, 1748 erbautes Wallfahrtskirchlein, Zentralbau mit kleeblattförmigem Grundriß, früher Rokokostuck, spätgotische Schnitzfiguren.

Pfarrkirchen: Kreisstadt mit gut erhaltenen Befestigungsanlagen aus der Mitte des 16. Jahrhunderts. Stadtanlage in typischer Inntalbauweise, Häuserzeilen mit Blendfassaden und Grabendächern. Das Alte Rathaus kennzeichnet den Übergangsstil von der Spätgotik zur Frührenaissance, an der Fassade ein großes Stuckwappen des bayerischen Kurfürsten Karl Theodor von 1787. Auf dem Stadtplatz Bronzeplastik eines Pferdes (»Wimmer-Roß«) des gebürtigen Pfarrkirchener Professors Hans Wimmer von 1966. Stadtpfarrkirche auf romanischen Grundmauern, dreischiffige Basilika aus spätgotischer Zeit (um 1500), moderner Altarraum (1971–1973) an der Stelle des gotischen Ostchores. Rottaler Heimathaus (im Alten Rathaus), geöffnet von April bis Ende Oktober Mittwoch und Freitag von 14 bis 17 Uhr, am letzten Sonntag jeden Monats von 10 bis 12 Uhr. Von den prächtigen Renaissancebauten mit ihren malerischen Laubengängen auf der Hofseite ist unter anderem der Münchner Hof (Gasthaus) in der Lindnerstraße 14 hervorzuheben; eigenwillige Häuserreihen in der Simbacher Straße sowie in der Pfleggasse. Nördlich der Altstadt auf einer Anhöhe (Gartlberg) die 1688 geweihte Wallfahrtskirche, Hochaltar mit dem Gnadenbild der Schmerzhaften Muttergottes.

Tourenbeschreibung Die Durchgangsstraße von Birnbach, die Pfarrkirchner Straße, wird am westlichen Ortsrand in Richtung Rottal Terme (Wegweiser) durch die Prof.-Drexel-Straße verlassen. Nach dem Kurhotel Hofmark links von der Straße ab und zur *Rott.* Anschließend rechts in Richtung Anzenkirchen, geleitet von den gelben Täfelchen des Radwanderweges.

Nach *Schwaibach* das Gasthaus Schwaiberl passieren sowie die Kirche mit ihrem gedrungenen Turm, und auf der Schwaibacher Straße zum Gasthaus Birnbacher Hof. Dort rechts, kurz darauf links (Richtung Untergrasensee) weiter in westlicher Richtung. Halbrechts vorne haben wir Pfarrkirchen im Blickfeld. Unsere Route berührt den südlichen Stadtrand. An der Straßenkreuzung zeigen die gelben Täfelchen geradeaus.

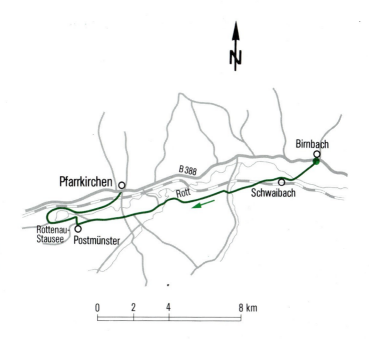

Wir kommen nach *Postmünster;* von Birnbach 15 Kilometer. An
der Rottbrücke über die Kreuzung. Jenseits noch etwa 700 Meter
auf der Straße, worauf sie rechts verlassen wird in Richtung *Rotte-
nau-Stausee.* Am Sportplatz vorbei und noch ein Stück die Westrichtung beibehalten, bis rechts eine Brücke über die Rott leitet.
Gleich danach wieder rechts auf einem Wanderweg in der Nähe des
Flüßchens entlang. Anschließend am nördlichen Ufer des Sees.
Das Freibad bleibt zurück. Am Ostufer rechts, vor der Rott links
über den Gambach, etwas später rechts an das Ufer der Rott. Wer
Lust hat, sieht sich die *Hustenmutterkapelle* an. Im Vorblick grüßt
die Wallfahrtskirche auf dem Gartlberg über Pfarrkirchen. Das ist
unsere Richtung! Vor der *Trabrennbahn* (älteste Bayerns) links
und nach *Pfarrkirchen.*

63 Von Eggenfelden zum Niederbayerischen Bauernhofmuseum

Verkehrsmöglichkeiten Eggenfelden wird von der Bundesstraße 388 berührt und gehört zum Rottal-Innkreis. Bahnhof. Von München 112 km, von Straubing 62 km, von Altötting 25 km.

Tourenlänge 27 km.

Fahrzeit 2 Stunden.

Höhenunterschiede Unwesentlich.

Karten 1:200000 Die Generalkarte, Blatt 23.

Wissenswertes *Eggenfelden* erhielt um 1328 Marktrechte. In der 2. Hälfte des 14. Jahrhunderts durch Veranlassung von Herzog Stephan II. von Niederbayern (gegen Steuererlaß) ummauert. Seit 1901 Stadt, neben Pfarrkirchen die bedeutendste Stadt im Rottal. Pfarrkirche St. Nikolaus und Stephan, ein spätgotischer Hallenbau; in der 1. südlichen Kapelle das beachtenswerte, lebensgroße Schnitzwerk »Marien-Krönung« aus der Zeit um 1500. Heimathaus am Grabmeiertor (Fischbrunnenplatz 89), Besichtigung nach Vereinbarung, Tel. (08721) 3011.

Massing: Niederbayerisches Bauernhofmuseum, 1969 eröffnet, ständige Erweiterung. Bau- und Wohnkultur aus fünf Jahrhunderten aus dem Regierungsbezirk Niederbayern südlich der Donau; Handwerksgeräte, Ausstellungen. Geöffnet von Dienstag bis Freitag von 10 bis 12 Uhr und von 14 bis 18 Uhr, Samstag und Sonntag zwischen 14 und 18 Uhr.

Tourenbeschreibung Vom *Bahnhof Eggenfelden* westwärts, dann links bergab und anschließend rechts. Nach einiger Zeit nicht auf die B 388 überwechseln, sondern rechts von ihr parallel zur Bahnlinie nach *Haldsessen,* einem Stadtteil von Eggenfelden.

An der Straßenkreuzung (vor der Gaststätte Friedlmeier) links, ein zweites Mal über den Bahnkörper, danach die Bundesstraße kreuzen und zum Sportplatz. In *Neuaich* übernimmt uns wieder eine asphaltierte Straße. Rechts in Richtung der Nadelspitze des Kirchturmes von *Unterdietfurt.* Dort geradeaus über die Kreuzung, vorbei am Gasthof Huber. Oberdietfurt mit seinem Treppengiebelturm bleibt rechts liegen.

In *Massing* zeigen Tafeln zum Bauernhofmuseum: Über den hübschen Straßenmarkt, am Gasthof Fischbräu links vorbei, wenig später rechts, über die Gleise und zum nahen *Bauernhofmuseum.* Von Eggenfelden 13 Kilometer.

Bei der Rückfahrt bleiben wir bis *Neuaich* auf dem Herweg. In Neuaich geradeaus, ebenfalls an der Straßenkreuzung von *Moosham.* Von hier sind es dann nur noch knapp 6 Kilometer bis *Eggenfelden,* wo wir jetzt auch die Altstadt kennenlernen, am maleri-

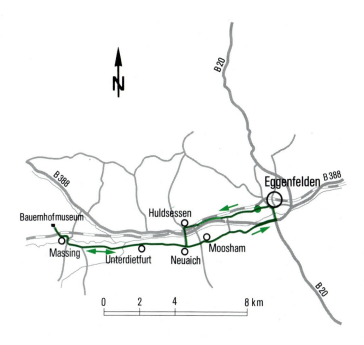

schen Grabmeiertor die Grünphase der Ampel abwarten, und
schließlich von Wegweisern zum Bahnhof zurückgeleitet werden.

64 In den Vilstälern

Verkehrsmöglichkeiten Ausgangsort ist Vilsbiburg im Tal der
Großen Vils an der Kreuzung der Bundesstraßen 299 und 388.
Von Landshut 19 km, von Taufkirchen 23 km. Bahnhof.
Tourenlänge 42 km.
Fahrzeit 2¹/₂ Stunden.
Höhenunterschiede Auf der Rückfahrt von Geisenhausen bzw.
vom Tal der Kleinen Vils wellige Strecke zur Großen Vils.
Karten 1 : 200 000 Die Generalkarte, Blatt 23.
Anmerkungen Von Geisenhausen auch Rückfahrt mit der Bahn.
Wissenswertes *Vilsbiburg* wird um 950 erstmals als »Pipurch«
erwähnt, was auf eine vorchristliche Wallburg schließen läßt. An-
sehnlicher Stadtplatz, in seiner Substanz aus dem 15. Jahrhundert,

im Osten abgeschlossen durch das Obere Tor. Spätgotische Stadtpfarrkirche Mariae Himmelfahrt, Hallenbau mit Seitenkapellen. Heimatmuseum (Stadtplatz 40), unter anderem eine Sammlung Kröninger Hafnerware, geöffnet zwischen Mai und November am Sonntag von 10 bis 11.30 Uhr, sowie jeden 1. Samstag im Monat von 14 bis 16 Uhr.

Kröning, Hügellandschaft nördlich von Vilsbiburg in Richtung Dingolfing, einst bayerisches Zentrum des Hafnerhandwerkes: 1800 etwa 70 Werkstätten in 30 Orten, 1850 noch 57 Werkstätten in 26 Orten; durch die Einführung von keramischer Fabrikware starb das alte Handwerk um 1925 aus.

Gerzen, im späten 9. Jahrhundert erstmals bezeugt, Marktrechte ab 1300. Renaissanceschloß durch Graf von Seyboldsdorf erbaut (1560–1562), später (1833) Besitz des damaligen Staatsministers Maximilian Graf von Montgelas. Schloßpark (unter Naturschutz) im späten 19. Jahrhundert angelegt. Pfarrkirche auf romanischen Grundmauern, unter anderem ein Epitaph des letzten Ritters (Alexander von Leberskirchen, gestorben 1521) von Lichtenhaag.

Geisenhausen, als »Kisinhusa« um 1000 erwähnt, seit 1386 bayerisch, seit 1453 Marktrechte. Teilweise noch Häuser mit Grabendächern in typischer Inn-Salzach-Bauweise. Pfarrkirche St. Martin als Beispiel der Backsteingotik der Landshuter Dombauhütte.

Tourenbeschreibung Vom langgestreckten Stadtplatz durch das Obere Tor (links davon der Spitalturm) zur Vilsbrücke. An der folgenden Straßenkreuzung links. Anschließend nicht links halten, sondern geradeaus durch die Frauensattlinger Straße. Erst nach dem Haus Nr. 19 wenden wir uns halblinks und kommen an die Große Vils heran. Vorbei an der ehemaligen Derndlmühle radeln wir talabwärts. Die grünen Täfelchen des Radwanderweges bzw. ihre Pfeile zeigen die Richtung an.

In *Leberskirchen* am Gasthof zur Linde (Biergarten) unmittelbar rechts vorbei. Und nicht ganz 10 Kilometer nach Vilsbiburg wenden wir uns links und kommen in den Ort *Gerzen.* Vor dem Hofmarkplatz mit der Durchgangsstraße links wenden und nun etwa 2 Kilometer auf der Bundesstraße 388, bis rechts die Straße in Richtung Geisenhausen (Tafel) abzweigt. Das Tal der Kleinen Vils nimmt uns auf. Links grüßt vom Höhenrücken das ursprünglich im 15. Jahrhundert erbaute Schloß von Lichtenhaag. Das Flüßchen schlängelt sich durch die Talwiesen. Nach einiger Zeit tritt der Spitzturm des tausendjährigen *Geisenhausen* ins Blickfeld. Von Vilsbiburg 24 Kilometer.

Im Ort links, vorbei am neuen Rathaus zur Brücke über die Kleine Vils. Nun nicht links auf der kürzesten Strecke nach Vilsbi-

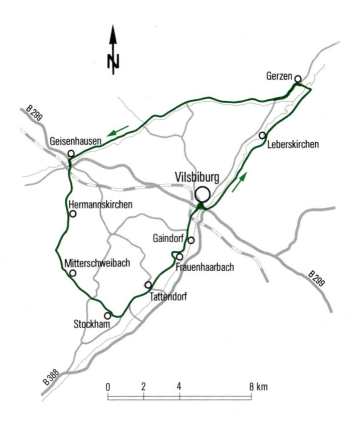

burg, sondern halbrechts davon bergauf nach *Hermannskirchen.*
An der Straßengabel geradeaus, die Kirche links lassend, an den
Häusern von Neutenkam vorbei und im Tannenwald bei der Stra-
ßenenteilung links halten auf dem beschilderten Radwanderweg. Wir
passieren *Mitterschweibach* und fahren geradeaus in das Dorf
Stockham. Dort links zur Talstraße. Auf ihr abermals links. Wir be-
rühren *Tattendorf,* müssen hinter *Frauenhaarbach* ein Seitentäl-
chen ausfahren und kommen nach *Gaindorf* an der Großen Vils.
Die Geschichte der Pfarrkirche reicht bis ins 14. Jahrhundert zurück.

An der Straße folgt eine um 1900 errichtete Kapelle im Schatten
einer jahrhundertealten Weide. Jetzt dauert es nicht mehr lange,
bis wir in *Vilsbiburg* eintreffen.

65 Von Moosburg ins Holzland

Verkehrsmöglichkeiten Moosburg liegt halbwegs (18 km) zwischen Freising und Landshut an der Bundesstraße 11. Bahnhof.
Tourenlänge 54 km.
Fahrzeit 3¹/₂ bis 4 Stunden.
Höhenunterschiede Im Holzland welliger Streckenverlauf, ansonsten Flachland.
Karten 1:200000 Die Generalkarte, Blatt 23.
Wissenswertes *Moosburg.* Wie schon der Name ausdrückt, entstand die Stadt im Moos, auf einer Anhöhe zwischen Amper und Isar. Der »Plan« (Stadtplatz) sowie einige andere marktbreite Straßen stehen unter Denkmalschutz zur Erhaltung des reizvollen Stadtbildes mit einigen spätgotischen Häusern (zum Beispiel Rathaus). Ehemalige Stiftskirche St. Kastulus (Kämmerer des römischen Kaisers Diokletian, als Märtyrer lebend begraben), flachgedeckte Pfeilerbasilika aus der 2. Hälfte des 12. Jahrhunderts, Chorumbau 1468, eichenes Chorgestühl aus der Zeit um 1485, großartiges Kruzifix des Landshuter Hans Leinberger, von dem auch der Hochaltar (1513) stammt; Kirchenführer-Broschüre. Die Johanniskirche (westlich der Stiftskirche) soll nicht belegten Überlieferungen nach älter als St. Kastulus sein, heutiger Bau der dreischiffigen Basilika von 1347. Heimatmuseum (Kastulusplatz), geöffnet jeden Sonn- und Feiertag von 10 bis 12 Uhr sowie nach Vereinbarung, Tel. (08761) 309.
Stünzbach: Im Weiler steht ein sehenswertes Wohnstallhaus des 18. Jahrhunderts. Über dem Obergeschoß, einem Holz-Blockbau mit Trauf- und Giebelschrot, ein Halbwalmdach.
Wartenberg: Einst Burgplatz Wittelsbacher Pfalzgrafen. Die Linie der Grafen von Wartenberg (hervorgegangen aus der Ehe von Herzog Ferdinand mit der Münchner Beamtentochter Maria Pettenbeck) erlosch 1736. In der Kapelle St. Nikolaus ein Tympanon (Löwe und Schlange neben einem Schirmbaum) aus dem frühen 13. Jahrhundert.
Tourenbeschreibung Aus der Altstadt ostwärts zur Bundesstraße 11. Auf ihr links über die Isar. Etwa 500 Meter nach der Brücke rechts ab, an der Straßengabel links zur Mittleren Isar (Kanal). In *Aich* hält man sich links und stößt wenig später auf eine Querstraße. Rechts, unter der Hochspannungsleitung links und durch ein stilles Tälchen nach *Stünzbach* mit seinem bemerkenswerten Wohnstallhaus.
Rechts über den Stünzbach. Anschließend links haltend zum beschilderten Radwanderweg, der links durch ein Waldstück nach

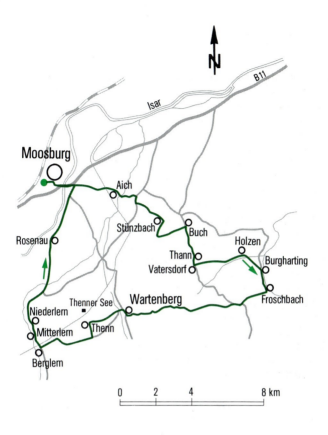

Buch leitet. Dort rechts in die Ortschaft *Thann*. Geradeaus über die Straßenkreuzung, in *Vatersdorf* links ab mit den grünen Täfelchen, über den Aichbach und am Anwesen Sochenberg vorüber. Beim Gehöft mit dem für Niederbayern eigenartigen Namen *England* setzt sich die Route schwach links haltend auf einem Feldweg fort zum Kirchlein von *Holzen.* Daran links vorbei, an der folgenden Wegegabel rechts, über die junge Kleine Vils, das Anwesen Rothenkasten passieren und nach *Burgharting* mit einer barocken Pfarrkirche.

Auf der Durchgangsstraße (vor der Kirche) rechts, nach den Häusern von *Froschbach* abermals rechts halten und am Froschbach entlang. Nun immer westwärts, den Tafeln folgend, die nach *Wartenberg* zeigen, wo uns das Holzland in Form einer rasanten Abfahrt freigibt. Von Moosburg 35 Kilometer.

Rechts ins Zentrum der einstigen Zollstätte. Beim Krieger-Ehrenmal links und anschließend geradeaus zu den Häusern von *Thenn*. An heißen Tagen lohnt sich rechts der Abstecher zu den Badeplätzen am nahen Thenner See jenseits des Isarkanals.

Unser nächstes Ziel heißt *Berglern*. Dort rechts, nun über den Isarkanal (Mittlere Isar) und durch *Mitterlern* nach *Niederlern,* wo ein Bauer die Rückwand seines Stadels mit den Bildern der 12 Apostel geschmückt hat.

Weiter durch den nördlichen Teil des Erdinger Mooses, über die Semptbrücke und am Rand der Isarauen durch die *Rosenau* (Gasthof) zurück nach *Moosburg.*

66   Wo die Wittelsbacher herkamen

Verkehrsmöglichkeiten   Ausgangsort ist Pfaffenhofen an der Ilm an der Bundesstraße 13, nördlich (47 km) von München bzw. südlich von Ingolstadt (32 km). Bahnhof.
Tourenlänge   28 km.
Fahrzeit   2 Stunden.
Höhenunterschiede   Überwiegend wellige Strecke.
Karten   1:200000 Die Generalkarte, Blatt 22.
Wissenswertes   *Pfaffenhofen:* Die »Pfaffenhöfe« des Klosters Ilmmünster, die erstmals im 8. Jahrhundert bezeugt sind, lagen etwa 1 Kilometer nördlich (bei Altenstadt) des heutigen Pfaffenhofen, das seine Gründung um 1200 dem Kelheimer Herzog Ludwig verdankt, Stadtrechte seit 1318. Im Kern typischer bayerischer Marktort, Reste der Stadtbefestigung. Heimatmuseum im Mesnerhaus (Scheyerer Straße 5), geöffnet am Samstag von 11 bis 17 Uhr. Pfarrkirche St. Johann Baptist, um 1400 erbaut, in den siebziger Jahren des 17. Jahrhunderts gewölbt, Stuck des Wessobrunners Matthäus Schmuzer.

Scheyern: Die Grafen von Scheyern, Blutserben der Luitpoldinger, des im 10. Jahrhundert in Bayern dominierenden Geschlechtes, gaben um 1115 ihren Sitz auf dem Berg von Scheyern auf und zogen auf eine Höhe über dem Paartal bei Aichach, nach »Witilinesbach« (siehe Tour 3). Daraus wurden die Wittelsbacher, die von 1180 (Otto I. wird Herzog von Bayern) bis 1918 (Ludwig III. dankt ab) als Dynastie herrschten. Scheyern ist seit 1843 wieder Benediktiner-Abtei. Klosterkirche, dreischiffige Basilika, im frühen 13. Jahrhundert geweiht, in der 2. Hälfte des 18. Jahrhunderts unter Abt Gregor Kimpfler im Stil des späten Rokoko umgestaltet. Im Tabernakel der Heiligkreuzkapelle das »Scheyerner Kreuz«

mit einem Partikel vom Kreuz Christi in einer goldgeschmiedeten Monstranz. Außerdem Johanneskapelle, Königskapelle; siehe Kirchenführer-Broschüre. Öffnungszeiten der Kirche täglich von 7 bis 12 Uhr und von 14 bis 19 Uhr.

Keltenschanze: In Bayern sind mehr als 150 derartige Anlagen registriert: keltische Kultstätten aus der Spät-La-Tène-Zeit (vier Jahrhunderte v. Chr.). In einem Schacht wurden tierische Organe geopfert. In späteren Notzeiten zogen sich die Landleute vor feindlichen Eindringlingen in die Schanzen zurück.

Ilmmünster: Kloster von Tegernseer Benediktinern, 762 gegründet, 1492 aufgehoben; von 1437 bis 1455 war Nicolaus Cusanus Propst von Ilmmünster. Die ehemalige Kollegiatsstiftskirche stellt ein Zwischending von Münster und Dorfkirche dar, dreischiffige, ursprünglich flachgedeckte Pfeilerbasilika aus der 1. Hälfte des 13. Jahrhunderts. Kirchenführer-Broschüre.

Tourenbeschreibung Vom Bahnhof in *Pfaffenhofen* fahren wir parallel zu den Schienen 1 Kilometer südwärts bis *Reisgang*. Dort rechts ab über die Ilm zum Posthof am Auslauf der Talhänge. Nun

links an der Basis der Anhöhen über *Hettenhausen* zur weithin sichtbaren Kirche von *Ilmmünster.*

Vom »Fischerwirt« südwärts 1 Kilometer zu den Häusern von *Riedernmühle.* Dort rechts in Richtung Ilmried, aber nur etwa 200 Meter, dann geht es links über ein Bächlein und wieder in südlicher Richtung, ein Stück hohlwegartig, anschließend am westlichen Talrand auf Feldwegen und auf der Straße Ilm in die Ortschaft *Reichertshausen.* Halblinks zeigt sich hinter Bäumen das Wasserschloß des Barons von Cetto (keine Besichtigung).

Auf der Schloßstraße weiter in Richtung *Lausham,* wohin uns der Wegweiser leitet. An der Straßenkreuzung rechts. In der Folge mäßig bergan nach *Langwaid,* wo unsere Route einen Rechtsknick beschreibt und in das Dorf *Triefing* leitet. Nach den ersten Häusern in spitzem Winkel links. Über eine Kuppe hinweg zu den Höfen von *Grub.* Rechts von der Straße ab, an einem Kapellchen vorbei in den *Scheyernforst.* Wir stoßen auf eine Forststraße. Mit ihr rechts. Ungefähr nach 1 Kilometer wölben sich rechts (100 Meter) des Weges die Wälle einer *Keltenschanze.*

Die Forststraße hält sich an die Nordrichtung, senkt sich zu einer Kreuzung und setzt sich bergauf und bergab fort zum nördlichen Ortsrand von *Fernhag.* Vom Maibaum zum Gasthof Zur Lüften. Und da haben wir als Leitgestalt bereits den Kirchturm von *Scheyern.*

Vom Klosterstüberl treten wir die letzte Etappe an: Abwärts ins Tal des Pudelbaches. Dort rechts an einem Badeweiher vorbei zu den Häusern von *Mitterscheyern.* Hier rechts ab, erneut über den Pudelbach und durch die langgezogene Ortschaft *Niederscheyern* nach *Pfaffenhofen.*

67 Hopfenland Hallertau

Verkehrsmöglichkeiten Infolge der günstigen Lage (Bahnhof der Strecke München – Ingolstadt, Autobahn-Ausfahrt) wird Wolnzach als Ausgangspunkt vorgeschlagen. Von München 60 km, von Ingolstadt 31 km.
Tourenlänge 52 km.
Fahrzeit 3¹/₂ Stunden.
Höhenunterschiede Überwiegend wellige Strecke.
Karten 1:200000 Die Generalkarte, Blatt 20.
Wissenswertes In Bayern wird seit einem Jahrtausend Hopfen

angebaut, ursprünglich nur in vereinzelten Hopfengärten, meist für den Eigenbedarf der Klöster, was sich erst um die Mitte des vorigen Jahrhunderts änderte, als der Bierkonsum gewaltig anstieg. Aus den Gärten entwickelten sich weiträumige Anbaugebiete. Die Bundesrepublik ist vor den USA das bedeutendste Hopfenanbauland (mindestens 600 000 Zentner Jahresernte). Das Hopfenzupfen (maschinell) beginnt Mitte September etwa vier bis fünf Wochen nach der Blüte.

Wolnzach, Markt in der Hallertau (Holledau), dem größten deutschen Hopfenanbaugebiet, das sich südlich der Donau ausbreitet, zwischen dem Unterlauf der Paar und der oberen Laaber.

Geisenfeld, Stadt (seit 1954) im ältesten Hopfenanbaugebiet der Hallertau, einst (bis 1803) benediktinische Klosterstätte. Am Stadtplatz bemerkenswerte Bürgerhäuser. Rathaus von 1626 reich stuckiert. Ehemalige Klosterkirche, jetzt Pfarrkirche St. Emmeram, dreischiffige, ursprünglich flachgedeckte romanische Basilika mit gotischem Chor, 1730 Abschluß der Barockisierung. Epitaphien, unter anderem für die 1061 verstorbene Äbtissin Gerbirgis.

Ebrantshausen: Pfarrkirche St. Peter und Paul auf romanischen Grundmauern, spätgotische Schnitzwerke aus der Werkstatt des Landshuters Hans Leinberger, Weihwasserstein in einem römischen, der Göttin Juno geweihten Altarstein.

Mainburg, eines der Zentren der bayerischen Hopfenwirtschaft mit modernsten Aufbereitungs- und Verpackungsanlagen, seit 1954 Stadt, bis 1973 Kreisstadt. Hallertauer Heimatmuseum (Abensberger Straße 15), geöffnet jeden 1. Sonntag im Monat sowie nach Vereinbarung; Tel. (08751) 9632. Mittwochmarkt. Ende September Hopfenfest und Hallertauer Oktoberfest.

Tourenbeschreibung Vom Bahnhof der Strecke München – Ingolstadt (die Strecke Wolnzach – Mainburg ist stillgelegt worden), also westlich (5 Kilometer) der *Stadt Wolnzach,* fahren wir zunächst auf der rechten Seite des Ilmtales nordwärts in das 11 Kilometer entfernte *Geisenfeld,* wo uns die Bundesstraße 300 übernimmt, und zwar in Richtung Abensberg – Regensburg.

Die Stadt ostwärts verlassen, über die Ilm und wenig später rechts ab in das Dorf *Gaden.* Nächste Station im Hopfenland, wo sich im Frühjahr die noch kahlen, durch Drähte verbundenen Hopfenstangen recken, ist *Unterpindhart,* danach folgen *Oberpindhart* und *Pöbenhausen.* An der Straßenteilung rechts, unter der Autobahn hindurch in das Pfarrdorf *Ebrantshausen,* wohin sich im 12. Jahrhundert Heinrich, ein Riedenburger Graf, als Eremit zurückgezogen hatte.

»In Mainburg, Nandlstadt und Au san die reichsten Leut von der Holledau«, heißt ein altes Sprichwort. Und daran ist viel Wahr-

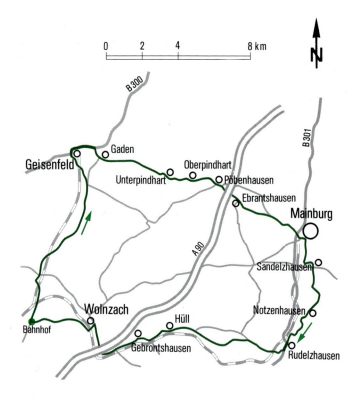

heit. Das »Grüne Gold« hat schon vielen zu Reichtum und Wohl-
stand verholfen, vor allem früher, als der Hopfen noch von Hand
gezupft wurde und der Tageslohn – von 5 Uhr früh bis 10 Uhr
nachts – bei einer Mark lag, bei freier Unterkunft und Kost.

Nach der obligatorischen »Halbe« und einer Brotzeit, vielleicht
beim Christlbräu am Markt, fahren wir am orographisch rechten
Ufer der Abens in das benachbarte *Sandelzhausen*. Dort rechts
über *Notzenhausen* nach *Rudelzhausen* an der Bundesstraße 301,
der *Deutschen Hopfenstraße*.

Jetzt übernehmen uns die nach Wolnzach zeigenden Tafeln. An
der Straßengabel vor Oberhinzing links halten. Bald verläuft unsere Route parallel zum Bahnkörper. In *Hüll* arbeitet ein Hopfen-
untersuchungsinstitut. *Gebrontshausen* bleibt zurück. Und schon
bald gelangen wir über die Autobahn hinweg nach *Wolnzach*. Spätestens hier genehmigen wir uns ein frisches Bier, gebraut nach
dem von Herzog Wilhelm IV. im Jahre 1516 erlassenen Brauge-
setz, dem sogenannten »Reinheitsgebot« – der ältesten bekannten

190

lebensmittelrechtlichen Vorschrift, der entsprechend »Pier« allein aus Gerste, Hopfen und Wasser gebraut werden darf. Möge dies noch lange so sein! Denn die für die Lebensmittelüberwachung in Bayern zuständige Behörde hat allein im Jahre 1978 bei 276 Proben ausländischer Biere in 94 Fällen – also 34 Prozent – den in Deutschland verbotenen Zusatz von Enzymen festgestellt, ganz zu schweigen von der Verwendung von Mais und Reis.

68   Im Herzen Niederbayerns

Verkehrsmöglichkeiten   Die verkehrsmäßig günstige Lage von Landshut ist durch den Treffpunkt mehrerer Bundesstraßen gekennzeichnet, 68 km von München, 62 km von Regensburg. Bahnhof.

Tourenlänge   55 km.

Fahrzeit   3 bis 4 Stunden.

Höhenunterschiede   Überwiegend wellige Strecke.

Karten   1 : 200 000 Die Generalkarte, Blatt 23.

Wissenswertes   *Landshut* ist Regierungsbezirkshauptstadt von Niederbayern, an der Isar gelegene Industrie- und Handelsstadt, gegründet 1204 durch Herzog Ludwig den Kelheimer, 1255 bis 1340 Residenz der Herzöge von Niederbayern, 1392 bis 1503 der Herzöge von Bayern-Landshut. Einer von ihnen, Georg der Reiche, feierte 1475 mit der polnischen Königstochter Jadwiga (Hedwig) die »Landshuter Hochzeit«, die in Form eines Festumzuges und -spieles seit 1903 alle drei Jahre wiederkehrt. Das spätgotisch-barocke Stadtbild hat Landshut den Ruf eingebracht, eine der schönsten derartigen Städte Deutschlands zu sein. Burg Trausnitz, entstanden ab 1204, im 15. Jahrhundert erweitert, umgestaltet zwischen 1575 und 1580, prächtige Lage über der Stadt. Besichtigungen: Dienstag bis Sonntag von 9 bis 12 Uhr und von 13 bis 17 Uhr, von Oktober bis März bis 16 Uhr. Stadtresidenz, einziger italienischer Renaissancebau nördlich der Alpen, entstanden 1536 bis 1543 unter Herzog Ludwig X., berühmter »Italienischer Saal«. In der Stadtresidenz (Altstadt 79) ist eine Gemäldegalerie (Bilder aus dem 16. und 17. Jahrhundert) sowie das Stadt- und Kreismuseum untergebracht. Öffnungs- bzw. Führungszeiten wie Burg Trausnitz. Das Münster St. Martin krönt den eindrucksvollen platzähnlichen Straßenzug der »Altstadt«; 133 Meter hoher Turm als höchster Backsteinturm der Welt. Die Kirche stellt das Hauptwerk des Meisters Hans von Burghausen, genannt »Stethaimer«, dar; Kirchenführer-Broschüre. Schatzkammer von St. Martin, geöffnet im Sommer an Sonntagen von 10 bis 12 Uhr nach Voranmeldung im Pfarramt St. Martin, Tel. (08 71) 42 77. Zisterzienserinnenkloster Seligenthal, gestiftet 1231 durch Ludmilla, Gemahlin des »Kelheimers« Ludwig nach dessen Ermordung (siehe auch Tour 77). Klosterkirche, ursprünglich romanisch, 1732 bis 1734 durch Johann Baptist Gunetsrhainer umgebaut, Stuck von Johann Baptist Zimmermann; nördlich der Klosterkirche die romanische Afrakapelle als ältester Kirchenbau der Stadt.

Vogelfreistätte mittlere Isarstauseen: Naturschutzgebiet auf einer Fläche von 570 Hektar. Rastgebiet für durchziehende und überwinternde Watt- und Wasservögel sowie Brutplatz zahlreicher bedrohter Vogelarten (Schwarzmilan, Wespenbussard, Gänsesäger, Eisvogel usw.). Badeverbot in den Stauseen und in der Isar zwischen Flußkilometer 86,4 und 89,4.

Gelbersdorf stellt mit seiner St.-Georgs-Kirche von 1482 ein sakrales Kleinod dar; am Hochaltar sehr schöne gotische Schnitzwerke und Tafelbilder.

Obersüßbach: Pfarrkirche St. Jakobus, in den Ursprüngen aus dem 9. Jahrhundert. Im Inneren Grabdenkmäler der Herren Kargl, einst lange Zeit im Besitz der Hofmark Obersüßbach.

Tourenbeschreibung Vom Bahnhof durch die Äußere Luitpoldstraße und durch die Luitpoldstraße, vorbei an der Christuskirche, zur Isarbrücke. Vor der Brücke rechts ab zum *Eisstadion.* Hier über die Isar. Bei der Ampelkreuzung rechts und nun gezwungenermaßen der stark befahrenen Bundesstraße 11 folgen, etwa 5 Kilometer, bis eine Tafel rechts nach *Hofham* zeigt. Dort über den Kanal (Mittlere Isar) und gleich danach links zwischen der Isar und dem Echinger Stausee dahin. Anschließend am Kanal entlang zum Moosburger Ausgleichsbecken, wo sich der Radwanderweg rechts nach *Volkmannsdorferau* wendet. Zur Isarbrücke – etwas oberhalb mündet die Amper in die Isar – und hinüber in die Ortschaft *Volkmannsdorf.*

Auf der Straße rechts, vor dem Bahnhof Bruckberg links, am ehemaligen Schloß (Bergfried auf einem künstlich angelegten Hügel) vorbei und nach *Bruckberg.*

Jetzt in Richtung Gammelsdorf. In *Gelbersdorf* haben wir bereits den Landkreis Landshut verlassen. Ab der Kirche von *Gammelsdorf* zum Sportplatz, das heißt links daran vorbei, den grünen Radwanderwegtäfelchen folgend, in nördlicher Richtung. Bei *Kothingried* über den Weiselbach, worauf uns wieder der Landkreis Landshut aufnimmt.

In *Obermünchen* kreuzen wir die Deutsche Ferienstraße Alpen – Ostsee und radeln über *Freyung* in das 4 Kilometer entfernte *Obersüßbach.* Von Landshut 35 Kilometer.

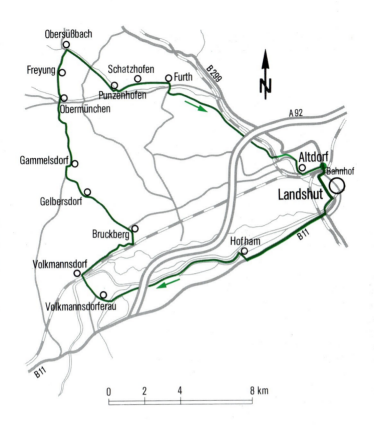

Am Ortsbeginn in spitzem Winkel rechts und in der Folge durch das Tal des Süßbaches. Niedersüßbach bleibt links liegen. In *Punzenhofen* nicht geradeaus über den Further Bach zur Deutschen Ferienstraße, sondern links haltend nach *Schatzhofen*. Links an der Kirche vorüber, also diesseits des Further Baches bleibend, in die Ortschaft *Furth*.

Rechts, über die Straßenkreuzung und wenig später links haltend, nun rechts des Further Baches in Richtung Landshut. Links liegt am Bach die ehemalige Kindsmühle. Bald führt der Radwanderweg an den Bahnkörper heran und setzt sich neben ihm fort bis zum Bahnhofsgebäude von *Altdorf*. Vor der Station links nach *Altdorf*. Bei der Kirche stößt man auf die Bundesstraße 299. Sie wird kurz danach rechts verlassen. Auf diese Art gelangen wir durch ein »Hintertürchen« wieder nach *Landshut*.

69   Im Herzen Niederbayerns

Verkehrsmöglichkeiten   Die verkehrsmäßig günstige Lage von
Landshut ist durch den Treffpunkt mehrerer Bundesstraßen ge-
kennzeichnet, 68 km von München, 62 km von Regensburg. Bahn-
hof.
Tourenlänge   41 km.
Fahrzeit   3 Stunden.
Höhenunterschiede   Wellige Strecke.
Karten   1:200000 Die Generalkarte, Blatt 23.
Wissenswertes   *Landshut* siehe Tour 68.

Jenkofen: Kirche Mariae Himmelfahrt, ein wesentliches Beispiel
bayerischer Backsteingotik und ein Schatzkästlein der Kunst, vor
allem der Glasmalkunst, denn die 3 Fenster des Chorschlusses ge-
hören zu den ganz wenigen noch erhaltenen Beispielen der Glasmalkunst des 15. Jahrhunderts (1447). Die Motive zeigen den Kir-
chengründer, Herzog Heinrich, in Rüstung und weißblauem Rau-
tenmantel kniend vor Barbara, Elisabeth, Margaretha und Katharina, sowie die Muttergottes.

Tourenbeschreibung   Unser Aufbruch erfolgt am nördlichen
Ende der Altstadt, bei der Heiliggeistkirche (Grundsteinlegung
1407, ehemals Spitalkirche) am Postplatz, wo die Zweibrücken-
straße die Isar überspannt. Wir bleiben diesseits, das heißt wir fahren am Ufer der Isar durch den *Orbanquai,* anschließend durch die
Bauhofstraße und dann auf der *Schützenstraße* am Friedhof entlang. Weiter neben dem Fluß, der wenig später seinen Kanal aufnimmt. Hier entfernen wir uns etwas vom Ufer. Links befindet sich
das Albinger Wehr. Am Stausee entlang durch die Siedlung *Auloh.*
Am Ende des Sees befindet sich die Staustufe Altheim. Nun wieder
neben der Isar durch den Mischwald der Unteren Au. Bald entwik-
kelt sich der Fluß wieder zu seeähnlicher Weite. Nach einiger Zeit
geht es rechts zur Straße. Auf ihr links. Rechts erhebt sich der
mischwaldbestandene Buckberg. Am anderen Ufer drohen die
Anlagen des Atomkraftwerkes Isar I. Die Landshuter Straße führt
uns nach *Niederaichbach.* Von Landshut 18 Kilometer.

Hier wendet man sich rechts von der Isar ab. Es geht sozusagen
ins »Landinnere«. Tafeln verraten die nächsten Ziele: *Oberaich-
bach* und *Ruhmannsdorf* im Aichbachtal.

Auch hinter Ruhmannsdorf die Südrichtung beibehaltend, über
die folgende Straßenkreuzung hinweg in das Tälchen des Musba-
cher Grabens. Bei den Höfen von *Obermusbach* wendet man sich
rechts und stößt bald wieder auf die Autostraße. Auf ihr rechts an
Günzkofen vorüber nach *Jenkofen* mit seinem Kirchenkleinod.

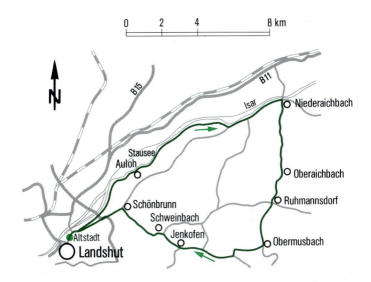

Ab Jenkofen dürfen wir uns an die Schilder »Landshut« halten. Die Straße senkt sich ins Tal des Schweinbaches, passiert die Ortschaft *Schweinbach* und läuft in *Schönbrunn* im Isartal aus.

Nach dem Gasthaus Oberwieser links halten (zunächst auf dem Radweg). Die Niedermayerstraße geht in die Maximilianstraße über. Hier befindet sich links das Bayerische Landesgestüt. Wir kommen an der ehemaligen Dominikanerkirche St. Blasius (1386 geweiht) vorbei zur Neustadt, und durch die Rosengasse in die Altstadt.

70   Von Dingolfing nach Landshut

Verkehrsmöglichkeiten   Dingolfing an der Isar zwischen Landshut (30 km) und Landau (16 km) wird von der Bundesstraße 11 berührt. Bahnhof.
Tourenlänge   42 km.
Fahrzeit   2¹/₂ Stunden.
Höhenunterschiede   Unbedeutend.
Karten   1 : 200 000 Die Generalkarte, Blatt 20 und 23.
Anmerkungen   Von Landshut regelmäßige Bahnverbindungen mit Dingolfing.
Wissenswertes   *Dingolfing:* Industriestadt (Zweigwerk von BMW), unterteilt in eine Unterstadt (links der Isar) und eine Ober-

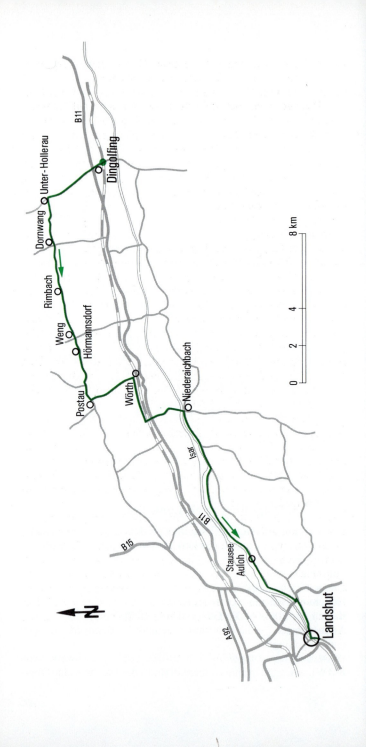

stadt auf einer Böschungsterrasse. In der Oberstadt die sogenannte »Herzogsburg«, ein unbefestigtes Schloß (an der Stelle einer 1251 unter Herzog Otto II. erbauten Burg) aus dem späten 15. Jahrhundert. Das mit einem reich verblendeten Stufengiebel auf der Westfassade versehene Backsteingebäude gilt als das besterhaltene gotische Haus in Niederbayern; Heimatmuseum, geöffnet von Mai bis Dezember am Dienstag und Donnerstag von 14 bis 16 Uhr, am Sonntag von 10 bis 12 Uhr. In der Unterstadt die Pfarrkirche St. Johannes, eine der ältesten ihrer Art in Bayern, Grundsteinlegung 1467, dreischiffige Säulen-Hallenkirche nach dem Vorbild der Landshuter Heiliggeistkirche.

Landshut siehe Tour 68.

Tourenbeschreibung Vom Bahnhof (in der Unterstadt) zur nahen Bundesstraße 11. Jenseits geradeaus (Radweg) über den Talboden. Nach 3 Kilometern, vor dem ersten Bauernhof, wenden wir uns links in Richtung *Dornwang* und *Weng*. So heißen die nächsten Orte an der Route; zwischendrin liegt *Rimbach* – Dörfer, in denen zum Teil noch schöne alte Bauernhäuser erhalten sind.

Vorbei an *Hörmannsdorf* mit einem kleinen, aber feinen Kirchlein. In *Postau* achten wir auf die Linksabzweigung in das 3 Kilometer entfernte *Wörth*. Am nördlichen Ortsrand, vor dem Bahnkörper, hält man sich rechts und fährt parallel zu den Schienen etwa 2,5 Kilometer, worauf es links zur Bundesstraße geht. Auf der anderen Seite über den flachen Talboden zur Isar und nach *Niederaichbach*. Von Dingolfing 22 Kilometer.

Rechts in die Landshuter Straße und neben der Isar her. Links erhebt sich der bewaldete Buckberg, am anderen Ufer das Atomkraftwerk Isar I. Ein ungutes Gefühl! Als der Autor hier vorbeistrampelte (am 30. 9. 1982), traten, wie er erst später erfuhr, »geringfügige Aktivitätsmengen« über den Kamin an die Umwelt. Diese sei aber, wie ein Sprecher der Bayernwerk AG lapidar meinte, »nicht gefährdet worden«.

Etwa 3 Kilometer hinter Niederaichbach verlassen wir die Straße rechts und fahren nun am Stausee bzw. an der Isar entlang, an deren Ufer sich der Mischwald der Unteren Au ausbreitet. Die Altheimer Staustufe bleibt zurück. Der Radweg passiert die Siedlung *Auloh*, setzt sich etwas später wieder unmittelbar an der Isar fort und wird schließlich von *Landshut* aufgenommen. Durch die Schützenstraße und die Bauhofstraße in die Neustadt und dort rechts haltend zur Altstadt. Der Bahnhof befindet sich im Stadtteil links der Isar.

71 Am Auslauf der Isar

Verkehrsmöglichkeiten Als Ausgangspunkt ist Landau genannt (obwohl die Tour auch in Plattling angetreten werden kann), Treffpunkt der Bundesstraßen 20 und 11. Bahnhof. Von Dingolfing 16 km, von Straubing 27 km, von Deggendorf (Autobahn bis Wallersdorf) 32 km.

Tourenlänge 48 km.

Fahrzeit 3 Stunden.

Höhenunterschiede Flache Strecke bis Oberpöring, danach streckenweise steiles Auf und Ab bis Landau.

Karten 1:200 000 Die Generalkarte, Blatt 20.

Anmerkungen Rückfahrt von Plattling auch mit der Bahn.

Wissenswertes *Landau* ist eine Gründung (1224) von Herzog Ludwig dem Kelheimer und genießt seit 1304 Stadtrechte, im Österreichischen Erbfolgekrieg 1743 in Schutt und Asche gelegt. Ältestes Haus ist das Weißgerberhaus (Höckingerstraße 9) mit dem Heimatmuseum, geöffnet Dienstag bis Donnerstag von 14 bis 16 Uhr. Pfarrkirche Mariae Himmelfahrt, Wandpfeileranlage mit fünf Jochen und eingezogenem Chor, erbaut vom Einheimischen Dominikus Magzin im frühen 18. Jahrhundert, spätgotisches Chorbogen-Kruzifix. Wallfahrtsstätte Steinfelskirche von 1726 (geweiht) über einer Naturgrotte.

Plattling, sagenhafter Rastplatz – »Pledelingen« – von Kriemhild auf der Reise zu den Hunnen. Die alte, schon 868 genannte Siedlung lag am rechten Ufer der Isar, ab 1379 entstand die Stadt, geschützt vor Überschwemmungen, am linken Ufer nach dem Muster der sogenannten »Herzogsstädte« mit langgestrecktem Marktplatz, Gräben, Wällen und zwei Toren. Stadtkirche St. Maria Magdalena im Gegensatz zur ehemaligen Pfarrkirche St. Jakob aus dem 13. Jahrhundert rechts der Isar. Im Gasthof zur Alten Post mit seinem barock geschwungenen Giebel stiegen 1684 Kaiser Leopold und 1745 Kaiserin Maria Theresia ab.

Tourenbeschreibung Die Tour beginnt nördlich der Altstadt, also jenseits der Isar beim *Bahnhof* (beschildert). Ostwärts zum Bahnübergang und der Straße folgend über den ebenen Talboden zu der auseinandergezogenen Siedlung *Kleegarten.* Dort stößt man auf eine Querstraße, der wir links haltend in Richtung Wallersdorf folgen. Im Nordosten ist Deggendorf zu erkennen, und dahinter steigen die Ausläufer des Bayerischen Waldes an.

Im Markt *Wallersdorf* steuern wir die Kirche an und kommen zum Marktplatz, wo uns die nach Plattling zeigenden Wegweiser übernehmen. Beim Verlassen von Wallersdorf sehen wir vorne die Zwiebelhaube des Kirchturmes von *Haunersdorf.* Parallel zur

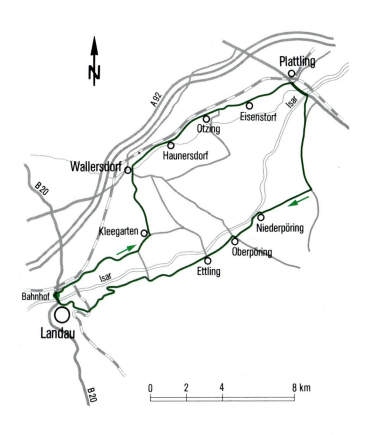

Bahnstrecke erreichen wir über *Otzing* und *Eisenstorf* die 10 500 Einwohner zählende Kreisstadt *Plattling.* Von Landau 22 Kilometer.

Auf der Bundesstraße 8 rechts, gleich hinter der Isarbrücke abermals rechts und etwa 6 Kilometer in südlicher Richtung. Dann an der Straßenkreuzung rechts. Bis *Niederpöring* sind es 3 Kilometer, von dort bis *Oberpöring* 2 Kilometer. Die Route nach Landau ist gut beschildert. Sie hält uns in Atem – im wahrsten Sinne des Wortes: Steigungen und Gefälle reihen sich aneinander. Vor *Ettling* träumt rechts an der Isar die Maria-Bürg-Kapelle. Eine Ortschaft löst die andere ab, jeweils nur wenige Kilometer voneinander entfernt, bis wir schließlich in *Landau* eintrudeln, dort zur Isarbrücke fahren und am anderen Ufer rechts den Wegweisern zum Bahnhof folgen.

72 Von Neuburg ins Altmühltal

Verkehrsmöglichkeiten Neuburg/Donau ist Bahnstation der Strecke Ingolstadt – Donauwörth; 51 km von Augsburg, 27 km von Ingolstadt, 94 km von Regensburg.

Tourenlänge 71 km.

Fahrzeit 5 Stunden.

Höhenunterschiede Ab Laisacker 70 Höhenmeter bergan in den Igstetter Wald. Hinter Berge eine weitere Steigung, dann Abfahrt ins Ur-Donautal. Steigungen erst wieder ab Pfünz (etwa 100 Höhenmeter) und in der Folge im Auf und Ab bis Neuburg.

Karten 1:200000 Die Generalkarte, Blatt 19.

Anmerkungen Fahrradverleih im Bahnhof Neuburg und im Bahnhof Eichstätt.

Wissenswertes *Neuburg:* Ehemalige Residenzstadt, bis 1685 Mittelpunkt der sogenannten »Jungen Pfalz«. Gestaltung der historischen Oberstadt unter Pfalzgraf Ottheinrich in der 1. Hälfte des 16. Jahrhunderts. Am Ottheinrichplatz erklären Informationstafeln die Geschichte und den einstigen Zweck der Bauwerke. An der Residenzstraße Eingang (Renaissance-Torgang) zum Schloß. Links die Tür zur Schloßkapelle mit den berühmten Bocksberger Fresken. Am Westflügel an der Innenwand des Hofes kunstvolle Grisaille-Fresken (Malverfahren mit grauer Farbe); sie stellen Szenen aus der Tobias-Legende dar und stammen aus der Mitte des 16. Jahrhunderts. Unweit des Schlosses die Hofkirche; Kirchenführer-Broschüre. Daneben der Eingang des ehemaligen Benediktinerinnen-Klosters. Am Rathaus eine doppelläufige Freitreppe. Weitere beachtenswerte Bauwerke gruppieren sich um den Karlsplatz bzw. entlang der Amalienstraße (Informationstäfelchen). Heimatmuseum in der Amalienstraße A 19; Führungen täglich um 14 Uhr, an Sonn- und Feiertagen um 11 und 14 Uhr.

Bergen: Heilig-Kreuz-Kirche eines ehemaligen Benediktinerinnen-Klosters, das 1552 durch den protestantischen Pfalzgrafen Ottheinrich aufgelöst wurde. In der Gegenreformation, als Pfalz-Neuburg wieder katholisch wurde, zogen in Bergen Jesuiten ein. Die Kirche entwickelte sich zur Wallfahrtsstätte. Der Hallenbau ist romanisch, Innenraum barock ausgestattet; stilreine romanische Krypta aus dem 12. Jahrhundert. Kirchenführer-Broschüre.

Hütting: Barocke Dorfkirche mit Stuckzier von Jakob Egg. Auf steilem Fels die Ruine einer im 11. Jahrhundert durch die Grafen von Lechsgemünd errichteten Burg, die 1420 zerstört wurde.

Wellheim: Marktflecken. Andreaskirche als Nachfolgerin einer romanischen Kirche. Über dem Ort die restaurierte Burgruine (Zufahrtsstraße) aus dem 12. Jahrhundert.

Konstein: Östlich des Ortes eindrucksvolle Kletterfelsen (unter anderem Dohlenfels, Müllerwand), die sich an Wochenenden regen Besuches erfreuen. Dort verläuft der Oberland-Klettersteig; Naturfreundehaus auf dem Galgenberg.

Dollnstein: An der Altmühl. Nördlicher Ortsteil stückweise von Mauern des 15. Jahrhunderts umgeben, 1007 erstmals als »Tollunstein« genannt, 1440 Marktrechte. Pfarrkirche mit romanischem Langhaus und gotischem Chor mit Fresken aus der 1. Hälfte des 14. Jahrhunderts. Neben der Kirche das barocke Pfarrhaus.

Rebdorf: Ehemaliges Augustiner-Chorherren-Stift, 1806 säkularisiert, seit 1959 Besitz der Herz-Jesu-Missionare. Klosterkirche als dreischiffige Pfeilerbasilika aus der 1. Hälfte des 18. Jahrhunderts. Nach Rebdorf folgt an der Straße das einstige Augustinerinnen-Kloster Marienstein, 1460 gestiftet, Kirchenweihe 1470.

Eichstätt: Hauptort des Altmühltales mit gut erhaltenem Residenzcharakter. Errichtung eines Klosters durch den angelsächsischen Missionar Willibald im 8. Jahrhundert, ab 743 Bischofssitz. Der Dom wurde im 15. Jahrhundert fertiggestellt, dreischiffige Halle, fast 10 Meter hoher »Pappenheimer Altar« im nördlichen Querschiff; Kirchenführer-Broschüre. Residenzplatz um 1730 unter dem Hofbaudirektor Gabriel de Gabrieli gestaltet. An den Dom schließt sich südlich die barocke Residenz an. Andere Barockbauwerke am Domplatz sind die langgestreckte Kanzlei, das Generalvikariat sowie die vier Kavaliershöfe. Weitere sehenswerte Sakralbauten: Kapuzinerklosterkirche Heilig Kreuz (früheste Nachbildung des Heiligen Grabes in Deutschland), St. Walburg, Jesuitenkirche, ehemalige Dominikanerkirche, Mariahilfkapelle. Diözesanmuseum in den Barockräumen über dem Mortuarium des Domes und im angrenzenden mittelalterlichen Kornspeicher (Kipfenberger Stadel). Geöffnet täglich von 9.30 bis 13 und von 14 bis 17 Uhr, an Sonntagen von 11 bis 17 Uhr. – Willibaldsburg oberhalb von Eichstätt auf dem Sporn eines Bergrückens. Erste Anlage der Eichstätter Bischöfe im 14. Jahrhundert. Die noch erhaltene Burg (»Gemmingenbau«) entstand Anfang des 17. Jahrhunderts nach Plänen des Augsburgers Elias Holl durch den Baumeister Johann Alberthal unter Bischof Johann Konrad von Gemmingen. Nach dem Dreißigjährigen Krieg als Festung ausgebaut mit Vorburg, Bastionen, Ecktürmen. In der Kernburg (Burg-Gaststätte) das Jura-Museum. Geöffnet zwischen 1. April und 30. September täglich (außer Montag).

Pfünz: Oberhalb der Ortschaft Mauerreste des römischen Kastells Vetoniana, das sich über eine Fläche von 2,7 Hektar ausbreitete. Um 90 n. Chr. erbaut, 233 durch Alamannen zerstört. Vorbildlich konserviert. Informationstafel.

Nassenfels: Markt seit dem 15. Jahrhundert. In der Steinzeit vor 7000 Jahren Pfahlbausiedlung, in der zwischen 50 und 100 Menschen lebten, früheste Knochenfunde von Pferden in Mitteleuropa. Unter den Römern bedeutende Siedlung (Vicus Scuttarensium) und Handelsplatz an der Kreuzung zweier antiker Straßen, 233 durch Alamannen zerstört. An die Stelle des römischen Kastells trat im frühen 10. Jahrhundert eine Wasserburg der Eichstätter Bischöfe gegen die Ungarn-Gefahr. 1293 wird ein örtliches Ministerialengeschlecht bezeugt. Im späten 13. Jahrhundert wehrhafter Ausbau der Burg. Höchster Turm (Bergfried) um 1300 entstanden, Kastnerhaus in der Südostecke der Anlage von 1699. Im 18. Jahrhundert dem Verfall preisgegeben; restauriert. Pfarrkirche St. Nikolaus nach Entwürfen von Gabriel de Gabrieli im Jahre 1738 entstanden, barock ausgestattet.

Ried: Barocke Dorfkirche, hervorgegangen aus einem romanischen Chorturmbau; beachtenswerte Kanzel von Jakob Egg.

Tourenbeschreibung Über die Donaubrücke und die erste links abzweigende Straße (Radweg) nehmen. Etwas später rechts in die Ortschaft *Laisacker.* Westlich der Kirche steigt die Straße an nach *Gietlhausen.* Bei den obersten Häusern steht ein kleines Kirchlein. Hier kreuzen wir den Verlauf einer Römerstraße. Geradeaus auf nichtasphaltiertem Forststräßchen in den *Igstetter Wald.* Abwärts, über eine Höhe hinweg und hinunter nach *Bergen.* Am Kirchplatz das gediegene Speise-Restaurant zum Klosterbräu. Von Neuburg 10 Kilometer.

Es folgt der vorerst letzte Aufstieg über eine Länge von 700 Metern. Dann die Abfahrt ins Tal der Ur-Donau, die weiter durch das heutige Altmühltal bis Kelheim verlief.

In *Hütting* sehen wir halblinks oben die Burgruine. Durch das Dorf in Richtung Dollnstein. Links an der Straße erheben sich einzelne Felspartien. Rechts bleibt die Feldmühle zurück, links folgt Espenlohe (Pony-Gestüt).

Wellheim wird unterhalb der Burg verlassen. Im Vorblick tauchen die Kletterfelsen von Konstein auf. Der Abstecher dorthin lohnt sich!

Die Radtour bleibt auf der Talstraße, durchzieht *Konstein* und schwenkt dann rechts in das Rieder Tal ein. In Höhe der Häuser von *Ried* sehen wir links im Hang die Exner Zinnen und die Exner Wand. Etwas später befindet sich rechts ein künstlich angelegter See mit einem Abenteuer-Spielplatz. Dahinter die fels- und wacholderbesetzten Hänge des Torleitenberges.

In *Dollnstein* geht es über die Altmühl in den alten Ortsteil. Auf der Papst-Viktor-Straße durch das Tor des Petersturmes und gleich danach rechts in den *Burgsteinweg.* Vorbei an kleineren

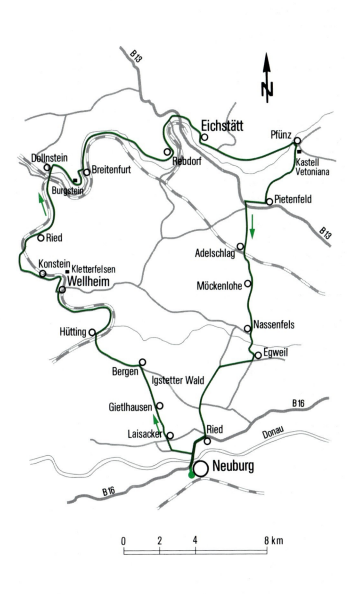

Felsmassiven erreichen wir den senkrecht hochschnellenden *Burg-stein,* in dessen Talwand schwierige Kletterführen verlaufen.

Bei *Breitenfurt* rechts über den Fluß und zur Talstraße. Anschließend in Richtung Eichstätt durch das abwechslungsreiche Altmühltal in der Südlichen Frankenalb. Aus den Hängen treten Jurakalkstöcke hervor. Bald werden erneut die Ufer gewechselt. Zur Linken reihen sich die Häuser von Obereichstätt. Plötzlich tritt die Willibaldsburg ins Blickfeld. Wir kommen durch *Rebdorf* (links Abstecher zu einem Steinbruch für Fossiliensucher). Schließlich geht es durch die Westenstraße ins Zentrum von *Eichstätt.* Ab Neuburg 43 Kilometer.

Auf der Ostenstraße kehren wir dem Residenzviertel den Rükken. Hinweistafeln zeigen in Richtung Kipfenberg, vorbei an einer Kaserne der Bereitschaftspolizei. Nach einer Weile befindet sich links das Figurenfeld – abstrakte Steinmetzarbeiten – von Alois Wünsche-Mitterecker. Rechts unten im Tal liegt Landershofen mit dem Vierungsturm der Pfarrkirche St. Benedikt (gotische Schnitzwerke). Jetzt dauert es nicht mehr lange, bis wir in *Pfünz* eintreffen, wo die Römerstraße Weißenburg – Pförring das Altmühltal durchquerte.

Gegenüber von Haus Nr. 6 rechts in den Römersteig. Ein 400 Meter langes, sehr steiles Stück führt zur Höhe. Dort steht links eine Informationstafel vor dem ehemaligen Westtor des *Kastells Vetoniana.*

Danach radeln wir auf der Linie der einstigen Römerstraße schwach bergan in den Wald. Von seinem Ende über freie Fluren in die Ortschaft *Pietenfeld.* Auf der Hauptstraße rechts halten und zur Bundesstraße 13, die überquert wird. Unsere Richtung heißt Neuburg (Wegweiser). Durch welliges Gelände geht es nach *Adelschlag* und – sofern die Bahnschranke geöffnet ist – gleich in einem Zug durch auf den Kirchturm von *Möckenlohe* zu.

In *Nassenfels* abwärts, beim Gasthof zur Krone links und an der Kirche vorbei zu den imposanten Resten der Burg. *Egweil* ist die nächste Station. Wir nehmen die Durchgangsstraße, lassen die Kirche also links liegen. An der Linkskurve rechts in den Attenfelder Weg (ehemals Römerstraße). Kurz darauf links in das Sträßchen am Riegel. An seinem Ende rechts weiter auf der Neuburger Straße. Am Flugplatz vorüber zur 2 Kilometer entfernten Landstraße, die man 7 Kilometer vor Neuburg erreicht. Links in südlicher Richtung. Eine letzte Auffahrt im Wald, dann haben wir von der Kuppe einen prächtigen Blick auf Neuburg. Hinunter in den Stadtteil *Ried* und auf der Bundesstraße 16 (Radweg) zur Donaubrücke.

73   Von Neuburg ins Donaumoos

Verkehrsmöglichkeiten Neuburg/Donau ist Bahnstation der Strecke Ingolstadt – Donauwörth; 51 km von Augsburg, 27 km von Ingolstadt.
Tourenlänge 48 km.
Fahrzeit 3 Stunden.
Höhenunterschiede Unerheblich.
Karten 1 : 200 000 Die Generalkarte, Blatt 19.
Anmerkungen Fahrradverleih im Bahnhof Neuburg.
Wissenswertes *Neuburg* siehe Tour 72.

Feldkirchen: Odrauer Heimatsammlung (Österreichisch Schlesien). Besichtigung nach telefonischer Anmeldung, Tel. (0 84 31) 85 19.

Donaumoos: Die Trockenlegung begann unter Kurfürst Karl Theodor im späten 18. Jahrhundert, wobei Karlshuld und Karlskron gegründet wurden. Das durch Sträflinge kultivierte, durch Haftentlassene besiedelte Moosgebiet nimmt eine Fläche von 180 Quadratkilometern ein.

Grünau: Jagd- und Lustschloß des Pfalzgrafen Ottheinrich. Kernstück der quadratischen Anlage ist das Alte Haus, das Ottheinrich 1530 seiner im Herbst des vorhergehenden Jahres geheirateten Frau Sussane einrichten hat lassen. Auf der breiten Treppe konnte der Pfalzgraf bis ins oberste Geschoß reiten. Ausmalung durch den Augsburger Jörg Breu den Jüngeren (um 1537) und den Landshuter Hans Windberger (um 1555). Die Vorderfront bildet das Neue Haus mit runden Ecktürmen und vortretendem Giebelbau, errichtet zwischen 1550 und 1555; letzte Restaurierung der Anlage 1980 abgeschlossen. Besitz des Wittelsbacher Ausgleichfonds.

Tourenbeschreibung Von Neuburg in Richtung Augsburg in den Stadtteil *Feldkirchen* (Radweg). Dann über die Umgehungsstraße und wenig später rechts ab. Vor Ballersdorf links nach *Wagenhofen* und dort auf der Neuburger Straße links haltend zur Landstraße, die überquert wird.

Geradeaus zur Straße in Richtung Schrobenhausen. Sie führt zwischen Altmannstetten und Neustetten durch, danach über den Längenmühlbach und schnurgerade zur Straßenkreuzung vor Stengelheim. Hier rechts ab auf dem Radweg, gleichlaufend zum Zeller Kanal. Häusergruppen durchsetzen das tischebene Land mit seinen dunklen Ackerböden. Vor Dinkelhausen links ab. Auch hier begleitet uns einer der Kanäle, mit deren Hilfe das Donaumoos trockengelegt wurde.

Wir passieren die weit auseinandergezogenen Häuser von *Lud-*

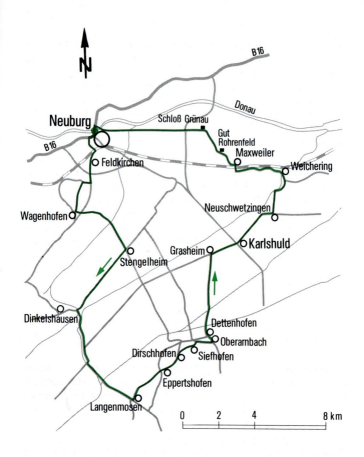

wigsmoos. Auf *Langenmosen* erfolgt eine leichte Steigung. Am
Ortsbeginn an der Straßengabelung links, vorbei am Friedhof bzw.
an der Kirche in das 2 Kilometer entfernte *Eppertshofen.* Dann
folgt *Dirschhofen,* das wir auf der Hauptstraße durchfahren. Auf
der Laurenzistraße links und am Ortsrand rechts nach *Siefhofen.* In
Oberarnbach links (Richtung Grasheim). Die Straße schlängelt
sich durch das Dorf *Dettenhofen* und bringt uns auf eine Kuppe,
von der sich ein umfassender Blick über das Donaumoos bietet.

Abfahrt, über zwei Kanäle hinweg und geradeaus durch *Gras-
heim.* Beim Maibaum stößt man auf eine Querstraße (Augsburger
Straße). Auf ihr rechts (Radweg) nach *Karlshuld.* Beim Gasthof
Scharfes Eck über die Kreuzung und mit der Ingolstädter Straße
(Radweg) durch den Ortsteil *Neuschwetzingen.* Kurz nach dem
Maibaum links abbiegen. Rechter Hand erstreckt sich bald das

Naherholungsgebiet Niederforst-Weichering mit 600000 Quadratmetern Wasserfläche. Etwas später fahren wir auf einem Radweg ungestört nach *Weichering.*

An der neuromanischen Pfarrkirche vorbei in Richtung Neuburg durch vereinzelte Waldstücke, bis rechts eine Tafel nach *Maxweiler* zeigt. Hinter dem Bahnübergang links. Eine Allee begleitet uns zum *Gut Rohrenfeld,* einem Gestüt des Wittelsbacher Ausgleichfonds.

Hier rechts halten, an der Gabelung abermals rechts und durch eine weitere Allee (Schlaglöcher) zu dem wunderschön gelegenen *Schloß Grünau.* Von der Vorderfront zum nahen Parkplatz. Anschließend über eine Kreuzung und durch den mit Industrieanlagen verbauten Stadtwald Grünau. Weit vorne zeigt sich das Schloß, von dem aus Sichtverbindung mit Schloß Grünau bestand (und besteht). Durch den Stadtteil Herrenwört. Rechts, jenseits der Donau, sehen wir das hochgelegene Kirchlein von Joshofen. Und da sind wir schon wieder in *Neuburg.* Von der Donaubrücke links in die untere Stadt.

74 Von Ingolstadt ins Altmühltal

Verkehrsmöglichkeiten Ingolstadt breitet sich am Kreuzungspunkt der Bundesstraßen 13 und 16 aus; Autobahn-Anschlußstellen. Gute Eisenbahnverbindungen. Von München 80 km, von Donauwörth 57 km, von Nürnberg 90 km.

Tourenlänge 65 km.

Fahrzeit 5 bis 6 Stunden.

Höhenunterschiede Ab Ingolstadt (374 m) mäßige Steigung bis Hitzhofen (468 m), dann hinunter ins Altmühltal (380 m). Von Kipfenberg (380 m) lange anhaltende Steigung bis Biburg (500 m), in der Folge weitgehend Gefälle.

Karten 1:200000 Die Generalkarte, Blatt 19.

Wissenswertes *Ingolstadt:* Einst bayerische Herzogsresidenz, von 1472 bis 1800 bayerische Landesuniversität. Gotische Stadtmauern auf der Nord-, West- und Südseite der Altstadt. Mächtiges Liebfrauenmünster aus dem 15. und 16. Jahrhundert mit zwei über Eck gestellten Türmen, im Inneren u. a. Bronzegrabplatte des »Theologus invictus«, des 1542 verstorbenen Professors Dr. Johannes Eck, dem hartnäckigsten Gegner von Martin Luther; Kirchenführer-Broschüre. Stadtpfarrkirche St. Moritz, in den Ursprüngen wahrscheinlich aus agilolfingischer Zeit, dreischiffige Pfeilerbasilika. Kirche Maria Victoria aus der 1. Hälfte des 18.

Jahrhunderts, im Deckenspiegel großes Fresko (40×15 m) von Cosmas Damian Asam; die Ausstattung wird den Hauptwerken des bayerischen Rokoko zugerechnet. Bayerisches Armeemuseum im Neuen Schloß, einem der sehenswertesten gotischen Profanbauten Deutschlands. Deutsches Medizinhistorisches Museum (Anatomiestraße 18–20). Städtisches Museum (Auf der Schanz 45); außerdem Heimatstuben der Prachatitzer (Böhmerwald) und Niemeser (Nordböhmen).

Pfünz: Oberhalb der Ortschaft konservierte Mauerreste des Römerkastells Vetoniana, das sich über eine Fläche von 2,7 Hektar ausbreitete. Erbaut um 90 n. Chr., 233 durch Alamannen zerstört. Informationstafel. Im Ort Pfarrkirche aus der Zeit um 1500; Rokokokanzel.

Böhming: An der Stelle der Kirche erstreckte sich ein Römerkastell auf einer Fläche von 0,7 Hektar. Informationstafel.

Kipfenberg: Malerische Ortschaft am römischen Limes, im Mittelalter durch eine ovale Ringmauer geschützt. Sehenswerter Marktplatz mit Häusern aus dem 16. und 17. Jahrhundert. Maria-Himmelfahrtskirche, ein Renaissancebau, Rokoko ausgestattet. Über dem Ort thront die um 1200 erbaute Burg, 1914 umgestaltet (keine Besichtigung).

Tourenbeschreibung In *Ingolstadt* durch das 1385 erbaute Heilig-Kreuz-Tor. Gleich danach rechts halten (Radweg). Links sehen wir Teile der Bastionen aus dem 16. und 17. Jahrhundert nach französischem System. Nach dem Landratsamt an der Kreuzung links, durch die Harderstraße, zur Nördlichen Ringstraße. Auf ihr links, dann rechts in die Ettinger Straße und auf Radwegen an den Audi-Werken vorüber. Über die Eisenbahnüberführung geht es nach *Etting.* Unmittelbar vor der Kirche links in die St.-Michael-Straße und westwärts auf den gotischen Spitzturm der Kirche in *Gaimersheim* zu. Am Ortsanfang steht rechts die Angerkirche (Friedhof).

Geradeaus in Richtung Lippertshofen. Nach 1 Kilometer links nach *Lippertshofen.* Weiter nach *Hitzhofen.* Über die Kreuzung im Ort geradeaus und in der Folge nach *Oberzell.* Danach auf einem unbefestigten Sträßchen durch ein waldgesäumtes Tal abwärts in ein Trockental, durch das wir rechts nach *Pfünz* im Altmühltal radeln. Links des Dorfplatzes befindet sich auf der Anhöhe das Römerkastell (siehe auch Tour 72).

Nun rechts auf der Waltinger Straße. Etwa 1 Kilometer danach links ab in das Dörfchen *Inching.* Über die Altmühl, kurz bergauf, dann rechts talauswärts über *Brunnmühle* nach *Walting.* An der Kreuzung rechts (links oben die alte Wehrkirche) durch die Leonardistraße wieder zur Altmühl und jenseits auf die Talstraße.

Links, worauf nach 300 Metern halblinks der vom »Naturpark Altmühltal« ausgeschilderte Radwanderweg abzweigt. Er senkt sich zum Talboden und führt dort, asphaltiert, nach *Pfalzpaint.*

Auf dem Dorfplatz links. Am anderen Altmühlufer rechts und der vorbildlichen Beschilderung folgend – jetzt nicht mehr asphaltiert – zu Füßen des Naturschutzgebietes Gungoldinger Heide, am Fluß entlang, nach *Gungolding.* Vor dem ersten Bauernhof wartet ein 500 Pfund schwerer Stein mit weiß-blauem Rautenmuster auf kräftige Leute.

In Gungolding die Straße kreuzen und jenseits in die Turmstraße. Im Vorblick taucht rechts auf der Höhe die Burgruine Arnsberg auf. In *Arnsberg* vor dem Sportplatz links, danach rechts und nach *Regelmannsbrunn.* Dort über die Altmühl zur Talstraße. Auf ihr links, bis am Anfang von *Böhming* links die Kirchstraße abzweigt. Sie leitet zur Kirche auf dem Platz eines römischen Kastells.

Am Landeplatz der Drachenflieger wendet sich das Sträßchen rechts. Nach dem Kinderspielplatz links über die Altmühl. Anschließend rechts auf einem asphaltierten Sträßchen nach *Kipfenberg.* Wir haben jetzt 42 Kilometer zurückgelegt, können also eine Einkehr im Biergarten der »Post« oder im »Franken-Grill« am Marktplatz guten Gewissens verantworten.

Vom Gasthof Post in Richtung Denkendorf. Kurz darauf zeigt links eine Tafel zum geographischen Mittelpunkt Bayerns. Etwa 1 Kilometer nach Kipfenberg von der breiten Straße rechts ab und weiter im reizvollen *Birgtal.* Die Steigung nimmt spürbar zu. In *Krut* sind bereits 100 Höhenmeter geschafft. Hinter *Biberg* bzw. ab der Höhe des Steinberges beginnt das Auf und Ab. In *Wettstetten* sind wir dann nur mehr 8 Kilometer von Ingolstadt entfernt.

75 Durch den Köschinger Forst

Verkehrsmöglichkeiten Kösching liegt nordöstlich von Ingolstadt am Südrand des Naturparkes Altmühltal, 6 Kilometer von der Autobahn-Anschlußstelle Ingolstadt Nord.

Tourenlänge 29 km.

Fahrzeit 2½ Stunden.

Höhenunterschiede Steigungen ab Kösching (390 m) bis in den Köschinger Forst (500 m).

Karten 1:200000 Die Generalkarte, Blätter 19 und 20.

Wissenswertes *Kösching:* Barocke Marienkirche aus der Zeit um 1717, im Inneren Stuckzier und aufwendige Altäre.

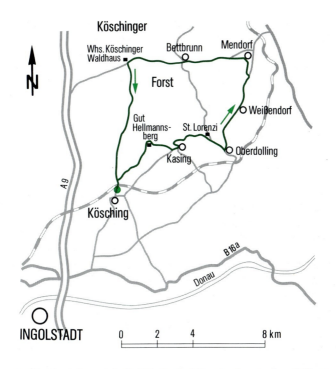

Weißendorf: Romanische Kirche St. Margaretha aus dem frühen 13. Jahrhundert mit lombardischem Einfluß (Westportal), spätgotische Muttergottes.

Bettbrunn: Seit 1125 Wallfahrtsort. Kirche St. Salvator aus einer hölzernen Kapelle hervorgegangen bzw. aus einem gotischen Steinbau von 1330, spätbarocker Neubau des Langhauses am Übergang zum Klassizismus. Im flachen Tonnengewölbe Fresken (Szenen aus der Wallfahrtsgeschichte) des Eichstätters Christian Wink, Wessobrunner Stuck von Franz Xaver Feichtmayr, im Chor der barocke Hochaltar; Kirchenführer-Broschüre.

Tourenbeschreibung Vom Markt nordwärts zum einstigen Bahnhof. Etwa 300 Meter nach dem Bahnkörper rechts ab in die *Horschstraße.* Bald ist die Asphaltdecke zu Ende. Auf einem Fahrweg zum stattlichen *Gut Hellmannsberg.* Danach ein schlechtes Wegstück (1 Kilometer). Ab *Kasing* haben wir wieder Asphalt unter den Rädern. Durch die Hauptstraße abwärts. Linker Hand erstreckt sich eine reizvolle Wacholderheide. Wir kommen an dem 1982 restaurierten Kirchlein von *St. Lorenzi* vorüber. Bald tritt der Kirchturm von Oberdolling ins Blickfeld.

In *Oberdolling* am Ortsanfang links die erste »scharfe« Steigung überwinden. Es vergeht einige Zeit, bis wir an *Weißendorf* vorbeikommen. Etwas später nehmen wir die erste links nach *Mendorf* führende Abzweigung und fahren dort in westlicher Richtung, wo bereits der Kirchturm von Bettbrunn über den Wald hinaus spitzt. Bald nimmt uns der *Köschinger Forst* auf, eines der größten geschlossenen Waldgebiete im Naturpark Altmühltal.

Bettbrunn ist 18 Kilometer von Kösching entfernt. Links geht es zur Wallfahrtskirche. Westlich des Ortes liegen beiderseits der Straße Hopfenfelder. Ungefähr 4 Kilometer nach Bettbrunn steht rechts, etwas abseits der Straße, die *Gaststätte Köschinger Waldhaus,* ein beliebtes Ausflugsziel. Nahebei hat der Wittelsbacher Ausgleichsfond ein Wildschaugatter mit Gehegen für Schwarz-, Dam- und Muffelwild angelegt.

An der Kreuzung südlich der Gaststätte treten wir die Rückfahrt an, und zwar in südlicher Richtung. Jetzt sind nur noch unerhebliche Höhenunterschiede zu bewältigen. Über eine letzte Kuppe erreichen wir das *Köschinger Eck,* von wo sich ein weiter Blick über das mit Industrieanlagen durchsetzte Donautal bietet. Nun rollt unser »Drahtesel« wie von selbst hinunter nach *Kösching.*

76 Von Abensberg zum Donaudurchbruch

Verkehrsmöglichkeiten Abensberg wird am Stadtrand von der Bundesstraße 16 berührt, 15 km von Kelheim, 31 km von Regensburg, 40 km von Ingolstadt. Bahnhof.

Tourenlänge 33 km.

Fahrzeit 2 Stunden.

Höhenunterschiede Wesentliche Steigung von Weltenburg (340 m) zum Straßendreieck beim römischen Burgus (419 m).

Karten 1:200000 Die Generalkarte, Blatt 20.

Wissenswertes *Abensberg.* Altertümliches Stadtbild. Zentrum zwischen der Pfarrkirche St. Barbara und der ehemaligen Karmeliterkirche. Auf der Südseite des Hauptplatzes das spätgotische Rathaus. Am Hauptplatz auch das Geburtshaus des in Abensberg geborenen Historikers Johannes Thurmair, genannt Aventinus (1477–1534). Im Obergeschoß des Kreuzganges des ehemaligen Karmeliterklosters aus dem 15. Jahrhundert ist das Heimatmuseum (Aventinus-Museum) untergebracht; geöffnet von Freitag bis Sonntag sowie an Feiertagen von 14 bis 17 Uhr. Vogelpark Niederbayern. Am ersten September-Wochenende der Gillamoos-Markt, ein dreitägiges Volksfest.

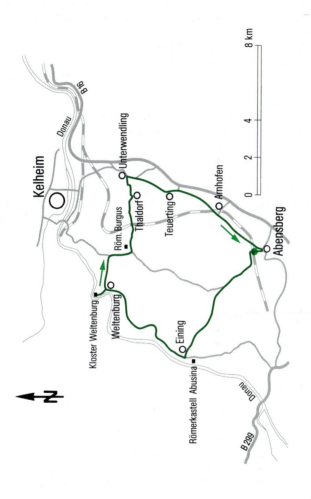

Eining und *Kloster Weltenburg* siehe Tour 77.

Tourenbeschreibung Als erstes radeln wir von *Abensberg* auf der Deutschen Ferienstraße Alpen – Ostsee in die 8 Kilometer entfernte Ortschaft *Eining*. Links geht es zu den Mauerresten des Römerkastells Abusina, das man unbedingt besichtigen sollte (600 m südlich der Ortsmitte).

Rechts setzt sich unsere Tour in Richtung Weltenburg fort. Die Straße steigt spürbar an. Über eine bewaldete Kuppe nach *Weltenburg.* Vor der Kirche links und auf einem Sträßchen zwischen der breiten Donau und steilen Kalkfelsen durch die Weltenburger Enge zum reizvoll gelegenen *Kloster Weltenburg,* das nicht nur Kunstgenüsse in der Kirche, sondern auch gute Brotzeiten und ein ausgezeichnetes Bier im Bräustüberl bietet.

Anschließend wieder zurück in das Dorf Weltenburg. Dort links halten in Richtung Kelheim. Etwas mehr als 1 Kilometer geht es bergan. Dann biegen wir rechts ab und fahren gut 1 Kilometer geradeaus in Südrichtung. Am Straßendreieck links, einige Meter danach abermals links, jetzt auf einem schlechten Waldweg. Nach 250 Metern über eine Wegekreuzung. Und etwa 100 Meter danach sind links des Waldweges die Wälle und Gräben eines *römischen Burgus* (Wachtturm) zu erkennen: Vom Ende des Limes an der Donau (siehe Tour 77) setzte sich die Grenze des Imperiums vom Fluß zurückversetzt fort, bis Untersaal, wo die nächste Befestigung (nicht mehr zu erkennen) stand.

Vom Burgus wieder zur Wegekreuzung. Hier links und zur Straße. Auf ihr erneut links, in rasanter Fahrt zu Tal, über den Bahnkörper und nach *Thaldorf.* Nächster Ort ist *Unterwendling.* Dahinter stoßen wir auf die alte Landstraße Kelheim – Abensberg. Mit ihr rechts über *Teuerting* und *Arnhofen* wieder nach *Abensberg.*

77 Von Kelheim über die Befreiungshalle zum Donaudurchbruch

Verkehrsmöglichkeiten Kelheim breitet sich an der Mündung der Altmühl in die Donau aus, unfern der Bundesstraße 16. Von Ingolstadt 51 km, von Regensburg 26 km. Bahnverbindungen mit Ingolstadt und Regensburg.

Tourenlänge 23 km.

Fahrzeit 2 bis 2¹/₂ Stunden.

Höhenunterschiede Von Kelheim (343 m) Steilauffahrt (2,5 km) zur Befreiungshalle (450 m). In der Folge stets im Auf und Ab nach Hienheim. Hinter Eining nur noch eine Steigung (etwa 50 m Höhenunterschied).

Karten 1:200000 Die Generalkarte, Blatt 20.

Wissenswertes *Kelheim:* Einer der ältesten Siedlungsböden in Bayern, im Mittelalter zeitweise Sitz der Wittelsbacher. Tore und Türme der einstigen Mauer, welche die quadratisch angelegte Altstadt umgab. Pfarrkirche Mariae Himmelfahrt (hinter dem Marktplatz) aus dem 15. Jahrhundert. Spitalkirche St. Johannes, genannt »Ottokapelle«, neben der Stelle (Mettalkreuz im Pflaster), an der Herzog Ludwig (»der Kelheimer«) am 15. September 1231 ermordet wurde. Besichtigung nach telefonischer Anmeldung, (0 94 41) 33 83. Archäologisches Museum im Herzogkasten. – Auf dem schon in vorchristlicher Zeit bewohnten Michaelsberg die Befreiungshalle, ein 59 Meter hoher Rundbau, am 18. Oktober 1863 (50. Jahrestag der Völkerschlacht bei Leipzig) feierlich eingeweiht. In dem mit farbigem Marmor verkleideten Inneren stehen 34 (Zahl der damaligen deutschen Staaten) Viktorien; geöffnet zwischen April und September täglich von 8 bis 18 Uhr, sonstige Zeit von 9 bis 12 und von 13 bis 16 Uhr.

»Hadriansäule«: Unter König Max II. im Jahre 1861 errichtete Gedenksäule auf dem raetischen Limes, der am nahen Ufer der Donau zu Ende war. Unweit der Säule die freie Rekonstruktion eines Limes-Wachtturmes aus Holz.

Eining: Umfangreiche Mauerreste des Römerkastell Abusina, das besterhaltene seiner Art in Bayern, entstanden zwischen 79 und 81 n. Chr. unter Kaiser Titus als Holzkastell, später in Stein ausgebaut und erweitert. Führungen (Klingel am Eingang drükken); siehe auch Kompass-Wanderführer »Auf den Spuren der Römer in Bayern«.

Kloster Weltenburg: Benediktiner-Abtei (seit 760). Großartige Klosterkirche St. Georg und St. Martin, von Cosmas Damian Asam 1718 geweiht; Kirchenführer-Broschüre. Das Bräuhaus stammt von 1719.

Tourenbeschreibung Die Altstadt wird durch das im 14. Jahrhundert erbaute Mittertor (1809 verändert) verlassen. Über eine Kreuzung und jenseits durch die Hienheimer Straße. Von der Höhe grüßt die Befreiungshalle. Wir kommen über einen Rest des alten Main-Donau-Kanales aus der Mitte des 19. Jahrhunderts. Er erwies sich seinerzeit als der gleiche Fehlgriff wie der neue Kanal!

Die Auffahrt setzt an. Rechts unten sehen wir einen Teil des neuen Main-Donau-Kanales. Die Steilheit nimmt zu, vornehmlich in den Kehren, wodurch weniger sportliche Radler zum Absteigen gezwungen werden. Nach einiger Zeit geht es von der Hienheimer Straße links ab. Ein letztes Steilstück, etwa einen halben Kilometer, dann ist die Höhe erreicht. Wir »parken« das Fahrrad und schlendern zur nahen *Befreiungshalle.*

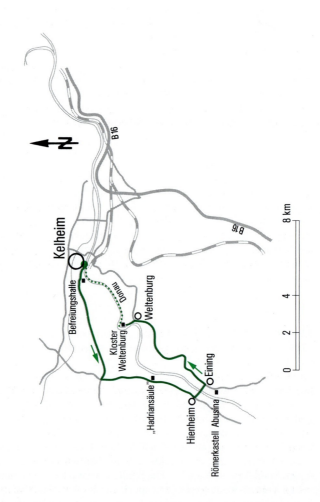

N

Kelheim

Befreiungshalle

Donau

Weltenburg

Kloster
Weltenburg

„Hadriansäule"

Hienheim

Eining

Römerkastell Abusina

B 16

B 16

0   2   4   8 km

Wieder hinunter zur Hienheimer Straße. Auf ihr links, entlang eines Naturschutzgebietes. Nach 2,3 Kilometern bietet sich links eine Abkürzung über Stausacker (Donaufähre) nach Kloster Weltenberg an.

In langgezogenen Geländewellen geht es durch den Wald. Etwa 6 Kilometer nach der Befreiungshalle stößt man auf eine Querstraße. Hier links: aufwärts, abwärts, aufwärts – bis uns der Wald freigibt und sich ein schöner Blick über die Donau bietet. Wir kommen zur sogenannten »Hadriansäule« am Verlauf des römischen Limes. Rechts steht in Sichtweite ein hölzerner Wachtturm.

Im Vorblick leitet uns der Sattelturm von St. Georg nach *Hienheim*. Vor der Metzgerei M. Pfaller geht es links zur Donaufähre, mit der wir nach *Eining* übersetzen. Etwa 600 Meter südlich der Ortschaft sollte man unbedingt die Reste des Römerkastells besichtigen.

In Eining links haltend aus dem Ort. Danach, spürbar steil aufwärts, über eine bewaldete Kuppe und nach *Weltenburg*. Vor der Kirche links. Auf einem Sträßchen zwischen der hier breiten Donau und steil aufragenden Kalkfelsen durch die Weltenburger Enge zum reizvoll gelegenen *Kloster Weltenburg*. Nach einer deftigen Brotzeit im Bräustüberl fahren wir die letzten 400 Meter entlang der im Jahre 1733 errichteten Außenmauer zum Schiffsanleger. Als krönender Abschluß die Fahrt (Schiffsverkehr vom 1. April bis Mitte Oktober) durch den für Deutschland einzigartigen *Donaudurchbruch* nach *Kelheim*.

78   Von Kelheim ins Altmühltal

Verkehrsmöglichkeiten   Kelheim breitet sich an der Mündung der Altmühl in die Donau aus, unfern der Bundesstraße 16. Von Ingolstadt 51 km, von Regensburg 26 km. Bahnverbindungen mit Ingolstadt und Regensburg.
Tourenlänge   61 km (mit Schloß Prunn).
Fahrzeit   5 Stunden.
Höhenunterschiede   Von Prunn steile Auffahrt (150 Höhenmeter, 1,5 km, 14%) nach Schloß Prunn. Aus dem Altmühltal (Riedenburg, 361 m) anhaltend mäßige Steigung durch das Schambachtal über Hexenagger (405 m) nach Altmannstein (388 m), von dort 70 Höhenmeter über die Ausläufer des Kochberges hinweg. In der Folge weniger bergig bis Neustadt. Letzte Steigung (50 Höhenmeter) hinter Eining.
Karten   1:200000 Die Generalkarte, Blatt 20.

Wissenswertes *Kelheim* siehe Tour 77.

Schulerlochhöhle: Tropfsteinhöhle, vor rund 140 Millionen Jahren durch Ablagerungen des Jura-Meeres entstanden, bedeutendste prähistorische Fundstätte in Bayern. Führungen ab Ostern bis einschließlich Oktober.

Essing: Einer der reizvollsten Orte im Altmühltal, gedrängt zwischen Fluß und steilen Felsen. In der Kirche Wessobrunner Stuck, an die Kirche angebaut der Pfarrhof. Über Essing auf steilem Felsstock die Ruine der im 13. Jahrhundert erbauten, 1634 zerstörten Burg Randeck.

Burg Prunn: Wahrzeichen des unteren Altmühltales in glanzvoller Lage auf hohen Felsen, eine der romantischsten Burganlagen in Bayern. Führungen vom 1. April bis 30. September täglich zwischen 9 und 18 Uhr, übrige Zeit von Dienstag bis Sonntag zwischen 9 und 16 Uhr.

Riedenburg: Dreiburgenstadt (Rosenburg, Rabenstein, Drachenstein) an der Mündung des Schambachtales ins Altmühltal. Sehenswerter Marktplatz mit Rathaus. Häuser in typisch oberpfälzisch-bayerischer Bauart. Pfarrkirche St. Johann Baptist, gotischer Turm, Frührokokostuck. In der Rosenburg das erste Falknerei-Museum der Bundesrepublik; angrenzend der Landesjagdfalkenhof mit rund 70 Greifvögeln.

Neustadt: Als »neue Stadt« um 1250 unter Herzog Ludwig dem Strengen als regelmäßige Viereckanlage gegründet. Pfarrkirche St. Laurentius, dreischiffige Halle aus dem späten 15. Jahrhundert. Rathaus mit hochgiebeliger Fassade des späten 15. Jahrhunderts, angebaut die St.-Anna-Kapelle (Akanthusstuck von 1715).

Eining, Weltenburg siehe Tour 77.

Tourenbeschreibung Von Kelheim in Richtung Riedenburg über die Altmühl und taleinwärts (Radweg); links oben thront die Befreiungshalle. Nach einiger Zeit vertrauen wir uns dem Sträßchen an, das rechts parallel zur Landstraße verläuft. Zur Linken haben wir eine Schleuse des Main-Donau-Kanales. Erster Höhepunkt ist die *Schulerlochhöhle:* Wir lassen die Räder auf dem Parkplatz und gehen zu Fuß in ¼ Stunde hinauf zum Eingang.

Bei der Weiterfahrt folgt gleich rechts eine Felsformation mit deutlichen Auswaschungen der Ur-Donau, die einst von Dollnstein bis Kelheim durch das heutige Altmühltal floß.

Nach einiger Zeit sehen wir am linken Ufer den grauen Fels der Schellneckwand. Hinter einer Straßenunterführung rechts ab in den verträumten Markt *Essing.* Vom alten Ziehbrunnen sind es nur wenige Schritte zu einem Torturm und der historischen Altmühlbrücke, von der aus Schloß Randeck zu sehen ist.

Wir bleiben auf der alten Talstraße und kommen nach *Nußhau-*

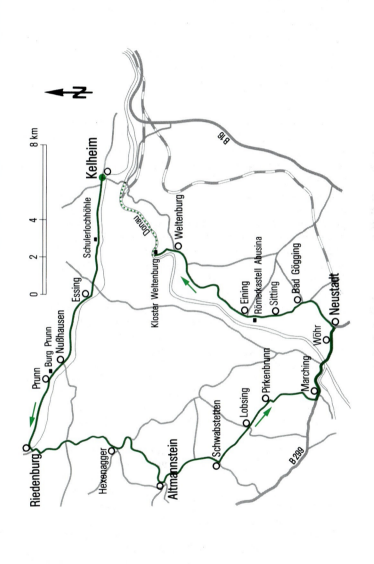

sen zu Füßen der Burg Prunn. Der Fußweg dorthin (½ Stunde) beginnt rechts neben dem Gasthof zum Schloß.

Sportliche »Pedalritter« fahren weiter in die Ortschaft *Prunn* und dort rechts auf der Bergstraße hoch. Auf der Höhe rechts und abwärts zum Parkplatz nahe der *Burg Prunn.*

Vom Dorf Prunn rechts der neuen Straße taleinwärts, bis wir bei der Emmertaler Pestkapelle auf die Straße gezwungen werden, auf der wir bald im Luftkurort *Riedenburg* einfahren. Über die Altmühlbrücke – direkt im Vorblick auf der Höhe die Rosenburg – ins Zentrum. Von Kelheim 21 Kilometer.

Nun in Richtung Ingolstadt (Hinweistafeln). Das Schambachtal nimmt uns auf. Links steigen die Hänge einer Wacholderheide an, rechts fließt das Bächlein. Die Bahnstrecke ist längst eingestellt. Ihr Damm indes wurde 1982 zum Radwanderweg hergerichtet, so daß wir nicht unbedingt auf die Straße angewiesen sind. Bahndamm-Radweg und Straße vereinen sich kurz vor *Hexenagger,* das von einer hochgelegenen Burgruine überragt wird.

Hinter Hexenagger, gleich nach der Schambachbrücke, steht links im Wald der sogenannte »Steinpilz«, ein pilzähnlicher Fels. Auch in der Folge können wir auf 5 Kilometer den Bahndamm in Anspruch nehmen – bis in den staatlich anerkannten Erholungsort *Altmannstein.* Die Burg, von der nur noch der Bergfried und Ruinen vorhanden sind, stammt aus dem frühen 13. Jahrhundert und wurde unter Altmann II. von Abensberg erbaut.

Vor der Ortsmitte biegen wir scharf links in die Schulstraße ein (Tafel: Lobsing). Etwa 1,5 Kilometer nach Altmannstein kreuzen wir den Verlauf des römischen Limes. Hagenbühl bleibt links liegen. In *Schwabstetten* biegen wir links nach *Lobsing* ab. Dort verlassen wir den Naturpark Altmühltal, das heißt wir schwenken vor der Kirche in die Pirkenbrunner Straße ein und gelangen nach *Pirkenbrunn.* Am Ortsanfang rechts in die Marchinger Straße. Auch hier breiten sich Hopfengärten aus. In Höhe des Marmorwerkes (links) an der Straßenkreuzung rechts und zur Bundesstraße 299, die wir bei einem kleinen Salvator-Bildstock erreichen.

Links in das nahe *Marching.* Zu Füßen der einstmals befestigten, aus dem 14. Jahrhundert stammenden, später barockisierten Kirche vorüber in Richtung Neustadt. Links erhebt sich der Eichelberg, rechts begleiten uns Auen und Altwasser der Donau, die man wenig später auf einer langen Brücke überquert und durch den Vorort *Wöhr* (ab hier Radweg) nach *Neustadt* kommt.

Kurz nach der Ortstafel geht es schon links ab in Richtung Kelheim. Bis *Bad Gögging,* wo sich bereits die Römer in Schwefelmoorbädern erholten, sind es 2 Kilometer. Über *Sitting* erreichen wir das *Römerkastell Abusina.* Im Anschluß durch die Ortschaft

Eining und, wie bei Tour 77 ausführlich beschrieben, nach *Kloster Weltenburg*, von wo uns das Schiff durch den Donaudurchbruch wieder nach *Kelheim* bringt.

Quer durch Oberbayern

Diese Route führt aus Niederbayern sozusagen durch ein Hintertürchen nach Oberbayern, und zwar nahe des Inns östlich von Altötting. Sie verbindet Passau an Donau und Inn mit München an der Isar. Die Gesamtlänge beträgt 234 Kilometer. Aufgeteilt in 4 Tagesetappen, ergibt es einen Durchschnitt von rund 59 Kilometer pro Tag.

79 Passau – Simbach

Verkehrsmöglichkeiten Nach Passau bestehen gute Bahnverbindungen. Von München 180 km.
Tourenlänge 61 km.
Fahrzeit 5 Stunden.
Höhenunterschiede Fast ausschließlich bergige Strecke. Hauptsächliche Steigung ab Passau auf einer Länge von rund 7 km.
Karten 1:200 000 Die Generalkarte, Blatt 23.
Übernachtung In Simbach Gasthöfe. Jugendherberge in Braunau (Österreich), Palmplatz 8.
Wissenswertes *Passau:* Eine der reizvollsten Städte Deutschlands, seit dem 6. Jahrhundert von Bajuwaren bewohnt. Dom St. Stephan mit der größten Kirchenorgel der Welt, prunkvoller Stuck, Deckenfresken des Mailänders Carpoforo Tencalla. Kirchenführer-Broschüre. Alte Bischofsresidenz, nach Stadtbränden barock umgebaut. Neue Residenz des Bischofs 1730 vollendet. Das ehemalige fürstbischöfliche Hoftheater dient als Stadttheater. Unweit des Schiffsanlegers steht das ursprünglich gotische Rathaus (Ratskeller) mit 68 Meter hohem Turm. Lohnende Dreiflüssefahrten, Römerkastell Boiotro mit freigelegten Grundmauern und Museum (Ledererstraße 43, rechtes Innufer). Veste Oberhaus, von den Passauer Bischöfen zwischen dem 13. und 17. Jahrhundert erbaut, Museum vom 15. März bis Oktober täglich (außer Montag) von 9 bis 17 Uhr geöffnet.

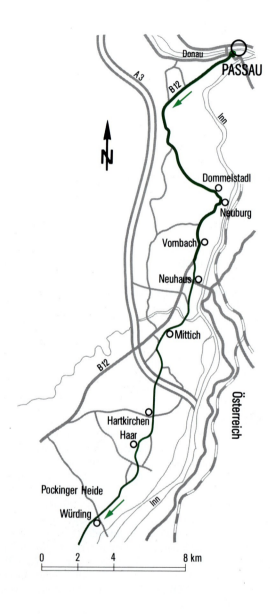

Donau

A 3

B 12

PASSAU

Inn

N

Dommelstadl

Neuburg

Vornbach

Neuhaus

Mittich

B 12

Österreich

Hartkirchen

Haar

Pockinger Heide

Inn

Würding

0   2   4   8 km

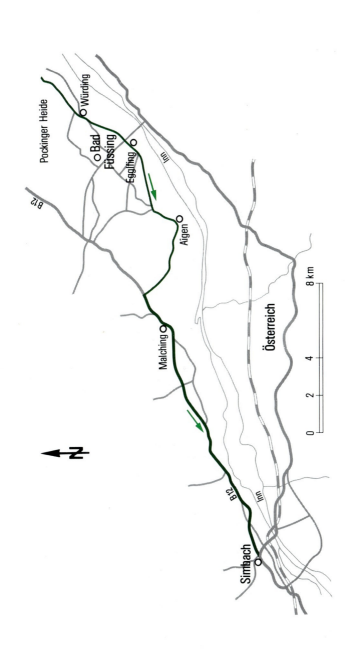

Neuburg/Inn: Stattliche Burg aus dem frühen 11. Jahrhundert. Im 13. Jahrhundert Streitobjekt zwischen den Wittelsbachern und den Habsburgern, die Neuburg als Brückenkopf in Bayern benutzten. Vorburg und Hauptburg in sehr gutem Zustand. Burgkapelle unter Herzog Friedrich von Österreich in der ersten Hälfte des 14. Jahrhunderts erbaut.

Vornbach: Kirche eines ehemaligen Benediktinerklosters, das die hiesigen Grafen im 11. Jahrhundert gründeten; romanischer Taufstein, feingliederige Stukkaturen, barocker Hochaltar.

Aigen: Wallfahrtskirche Mariae Himmelfahrt zu St. Leonhard. Neben Inchenhofen (siehe Tour 4) die älteste bayerische Leonhardi-Wallfahrt, begründet durch eine Schnitzfigur des Hl. Leonhard, die der Inn im 13. Jahrhundert bei Aigen ans Ufer schwemmte. Zahlreiche Votivgaben.

Simbach: Bayerisches Grenzstädtchen am Inn, 1165 erstmals in einer Urkunde erwähnt, im Österreichischen Erfolgekrieg 1743 zerstört, seit 1951 Stadt. Heimatmuseum (Innstraße 14), Besichtigung nach Vereinbarung, Tel. (08571) 2052.

Tourenbeschreibung   In *Passau* vom Ludwigsplatz der Neuburger Straße folgen bzw. der Bundesstraße 12 in Richtung München. Die Steigung hält an. Nach 6 Kilometern wenden wir uns links und haben bald die hauptsächliche Steigung hinter uns. Durch *Dommelstadl* (Barockkirche) gelangen wir nach *Neuburg.* Die Straße verläuft oberhalb der Burg. Danach heißt es aufpassen, um die Linksabzweigung nach Vornbach nicht zu übersehen. In *Vornbach* beim Feuerwehrgerätehaus links zur Kirche des ehemaligen Benediktinerklosters.

Anschließend wieder zur Bundesstraße 12. Auf ihr ein kurzes Stück links, worauf wir die stark befahrene Straße halblinks verlassen und über ein Nebensträßchen nach *Neuhaus* gelangen. Tafeln erklären die Weiterfahrt in Richtung Mittich. Auf einer alten, unter Denkmalschutz stehenden, holzüberdachten Brücke (»Franzosenbrücke«) über die unweit von hier in den Inn mündende Rott.

Ab *Mittich* in Richtung Hartkirchen/Bad Füssing. Über die Autobahn hinweg und auf den spitzen Kirchturm von *Hartkirchen* zuhalten.

Weiter über *Haar* in den Füssinger Ortsteil *Würding.* Bad Füssing selbst, das meistbesuchte Bad der Bundesrepublik, bleibt rechts liegen. In Würding durch die Untere Inntalstraße, bald die Innbruckstraße kreuzen und in den Füssinger Ortsteil *Egglfing,* den man durch die Obere Inntalstraße verläßt.

Aigen begrüßt uns schon von weitem mit seinen Kirchtürmen: einmal der spitzige von St. Leonhard, außerdem der Zwiebelturm der Pfarrkirche St. Stephan an der Durchgangsstraße (Herrenstraße). Links steht ein prächtiger, ehemalig bischöflicher Zehntstadel (Gaststätte) aus dem 15. Jahrhundert.

Rechts haltend zur 5 Kilometer entfernten Bundesstraße 12 und links nach *Malching.* Von dort sind wir bis *Simbach* (15 Kilometer) auf die Bundesstraße angewiesen. Gegenüber von Simbach liegt am rechten Ufer des Inn die oberösterreichische Stadt Braunau, die als Geburtsort von Adolf Hitler zu trauriger Berühmtheit gelangte.

80   Simbach – Altötting – Mühldorf

Verkehrsmöglichkeiten   Simbach liegt an der Bundesstraße 12 zwischen Passau (57 km) und Mühldorf (40 km). Bahnstation.
Tourenlänge   59 km.
Fahrzeit   4 Stunden.
Höhenunterschiede   Unwesentlich.
Karten   1 : 200 000 Die Generalkarte, Blatt 23.
Übernachtung   In Mühldorf Jugendherberge, Friedrich-Ludwig-Jahn-Straße 19; Tel. (0 86 31) 73 70.
Wissenswertes   *Simbach* siehe Tour 79.

Altötting: Ältester und meistbesuchter Wallfahrtsort in Bayern; jährlich etwa 300 000 Wallfahrer. Verehrt wird die rußgeschwärzte »Schwarze Madonna«, eine lothringische Schnitzarbeit des 13. Jahrhunderts in der Heiligen Kapelle, die zu den ältesten Kirchen Deutschlands gehört. In den Wandnischen stehen Urnen mit den Herzen von sechs bayerischen Königen, zwei Königinnen, zwei Kurfürsten sowie von Feldmarschall Tilly. Im Umgang der Heiligen Kapelle zahlreiche Votivtafeln. Stiftskirche St. Philipp und Jakob, spätgotischer Bau an der Stelle einer romanischen Basilika, klassizistischer Hochaltar, beachtenswerter Kreuzgang. In der Tillykapelle das Grab des Grafen Johann Tscherklas von Tilly (1559–1632), Feldmarschall im Dreißigjährigen Krieg. An der Nordseite des Chores die Schatzkammer in der ehemaligen Sakristei (geöffnet von Ostern bis 1. November) täglich um 10.15 Uhr, 14 und 15.30 Uhr; Sonntag von 10 bis 12 Uhr und von 13 bis 16.30 Uhr. Wallfahrts- und Heimatmuseum (Kapellplatz 4). »Papstlinde« unweit der Bruder-Konrad-Kirche, gepflanzt im Herbst 1980 durch Papst Johannes Paul II.

Mühldorf: Das Stadtbild wird von der Inntalbauweise geprägt: Laubengänge, Erker, zinnengekrönte Fassaden, geschlossene Straßenzeilen. Einst bedeutender Schiffshandelsplatz. Am malerischen Stadtplatz das spätgotische Rathaus. Marktbrunnen von

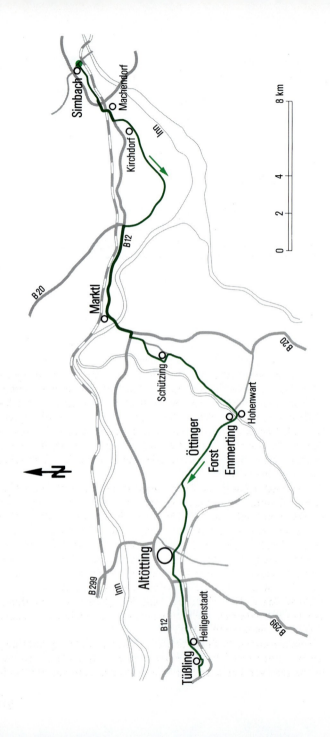

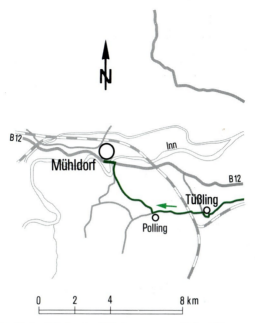

1692. Stadtpfarrkirche St. Nikolaus, romanischer Turm, spätgotischer Chor. Kreismuseum (Tuchmacherstraße 7) im sogenannten Lodron-Haus, ursprünglich (ab 1638) Vorratskasten des Kollegiatstiftes von St. Nikolaus. Mühldorf war bis 1803 salzburgisch. Bei Mühldorf wurde 1322 die letzte große Ritterschlacht (ohne Feuerwaffen) auf deutschem Boden geschlagen: Ludwig der Bayer besiegte seinen Gegenkönig Friedrich den Schönen von Österreich und nahm ihn gefangen.

Tourenbeschreibung Auf der Bundesstraße 12 in das nahe *Machendorf,* worauf wir einen kleinen (aber ruhigen) Umweg über *Kirchdorf* in Kauf nehmen. Wieder auf der Bundesstraße, treffen wir bald in *Marktl* ein. Über den *Inn.* An der nächsten Straßenteilung rechts, kurz danach links in das Sträßchen Schützinger Weg einschwenken. Wohltuende Waldesruhe! Wir kommen nach *Schützing,* das aus mehreren großen Einzelhöfen besteht. Nach einiger Zeit links halten zu Gehöften und zu einer Kreuzung der Waldsträßchen. Hier rechts und auf der Alten Poststraße durch Wald nach *Hohenwart.* Rechts über die Alz. Am anderen Ufer liegt *Emmerting* im unteren Alztal.

Tafeln erklären die Fortsetzung der Tour in Richtung Altötting, das wir durch den Öttinger Forst erreichen. In *Altötting* an der Stiftskirche vorüber durch die Marienstraße, dann auf der Kohlbergstraße westwärts. Gleich hinter der Ortsendetafel links (Hinweisschild: Tüßling), unter der Bundesstraße 299 hindurch und durch eine Allee (Naturdenkmal) in die Ortschaft *Heiligenstadt,* die nahtlos nach *Tüßling* übergeht. Vor Tüßling grüßt links von der Höhe die spätgotische Kirche St. Rupertus von Burgkirchen im Walde.

In Tüßling über den reizvollen Marktplatz und auf der kilometermäßig kürzesten Route (beschildert) über *Polling* in die Kreisstadt *Mühldorf am Inn.*

81 Mühldorf – Wasserburg

Verkehrsmöglichkeiten Mühldorf am Inn liegt an der Bundesstraße 12 zwischen Passau (97 km) und München (85 km). Gute Bahnverbindungen.

Tourenlänge 48 km.

Fahrzeit 3½ bis 4 Stunden.

Höhenunterschiede Überwiegend bergige Strecke.

Karten 1 : 200 000 Die Generalkarte, Blatt 23.

Übernachtung In Wasserburg Gasthöfe.

Wissenswertes *Mühldorf* siehe Tour 80.

Ecksberg: Wallfahrtskirche St. Salvator, erbaut von 1684 bis 1686, barock ausgestattet, Rokoko-Kanzel.

Au: Pfarrkirche St. Maria, bis zur Säkularisation (1803) Kirche des Augustiner-Chorherren-Stiftes. Barocke Ausstattung, mehrere Grabdenkmäler. Nach Brand wiederhergestellt (1974). Kloster seit 1853 im Besitz der Dillinger Franziskanerinnen.

Gars: Im 8. Jahrhundert gründete Herzog Tassilo ein Benediktinerkloster, in das 350 Jahre später Augustiner-Chorherren einzogen, denen 1848 Redemptoristen folgten. Barocke Stiftskirche, Freskenschmuck, Hochaltargemälde (Maria Himmelfahrt) von 1663. In der Felixkapelle aus der Mitte des 18. Jahrhunderts eine Reliquie des Hl. Felix. Klosterbauten (1657–1665) von Gasparo und Domenico Zuccalli.

Wasserburg siehe Tour 44.

Tourenbeschreibung In Mühldorf westwärts zum Innkanal. Davor links abzweigen, aber nicht nach Ecksberg, sondern rechts und in den Wald. Nach einiger Zeit zeigt auf der linken Straßenseite eine Tafel zur Fundstelle eines Dinotherium (elefantengroßes Rüsseltier der Vorzeit). Kurz danach lädt die originelle *Ebinger Alm* zur Einkehr. Weiter über *Ebing* (schöner Blick auf den Inn) und *Rausching* geradeaus zur Siedlung *Innthal* und nach

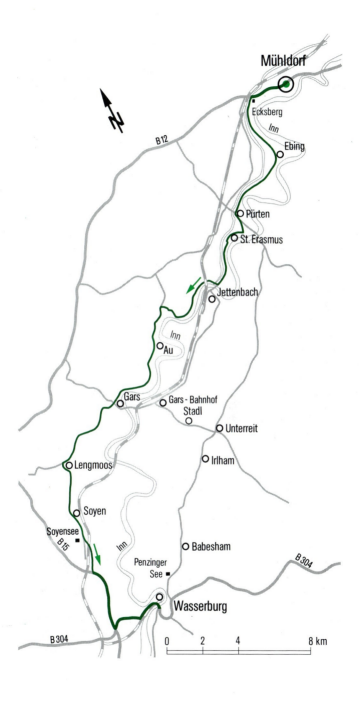

Pürten. Beim Gasthof links abwärts zur Kirche in *St. Erasmus.* Nun in Richtung Jettenbach. Vor dem Innwerk rechts über den Kanal. Danach links halten durch eine Eisenbahnunterführung in Richtung Fraham. Das Sträßchen bleibt in der Nähe des Flusses.

Nach einer Weile sehen wir links die einstige Klosterkirche in Au. In *Gars* geradeaus über die Straßenkreuzung. Nach 5 Kilometern, am Ortsanfang von *Lengmoos,* biegt man links ab. An der Pfarrkirche vorüberradeln nach *Soyen.* Geradeaus, vorbei am Maibaum. Rechts zeigt sich der Soyensee. Den Schienenstrang kreuzen und zur Bundesstraße 15. Auf ihr links, worauf etwas später links die Zufahrt nach *Wasserburg* abgeht.

82 Wasserburg – München

Verkehrsmöglichkeiten Wasserburg am Inn liegt an der Bundesstraße 304. Von München 56 km. Gute Bahnverbindungen.

Tourenlänge 66 km.

Fahrzeit 5 Stunden.

Höhenunterschiede Mit Ausnahme der Steigung vom Inn zur Bundesstraße 15 im weiteren Verlauf mäßig bergig bis kurz vor München.

Karten 1 : 200 000 Die Generalkarte, Blatt 23.

Übernachtung Jugendherberge in München, Wendl-Dietrich-Straße 20, Eingang Winthirplatz (nahe Rotkreuzplatz), Tel. (089) 13 11 56. Jugendgästehaus in der Miesingstraße 4 (Thalkirchen), Tel. (089) 7 23 65 50.

Wissenswertes *Wasserburg* siehe Tour 44.

Ebersberg: Ansehnlicher Marktplatz (Marienplatz) mit bildschönen Häuserfronten. Ehemalige Klosterkirche St. Sebastian, dreischiffige spätgotische Halle; unter der Orgelempore eine Tumba aus rotem Marmor der Grafen Ulrich und Richardis von Sempt-Ebersberg, die hier im Jahre 934 ein Chorherrenstift gründeten. Auf dem Hochaltar eine Figur des Hl. Sebastian (zwischen Ignatius von Loyola, Petrus, Paulus, Franz Xaver), von dem das Kloster im Mittelalter die Gehirnschale als Reliquie besaß; sie sorgte für den Aufschwung zum Wallfahrtsort. Kirchenführer-Broschüre. Das Rathaus, als Hofwirtschaftshaus des Klosters 1529 errichtet, gilt als der bedeutendste mittelalterliche Profanbau im Landkreis.

Ebersberger Forst, größtes geschlossenes Waldgebiet der Bundesrepublik. Von den insgesamt 9000 Hektar sind 7700 Hektar Staatswald.

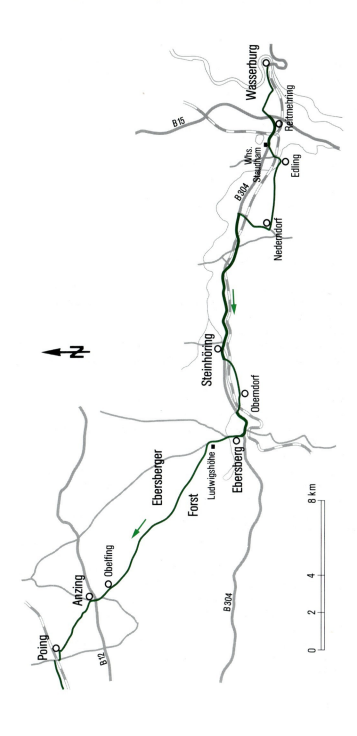

Poing: Östlich des Ortes ein privates Wildfreigehege (50 ha) mit rund 150 Stück Damwild, 50 Stück Muffelwild und anderem Wild; geöffnet Freitag, Samstag, Sonntag sowie an allen Feiertagen ab 10 Uhr.

München siehe Tour 23.

Tourenbeschreibung Von *Wasserburg* auf der Münchner Straße etwa 2 Kilometer bergauf (zum Schluß Radweg) zur Kreuzung der Bundesstraßen 304 und 15. Nun auf der Bundesstraße 304 in Richtung München. Bis *Reitmehring* ist ein Radweg vorhanden. Etwas später, beim *Gasthof Staudham,* geht es links ab nach *Edling.* An der Pfarrkirche vorbei und den Ort rechts haltend verlassen. Die Straße durchzieht den Wald des Untersteinbuch, in dem sich mehrere vorchristliche Grabhügel verbergen. An der Straßenkreuzung hinter *Nederndorf* rechts – Pfaffing bleibt links liegen – und zur *Bundesstraße 304,* die man 10 Kilometer westlich von Wasserburg erreicht.

Links der stark befahrenen Straße 6 Kilometer folgen, bis hinter *Steinhöring* links die Nebenstraße nach Oberndorf abzweigt. An der nächsten Straßengabel rechts halten und nach *Oberndorf.* Neben dem Maibaum steht das prächtige Haus des Gasthofes Huber.

Anschließend werden wir zwar wieder auf die B 304 gezwungen, doch jetzt ist es nur noch 1 Kilometer bis *Ebersberg.* Von dort hinter dem Rathaus in die Eberhardstraße. Ein Radweg leitet zum *Klostersee* (Freibad). An der Straßengabel links halten und bergauf. Links erhebt sich der 1912 aufgestellte Aussichtsturm auf der Ludwigshöhe. Wenig später biegen wir links in die *Anzinger Straße* ein. Auf einer Strecke von guten 10 Kilometern bleiben wir nun im *Ebersberger Forst,* der uns erst bei *Obelfing* wieder freigibt. In einigen Minuten sind wir in *Anzing* und kreuzen dort die Bundesstraße 12 in Richtung Markt Schwaben (Tafel). Vor der Kirche links. Am Himmel sehen und hören wir die Verkehrsmaschinen, die den Flughafen München-Riem anfliegen.

In *Poing* durch die Eisenbahnunterführung (Richtung Pliening), danach links einordnen in Richtung Feldkirchen. Durch eine Industriezone nach *Heimstetten* und weiter nach *Feldkirchen.* Geradeaus und auf der Landstraße bleiben. Bald sehen wir links den Flughafen, zu dem links ein kurzer Abstecher führt.

Wir folgen der Riemer Straße, die später in die Eggenfelder Straße übergeht. Schilder erklären die Fahrt in die Stadtmitte von *München.* Wer zur Jugendherberge will, orientiert sich in Richtung Nymphenburger Straße – Rotkreuzplatz.

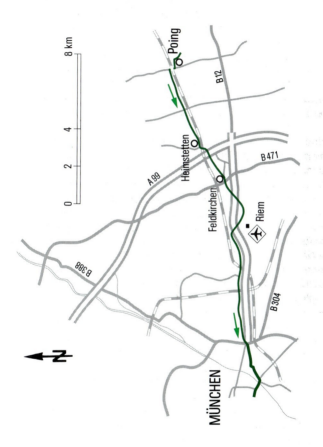

Durch das Isartal nach Mittenwald

Die Radwanderung von München durch das Isartal bis Mittenwald ist zweifellos der schönste mehrtägige Ausflug von der Landeshauptstadt in Richtung Gebirge. Die gesamte Streckenlänge beläuft sich auf 109 Kilometer. Das entspricht, aufgeteilt in zwei Etappen, einer Tagesleistung von 54,5 Kilometern. Die Tour kann auch an zwei verschiedenen Tagen unternommen werden, denn von Lenggries besteht Bahnverbindung mit München. In Lenggries Fahrradverleih im Bahnhof, Rückgabemöglichkeit in Mittenwald.

83   München – Lenggries

Verkehrsmöglichkeiten   München weist gute Bahn-, Straßen- und Autobahnverbindungen in alle Himmelsrichtungen auf.
Tourenlänge   54 km.
Fahrzeit $3^{1}/_{2}$ Stunden.
Höhenunterschiede   Zum Auftakt kurzes Steilstück vom Tierpark Hellabrunn zum Harlachinger Kirchl. Im weiteren Verlauf keine nennenswerten Steigungen.
Karten   1 : 200 000 Die Generalkarte, Blätter 22, 25 und 26.
Anmerkung   In Lenggries Hotels, Gasthöfe, Privatzimmer, Jugendherberge, Tel. (0 80 42) 24 24.
Wissenswertes   *München* siehe Tour 23.
   Tierpark Hellabrunn, Harlaching, Grünwald siehe Tour 24.
   Wolfratshausen, Bad Tölz siehe Tour 32.
   Lenggries siehe Tour 37.
Tourenbeschreibung   Vom *Tierpark Hellabrunn* den Harlachinger Berg hoch. Hinter dem »Harlachinger Kirchl« (St. Anna) wechseln wir auf die *Hochleite* über und radeln – von Fußgängern still geduldet – am Rand des Isar-Hochufers, vorbei am Biergarten des »Franziskaners über der Klause« zur *Großhesseloher Brücke:* 270 Meter lang, 34 Meter hoch, früher als »Selbstmörderbrücke« in Verruf.

Wir bleiben diesseits des Flusses in der Nähe des Hochufers. In *Geiselgasteig* nimmt man kurz die Münchner Straße, um bei der ersten Gelegenheit wieder ans Hochufer zu gelangen. Flußaufwärts über den »Lindenwirt« zum Schloß von *Grünwald*.

Links haltend zum Marktplatz, auf dem der Maibaum, das Krieger-Ehrenmal und eine 160 Jahre alte Linde stehen. Von dort in die Straße »Auf der Eierwiese« zum Schwesternheim. Daran links vorbei und über Wiesen zum Rand des Hochufers. In den Wald. In

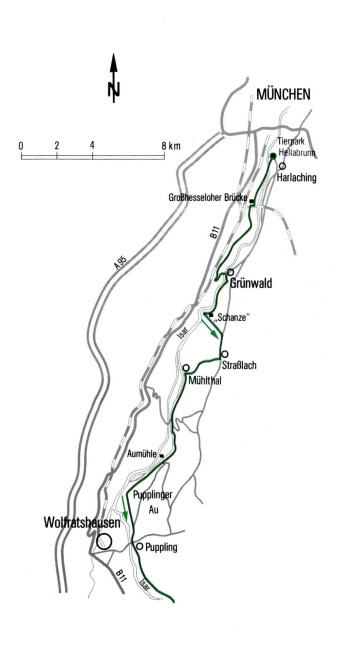

N

0 2 4 8 km

MÜNCHEN

Tierpark
Hellabrunn

Harlaching

Großhesseloher Brücke

B11

A 95

Grünwald

„Schanze"

Straßlach

Mühlthal

Isar

Aumühle

Pupplinger
Au

Wolfratshausen

Puppling

B11

Isar

leichtem Auf und Ab weiter zu den Wällen und Gräben der sogenannten »*Schanze*«. Hier hatten die Römer eine Station ihrer
Straße von Salzburg nach Augsburg.

Kurz danach wenden wir uns vom Steilhang links ab und fahren
schnurgerade durch den Wald zur Grünwalder Straße. Auf ihr
rechts, am Rand der Frundsbergsiedlung entlang, nach *Straßlach*.
Etwa 100 Meter nach der Kirche rechts. Das Sträßchen senkt sich
zum schattigen Biergarten in *Mühlthal*.

In der Folge radeln wir auf einem Sträßchen am Isarwerkkanal
entlang. Bald tauchen im Westen Teile der Klosterkirche von
Schäftlarn auf. Die Rechtsabzweigung (Brücke) dorthin gilt nicht
für uns. Wir bleiben noch kurz auf der Straße, etwas bergan, dann
rechts und weiterhin parallel zum Kanal zum nächsten Biergarten:
Aumühle.

An Forellenteichen vorbei, steuern wir in südlicher Richtung
durch die unter Naturschutz stehende *Pupplinger Au* mit ihren
Schirmföhrenbeständen und Wacholderstauden. Am südlichen
Rand dieser faszinierenden Landschaft, vom Gasthof Aujäger zur
Straße und geradeaus über die Kreuzung. Auch in der Folge wird
unsere Route von Landschafts- und Naturschutzgebieten der Isarauen begleitet.

In *Ascholding* an der Straßenkreuzung nach dem »Neuwirt«
rechts in Richtung Bad Tölz. Wenig später erhebt sich rechts der
Kirchbühel von St. Georg, wohin alljährlich an Ostern eine Pferdeprozession stattfindet. Die Landstraße bleibt im Tal der Isar, zunächst bis *Bad Tölz*.

Ab der Isarbrücke weiter am orographisch rechten Ufer des
Flusses, das heißt durch die Straße *Kapellensteig,* die in die *Lenggrieser Straße* übergeht. Nach 2,5 Kilometern wendet sich unsere
Route gezwungenermaßen halblinks ab und leitet über *Untergries*
und *Rain* in den Luftkurort *Lenggries.*

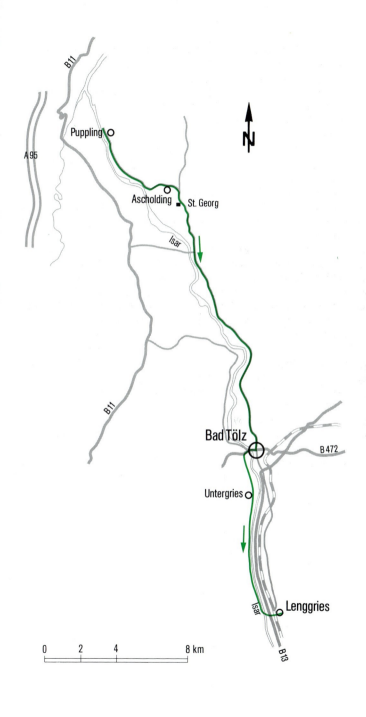

Puppling

Ascholding

St. Georg

Isar

Bad Tölz

B 472

Untergries

Lenggries

Isar

B 13

B 11

A 95

B 11

N

| 0 | 2 | 4 | 8 km |

Verkehrsmöglichkeiten   Lenggries liegt an der Bundesstraße 13 südlich (9 km) von Bad Tölz im Isarwinkel. Bahnhof.
Tourenlänge   55 km.
Fahrzeit   4 bis 5 Stunden.
Höhenunterschiede   Steigung aus dem Isartal etwa 100 Höhenmeter zum Sylvensteinspeicher. Ab Vorderriß mäßig bergige Strecke bis Wallgau.
Karten   1:200000 Die Generalkarte, Blätter 26 und 25.
Anmerkungen   Ab Mittenwald Bahnverbindung mit München. In bzw. 4 Kilometer vor Mittenwald (rechts der beschriebenen Route) die Ludwig-Ganghofer-Jugendherberge, Tel. (08823) 1701.
Wissenswertes   *Lenggries* siehe Tour 37, ansonsten Tour 96.
Tourenbeschreibung   In *Lenggries* ab dem Platz vor der Pfarrkirche geradeaus südwärts in Richtung Fleck, wodurch wir ein Stück weit der Bundesstraße 13 ausweichen. In der Folge sind wir allerdings auf ihr Asphaltband angewiesen. Die anschließende Steigung kann bei kräftigem Treten sogar ohne Schaltung geschafft werden.

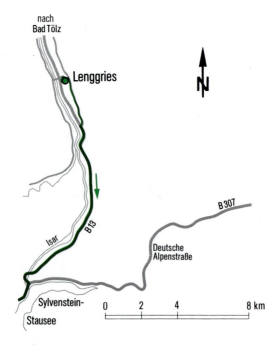

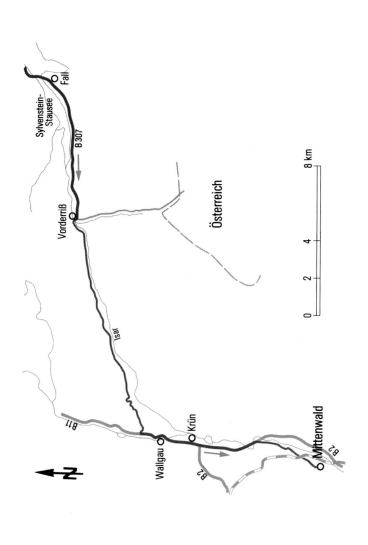

Auf der Höhe rechts, zunächst am südlichen Ufer des *Sylvenstein-speichers,* danach auf der 400 Meter langen Faller-Kamm-Brücke zum nördlichen Ufer. An der neuen Ortschaft *Fall* (Restaurant Jägerklause) rechts vorbei und zum Gasthaus in *Vorderriß,* das heißt zur »Post«, wo vergilbte Bilder an den Wänden an Ludwig Thoma erinnern.

Weiter auf einer 13 Kilometer langen Mautstraße am nördlichen Rand eines Naturschutzgebietes. Ungefähr in der Mitte dieser Strecke arbeitete an der Isar bis 1958 das einzige Ölschieferwerk Deutschlands. Vom Ende der Mautstraße zur nahen B 11. Auf ihr abwärts in den Ferienort *Wallgau,* das durch römische Veteranen gegründet wurde.

Bis *Krün* nehmen wir den Radweg rechts neben der Straße. Etwa 2 Kilometer nach Krün verlassen wir die Schnellstraße und fahren auf der alten Landstraße, vorbei an der Gebirgsjäger-Kaserne, in das Geigenbauerdorf *Mittenwald* im Schatten hochaufragender Karwendelberge.

Donaufahrt nach Passau

Von Donauwörth, der nordwestlichen Ecke des in diesem Führer behandelten Raumes, und Passau im nordöstlichen Winkel, sind es wie beschrieben 284 Kilometer. Aufgeteilt in fünf Etappen, ergibt das einen Tagesdurchschnitt von rund 57 Kilometern. Dabei sind jene Abschnitte, auf denen es besonders viel zu sehen und zu besichtigen gibt, kürzer gehalten. Das soll aber nicht heißen, daß die übrigen Streckenabschnitte langweilig sind. Jede Etappe kann auch als separater Ausflug gestaltet werden, wobei die Rückreise jeweils mit der Bahn erfolgt.

85 Donauwörth – Neuburg – Ingolstadt

Verkehrsmöglichkeiten Donauwörth bildet den Kreuzungspunkt der Bundesstraßen 25, 2 und 16. Von Augsburg 42 km, von Ingolstadt 57 km. Gute Bahnverbindungen.
Tourenlänge 63 km.
Fahrzeit 5 Stunden.
Höhenunterschiede Ab Schloß Leitheim wellig-bergige Strecke bis Stepperg.
Karten 1 : 200 000 Die Generalkarte, Blatt 19.

Übernachtung Ingolstadt Jugendherberge, Oberer Graben 4 (Stadtmitte); Tel. (0841) 34177.

Anmerkung Von Donauwörth gehen überdies die Radtouren 5 und 90 aus.

Wissenswertes *Donauwörth* siehe Tour 2.

Leitheim, Bertoldsheim, Rennertshofen und *Stepperg* siehe Tour 5.

Neuburg siehe Tour 72.

Grünau siehe Tour 73.

Ingolstadt siehe Tour 74.

Tourenbeschreibung Ab der Donaubrücke am Nordufer des Flusses auf der *Zirgesheimer Straße* (Radweg) in den gleichnamigen Stadtteil. Etwas später schmiegt sich die Straße an die Donau. Links oberhalb der Häuser von Schweizerhof thront malerisch ein romanisches Kirchlein. Wir entfernen uns von der Donau. Ab *Altisheim* geht es bergauf nach *Leitheim,* wo wir Schloß und Kirche besuchen und die umfassende Aussicht über die Donau- und Lechebene genießen – angeblich der schönste Fernblick an der deutschen Donau! Von Donauwörth 10 Kilometer.

Die Abfahrt durch Leitheim verschafft uns den notwendigen Schwung für die Gegensteigung nach *Lechsend* (südlich von hier mündet der Lech in die Donau). Vorbei an der barocken Pfarrkirche geht es nach *Marxheim* (3 Kilometer südlich die ehemalige Zisterzienser-Abtei und Klosterkirche Mariae Himmelfahrt in Kaisheim; Kirchenführer-Broschüre. Klostergebäude heute Justizvollzugsanstalt).

Auf der *Bayernstraße* durch Marxheim. Bald steigt die Straße entlang eines feuchten Waldstückes (Wannengries) an. Vor *Bertoldsheim* müssen wir uns entscheiden: Entweder links durch den Ort (mäßige Auffahrt), oder der flachen Umgehungsstraße folgen. Östlich des Ortes treffen beide Möglichkeiten zusammen. Gemeinsam in den zwei Kilometer entfernten Markt *Rennertshofen* (von hier Abstecher möglich zu den Mauerner Höhlen, siehe Tour 5). Von Donauwörth 25 Kilometer.

Das anheimelnde Städtchen wird durch das 1338 erbaute Osttor (heutige Form von 1938) verlassen. Etwa 300 Meter danach rechts ab nach *Hatzenhofen* und von dort an der Usel entlang in das Dorf *Stepperg.* Vor dem Schloß links das Sträßchen Antoniberg hoch. Anschließend rechts entlang der Schloßparkmauer, bis sich rechts ein Sträßchen senkt. Rechter Hand haben wir in einiger Entfernung die Kapellen auf dem Antoniberg. Wir stoßen auf den Hochwasserdamm der Donau. Auf seiner bewachsenen Krone radeln wir gemütlich durch eine ursprüngliche Auenlandschaft. Nach 4 Kilometern führt der Damm an den Hang heran; links oben befindet sich der Aussichtsplatz Finkenstein.

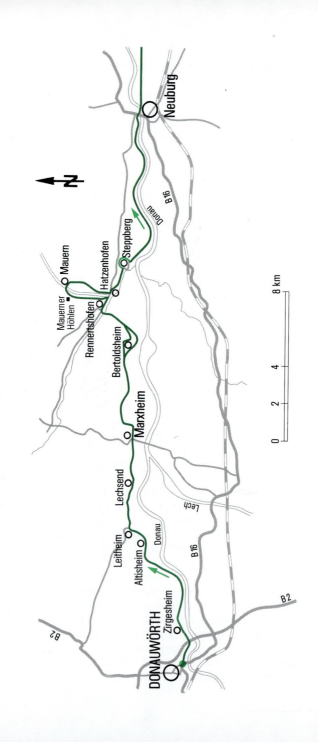

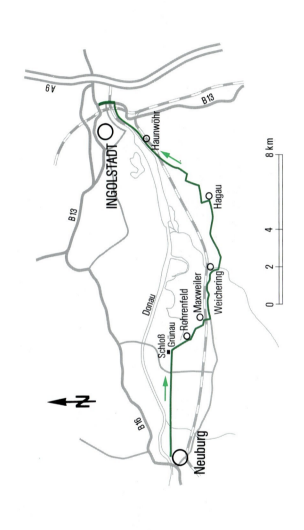

Von der Staustufe Bittenbrunn links haltend auf einer Straße nach Bittenbrunn (links etwas abseits das gelobte Speiserestaurant zum Kirchbaur). Nun auf einem Radweg entlang der Neuburger Straße und rechts über die Donau nach *Neuburg*. Von Donauwörth 40 Kilometer.

An der Ostseite der Donaubrücke radeln wir am rechten Ufer (Wegweiser: Industriegebiet Grünau) auf der *Oskar-Wittmann-Straße* (Radweg) am Südrand des Englischen Gartens schnurgerade durch Vororte zu dem schon von weitem sichtbaren *Schloß Grünau.*

An der Südecke der Wallgräben kurz links, an der Wegegabel rechts und auf nichtasphaltiertem Fahrweg zum ausgedehnten *Gut Rohrenfeld,* einem Gestüt des Wittelsbacher Ausgleichfonds. Daran links vorbei, in der Folge asphaltiert durch eine Allee zum Bahnübergang von *Maxweiler* und zur nahen Autostraße. Links in die Ortschaft *Weichering.* Bei der neugotischen Kirche macht die Straße eine Rechtskurve. Am südlichen Ortsrand links durch die Donauebene, bis links eine Tafel nach *Hagau* weist. Mit der *Rosenschwaigstraße* gelangen wir zur Pfarrkirche. Wenig später rechts in die *Aufeldstraße.* Zwischen einem Reitplatz und einem Weiher hindurch zu einer Querstraße. Auf ihr links (ab Knoglersfreude Radweg) in den Stadtteil *Haunwöhr.* Gegenüber von Haus Nr. 47 der Haunwöhrer Straße geht es links mit einem Radweg über den Bahnkörper und nahe der Donau zur Konrad-Adenauer-Brücke, die den Übergang ins Zentrum von *Ingolstadt* vermittelt.

86   Ingolstadt – Kloster Weltenburg – Kelheim

Verkehrsmöglichkeiten   Ingolstadt liegt am Kreuzungspunkt der Bundesstraßen 13 und 16; Autobahn-Anschlußstellen. Gute Eisenbahnverbindungen. Von München 80 km, von Donauwörth 57 km.
Tourenlänge   45 km (bis Kloster Weltenburg).
Fahrzeit   2³/₄ bis 3 Stunden.
Höhenunterschiede   Ab Bad Gögging mäßig bergige Strecke, sowie Steilstück zur Jugendherberge (nur bei Übernachtung in Kelheim).
Karten   1:200000 Die Generalkarte, Blatt 19 und 20.
Übernachtung   Jugendherberge in Kelheim-Ihrlerstein (nördlicher Stadtrand), Kornblumenweg 1, Tel. (09441) 3309.
Wissenswertes   *Ingolstadt* siehe Tour 74.

Vohburg: Grafen von Vohburg werden erstmals 805 erwähnt. Eine Adela von Vohburg war mit Kaiser Barbarossa vermählt. Hier heiratete Herzog Albrecht III. 1432 die Augsburger Bürgerstochter Agnes Bernauer, die sein Vater ein Jahr später in Straubing in der Donau ertränken ließ. Die noch erhaltenen Burgteile (Ringmauern, Turm, Tor, Hungerturm) stammen aus dem 13. Jahrhundert. Im ehemaligen Burghof die 1697 erbaute, um 1820 umgestaltete Pfarrkirche St. Peter.

Pförring: Romanische Pfarrkirche St. Leonhard, an der Ostseite drei Apsiden, doppeltürmig, über den Nordportalen romanische Steinmetzarbeiten. Nördlich (1 Kilometer) von Pförring die Erderhebungen des 141 n. Chr. in Stein ausgebauten Römerkastells Celeusum, das sich über eine Fläche von 3,9 Hektar erstreckte. Vom Nordosttor (porta dextra) sind noch überwachsene Mauerreste auszumachen.

Neustadt siehe Tour 78.

Eining, Kloster Weltenburg und *Kelheim* siehe Tour 77.

Tourenbeschreibung Auftakt an der Donau (Schloßlände) südlich des Neuen Schlosses. Unter der Eisenbahn-Gitterbrücke hindurch, über die nächste Kreuzung hinweg und anschließend halblinks der *Regensburger Straße* (Radweg) folgen durch Vororte zur Bundesstraße 16 a. Auf ihr rechts, das heißt links der Straße auf einem Flurweg nach *Großmehring.*

Auf dem Platz (Mariensäule) vor der ursprünglich romanischen Liebfrauenkirche mit einem spätgotischen, barockisierten Chor, biegen wir rechts ab. Nacheinander über die *Donau* und über die *Paar.* An der nächsten Straßengabel links halten. Baggerseen begleiten uns. Nach einiger Zeit müssen wir links im spitzen Winkel abbiegen (Tafel: Irsching). Die Ortschaft Irsching bleibt indes links liegen. Über eine Eisenbahnbrücke und anschließend, von Tafeln geführt, nach *Vohburg,* wo uns ein mittelalterliches Tor in die Altstadt leitet.

Am nördlichen Stadtrand über die Donau. Nach der Brücke rechts. Wenig später wechseln wir auf den Radweg über, der identisch ist mit der alten Straße. Sie führt uns durch *Dünzing* und mündet vor *Wackerstein* wieder in die breite Straße. In Wackerstein radeln wir an der Basis der Felsen, auf denen Schloß und Kapelle stehen, entlang und einige hundert Meter neben der Donau her. Daraufhin wendet sich die Straße vom Fluß ab und bringt uns in den Markt *Pförring.* An der romanischen Kirche vorüber und in Richtung Marching-Neustadt. Hopfengärten überziehen die Fluren. Bald nimmt uns der Landkreis Kelheim auf. In *Marching* kommen wir unterhalb der barocken, einst befestigten, aus dem 14. Jahrhundert stammenden Kirche vorbei. Abermals über die *Donau.*

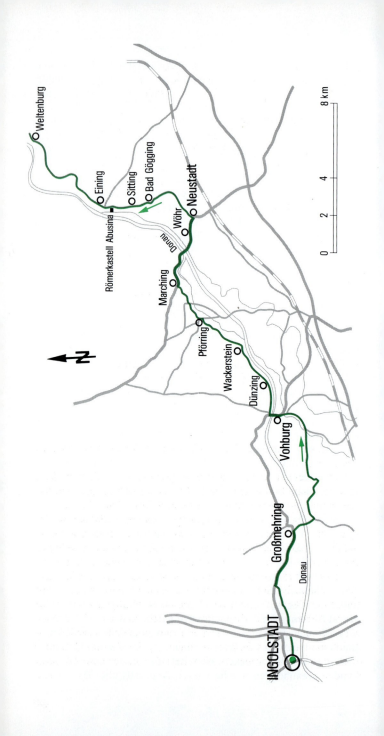

Weltenburg

Eining

Sitting

Bad Gögging

Neustadt

Wöhr

Römerkastell Abusina

Donau

Marching

Pförring

Wackerstein

Dünzing

Vohburg

Großmehring

Donau

INGOLSTADT

8 km

4

2

0

N

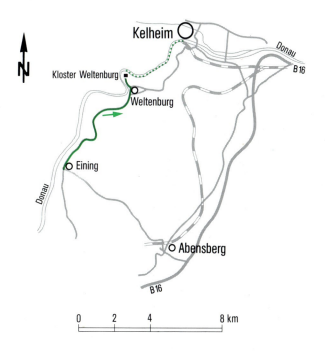

Mit der Bundesstraße 299 nach *Wöhr* und auf einem Radweg nach *Neustadt.*

Kurz hinter der Ortstafel biegen wir links in die in Richtung Kelheim führende Straße ein. Bis *Bad Gögging* sind es 2 Kilometer. Hier hatten übrigens schon die Römer Schwefelmoorbäder!

Über *Sitting* ereichen wir das einstige *Römerkastell Abusina.* Im Anschluß durch die Ortschaft *Eining.* Danach müssen wir eine waldige Kuppe überwinden, ehe wir gemütlich nach *Weltenburg* hinunterrollen. Vor der Pfarrkirche links. Zwischen der hier breiten, träge dahinfließenden Donau und steil aufragenden Kalkfelsen auf einem Sträßchen durch die *Weltenburger Enge* zum reizvoll gelegenen *Kloster Weltenburg.* Nach einer zünftigen Brotzeit im Bräustüberl radeln wir, die letzten 400 Meter an der 1733 errichteten Außenmauer entlang, zum Schiffsanleger. Als krönender Abschluß die Fahrt (Schiffsverkehr vom 1. April bis Mitte Oktober) durch den für Deutschland einzigartigen *Donaudurchbruch* nach *Kelheim.*

87   Kelheim – Regensburg

Verkehrsmöglichkeiten   Kelheim breitet sich an der Mündung der Altmühl in die Donau aus, unfern der Bundesstraße 16. Von Ingolstadt 51 km, von Regensburg 26 km, Bahnverbindungen mit Ingolstadt und Regensburg.

Tourenlänge   36 km.

Fahrzeit   2 Stunden.

Höhenunterschiede   Unbedeutend.

Karten   1:200000 Die Generalkarte, Blatt 20.

Übernachtung   Jugendherberge Regensburg, Wöhrdstraße 60 (bei der Nibelungenbrücke), Tel. (0941) 57402.

Wissenswertes   *Kelheim* siehe Tour 77.

Prüfening: Klostergründung 1109 durch den Bamberger Bischof Otto I. Kirchenweihe 1119, erste romanische Pfeilerbasilika der Hirsauer Schule in Bayern, durch Umbauten verändert; großartige Fresken aus der 1. Hälfte des 12. Jahrhunderts. Hochgrab des Seligen Erminold, erster Abt von Prüfening. Seit 1953 leben in Prüfening Benediktiner.

Regensburg: Bischofssitz und Hauptstadt des bayerischen Regierungsbezirkes Oberpfalz. Wesentliche Bedeutung für das kunstgeschichtliche Früh- und Hochmittelalter. Der Dom (Kirchenführer-Broschüre) gilt als Hauptwerk der Gotik in Bayern; 105 Meter hohe Türme. In der Nachbarschaft die porta praetoria, das Haupttor des römischen Legionslagers Castra Regina aus dem 2. Jahrhundert. Zwischen Dom und Rathaus (Reichstagsmuseum mit Folterkammer etc.) mehrere Geschlechterburgen mit hohen Türmen nach toskanischem Vorbild. St. Emmeram, eines der ältesten Benediktinerklöster Deutschlands, im 7. Jahrhundert gegründet. Die Klostergebäude sind seit 1812 Residenz der Fürsten von Thurn und Taxis. Steinerne Donaubrücke aus dem Mittelalter (1135 begonnen). An der Steinernen Brücke die originelle Gaststätte Historische Wurstküche. Museum der Stadt Regensburg (Dachauplatz 2–4), unter anderem aufschlußreiche Römerfunde; siehe auch Kompass-Wanderführer »Auf den Spuren der Römer in Bayern«. Diözesanmuseum (St.-Emmerams-Platz 1). Domschatzmuseum (Kräutermarkt 3). Fürst Thurn und Taxis Schloßmuseum und Marstallmuseum (St.-Emmerams-Platz 5). Naturkundemuseum Ostbayern (Herzogpalais, Am Prebrunntor 4). Städtische Galerie (Bertoldstraße 9). Ostdeutsche Galerie (Dr.-Johann-Maier-Straße 5). In der Keplerstraße 5 das Wohn- und Sterbehaus (kleines Museum) des Astronomen Johannes Kepler.

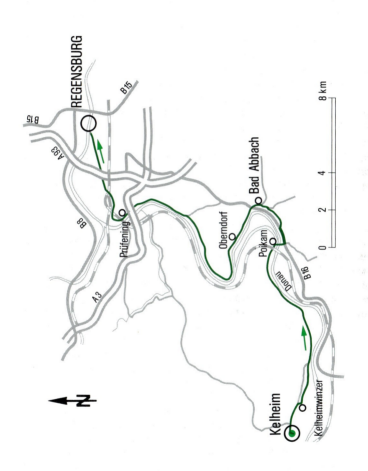

Tourenbeschreibung Am Nordrand der Altstadt durch das *Alt-mühltor* (13. Jahrhundert), über die Altmühl und kurz danach rechts in die *Kelheimwinzerstraße* einschwenken. Westwärts durch den Vorort *Kelheimwinzer.* Herrensaal bleibt rechts liegen. Am anderen Ufer der Donau trutzte unter den Römern ein stattlicher Wachtturm (burgus). Die Straße führt uns nahe an den Fluß heran. Vor den Häusern von Kapfenberg rechts, vorbei am Hafen des Yachtklubs Kelheim und an Wohnwagenplätzen. Etwas später rechts durch eine Eisenbahnunterführung nach *Poikam.* In der Ortsmitte rechts und bei einer Staustufe über die *Donau* zur Bundesstraße 16. Wir bleiben aber nicht lange auf der stark frequentierten Straße, sondern biegen bei der ersten Gelegenheit halbrechts ab in das schon seit der Römerzeit bekannte Schwefelbad *Bad Abbach,* über dem der Bergfried der einstigen Heinrichsburg aufragt.

Wir halten uns an die Tafeln »Schwimmbad« und »Oberndorf«. Die *Oberndorfer Straße* bringt uns wieder an die Donau. Auf landschaftlich ansprechender Strecke radelt man am Ufer entlang. Unter der Autobahnbrücke nimmt uns das Stadtgebiet von *Regensburg* auf. Danach unter der Eisenbahnbrücke hindurch in den Vorort *Prüfening.*

Auf der *Schloßstraße* durch eine Bahnunterführung, am Schloß vorbei und zum Bahnhof. Links über die Schienen, danach rechts, worauf die Domspitzen von Regensburg ins Blickfeld treten. Über den *Platz der Einheit* und durch das *Jakobstor* (Rest der Stadtmauer). Auf dem *Bismarckplatz* links, vor der Donau rechts durch die *Keplerstraße,* dann durch die *Golden-Bären-Straße* zur Eisernen Brücke. Wer die Jugendherberge sucht, fährt über die Eiserne Brücke und am anderen Ufer rechts in die Wöhrdstraße.

88 Regensburg – Walhalla – Straubing

Verkehrsmöglichkeiten Gute Bahnverbindungen mit Kelheim, Straubing, München. Von Nürnberg 105 km, von Passau 125 km, von München 130 km.
Tourenlänge 45 km.
Fahrzeit 2¹/₂ Stunden.
Höhenunterschiede Unbedeutend.
Karten 1 : 200 000 Die Generalkarte, Blatt 20.
Übernachtung In Straubing Jugendherberge, Friedhofstraße 12; Tel. (09421) 78 36.
Wissenswertes *Regensburg* siehe Tour 87.

Donaustauf: Über dem Ort die schon im 10. Jahrhundert erwähnte Burg (»castellum Stufo«). Mehrmals zerstört und von den Regensburger Bischöfen wieder aufgebaut. Seit dem Schwedensturm 1634 Ruine.

Walhalla: Im Auftrag von Ludwig I. durch Leo von Klenze 1841 nach elfjähriger Bauzeit vollendet als »Tempel der Deutschen Ehre« nach dem Vorbild des Parthenon auf der Akropolis. Marmorbüsten und Gedenktafeln berühmter Deutscher. Geöffnet von April bis Oktober täglich von 9 bis 18 Uhr.

Wiesent: Das Schloß ist seit 1812 im Besitz der Fürsten von Thurn und Taxis. Heutige Anlage von 1695, Ostflügel 1762 angefügt.

Wörth: Seit 1954 Stadt, entstanden aus einer Klosterzelle des 8. Jahrhunderts. Gotische, dreischiffige Pfarrkirche St. Peter. Über der Stadt auf einer Kuppe das ehemals fürstbischöfliche Schloß. Der mittelalterliche Bergfried diente einst als Verlies und Waffenkammer. Dreiflügeliger Fürstenbau, Schloßkapelle St. Martin aus dem Jahre 1616, als Albert von Törring Regensburger Bischof war. Seit 1978 Privatbesitz.

Sossau: Wallfahrtskirche Mariae Himmelfahrt, gotischer Chor, barocke Deckenfresken und Hochaltar.

Straubing: Altbayerische Herzogsstadt, hervorgegangen aus dem römischen Militärlager »Sorviodurum«, das sich ungefähr an der Stelle der St.-Peters-Basilika befand. In der Kirche die Agnes-Bernauer-Kapelle mit einem rötlichen Marmor-Epitaph der Augsburger Baderstochter Agnes Bernauer, die 1435 auf Befehl des Herzogs Ernst in der Donau ertränkt wurde (siehe auch bei Tour 86 unter Vohburg), weil sie nach Meinung des Bayernherzogs keine ebenbürtige Frau für seinen Sohn war. Auf dem Stadtplatz der 68 Meter hohe Stadtturm, das Wahrzeichen der Stadt. Rathaus von 1382 mit schönem Laubengang. Ursulinenkirche, Bau und Freskenschmuck durch die Brüder Egid Quirin und Cosmas Damian Asam aus München. Karmeliterkirche, ursprünglich gotischer Hallenbau, durch Wolfgang Dientzenhofer barockisiert. Agnes-Bernauer-Spiele von Ende Juni bis Mitte Juli. Gäubodenmuseum (Fraunhoferstraße 9), unter anderem mit dem berühmten römischen Schatzfund; geöffnet täglich (außer Montag) von 10 bis 16 Uhr.

Tourenbeschreibung Auf der *Eisernen Brücke* über die Donau (hierher auch von der Jugendherberge durch die Wöhrdstraße). Nach dem Einkaufszentrum rechts in die Walhalla-Allee, kurz darauf links und bei der Ampelkreuzung rechts mit der *Donaustaufer Straße* durch den Vorort *Schwabelweis.* Hinter *Tegernheim* treten Burgruine Donaustauf und Walhalla ins Blickfeld. In *Donau-*

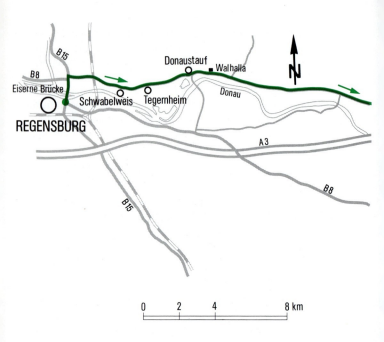

stauf gerade weiter (Linksabzweigung ist Straße zur Walhalla). Am Ortsrand steht links das Café-Restaurant Schönthal. Wenige Schritte danach beginnt der viertelstündige Fußweg hinauf zur Walhalla mit prächtigen Ausblicken über die Donauebene.

Anschließend radeln wir in Richtung Wörth, kommen in den 1200 Jahre alten Ort *Wiesent,* wo die Straße vor dem Schloß eine Rechtskurve beschreibt und uns wenig später in *Wörth* abliefert.

In Wörth rechts unterhalb der Burg in Richtung Straubing. Parallel zur Autobahn erreicht man *Hofdorf.* Dort rechts und über die Autobahn hinweg in den Landkreis Straubing-Bogen. Wir kommen in ein Dorf mit dem ulkigen Namen *Hundsschweif.* In *Kirchroth* rechts halten, etwas bergan und durch *Kößnach* in die Ortschaft *Sossau,* wo rechts die Wallfahrtskirche steht.

Wir stoßen auf eine Querstraße. Auf ihr rechts, mit der Agnes-Bernauer-Brücke über die Alte Donau und im Anschluß daran auf der Schloßbrücke über die Donau nach *Straubing.* Rechts haben wir den stattlichen Schloßkomplex. Weiter in die Stadtmitte zum Ludwigs- und Theresienplatz.

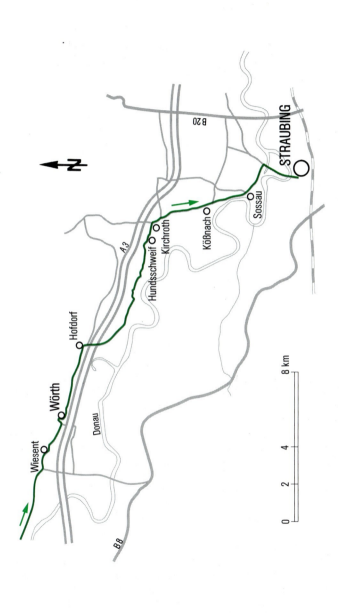

89   Straubing – Deggendorf – Passau

Verkehrsmöglichkeiten   Gute Bahnverbindungen mit Regensburg, Passau, München. Von Regensburg 42 km, von Deggendorf 36 km, von München 125 km.
Tourenlänge   95 km.
Fahrzeit   6 Stunden.
Höhenunterschiede   Nicht nennenswert.
Karten   1:200000 Die Generalkarte, Blatt 20.
Übernachtung   Jugendherberge in Passau bzw. in der Veste Oberhaus über der Stadt; Tel. (0851) 41351.
Wissenswertes   *Straubing* siehe Tour 88.

Oberalteich: Kirche St. Peter und Paul eines ehemaligen Benediktinerklosters, das 1100 vom Regensburger Domvogt Graf Friedrich von Bogen gestiftet wurde und 1803 der Säkularisation zum Opfer fiel. Heutiger Kirchenbau von 1630, dreischiffige Halle, mächtiger Hochaltar.

Bogen: Auf dem nahen Schloßberg stand eine Stammburg der Grafen von Bogen; ihr weißblaues Rautenwappen bildet einen Bestandteil des bayerischen Wappens. Durch Heirat kam die Grafschaft Bogen an die Wittelsbacher. Auf dem 120 Meter hoch aufragenden Bogenberg, in vorchristlicher Zeit von einem Ringwall gegürtet, grüßt eine Wallfahrtskirche weit ins Donauland. Sie ist alljährlich am Pfingstsonntag Ziel einer Kerzenwallfahrt, bei der eine schwere Kerze von Holzkirchen (75 Kilometer entfernt) zu Fuß hergetragen wird.

Metten: Benediktiner-Abtei, um 770 gegründet. Dem karolingischen Kirchenbau folgte 1157 ein Gotteshaus im romanischen Stil, das 1236 einem Brand zum Opfer fiel. An Pfingsten 1979 wurde das 500jährige Bestehen der spätgotischen Kirche gefeiert, gleichzeitig dem 250. Weihejubiläum des barockisierten Langhauses. Hochaltarbild (St. Michael stürzt Luzifer) von Cosmas Damian Asam, von dem auch die Fresken an der Decke und an der Chorwand stammen. Im Ostflügel des Gebäudes die prunkvolle Bibliothek. Im Klosterhof der Karlsbrunnen mit einem Standbild Karls des Großen, dessen besonderen Schutz die Abtei genoß.

Deggendorf: Typisch altbayerische Donaustadt. Am Stadtplatz das Rathaus mit gotischem Turm. Pfarrkirche Mariae Himmelfahrt, dreischiffige barocke Basilika; der Baldachin-Hochaltar war für den Eichstätter Dom vorgesehen. Heilig-Grab-Kirche, 1360 geweiht, spätgotische dreischiffige Basilika, eine der wenigen ihrer Art in Bayern; bemerkenswerter barocker Turm. Stadtmuseum (Östlicher Stadtgraben 8).

Niederalteich: Ältestes Benediktinerkloster in Bayern, gegründet 741, Abtei. Von Niederalteich aus wurde der Bayerische Wald gerodet und erschlossen. Klosterkirche St. Mauritius, barockisierte gotische Halle, reicher Stuck, prächtige Fresken, Hochaltar des Straubinger J. A. Schöpf, Innenraum 1980/81 renoviert. Die Klostergebäude stammen in ihrer heutigen Gestalt aus den fünfziger Jahren. Griechisch-orthodoxer Kirchenraum, Bedeutung für die Ökumene. Klostergaststätte (gelobtes Speiselokal).

Winzer: Über dem Ort die Ruinen einer ehemaligen Reichsburg, 1744 im Österreichischen Erbfolgekrieg gesprengt.

Hilgartsberg: Auf steilem Felsstock die Ruinen einer aus dem frühen 12. Jahrhundert stammenden Burg, einst stark befestigt. Wechselnde Besitzer: Grafen von Ortenburg, Passauer Bischöfe, Graf Ernst Fugger von Kirchberg-Weißenhorn (bis 1821), seit 1847 Freistaat Bayern. Romanische Kapelle mit gotischen Fresken. Vorläuferin dieser Anlage war eine Burg auf einem 150 Meter entfernten Bergsporn, von der nur noch Wälle und Gräben vorhanden sind.

Passau siehe Tour 79.

Tourenbeschreibung Über *Schloßbrücke* und *Agnes-Bernauer-Brücke* radelnd, kehren wir Straubing den Rücken. Im Norden erheben sich die Ausläufer des Bayerischen Waldes. Unsere Richtung heißt Bogen. Auf einer Brücke über die Bundesstraße 20. Im Vorblick erscheint die Wallfahrtskirche auf dem Bogenberg. Dann sehen wir die beiden Türme der einstigen Klosterkirche *Oberalteich,* wohin uns ein Radweg führt.

Wenig später statten wir *Bogen* einen Besuch ab und stoßen an der Basis des Bogenberges wieder auf die Landstraße in Richtung Deggendorf. Vorbei an der Pionierkaserne, folgen wir der Straße 8 Kilometer bis *Welchenberg.* Dort an der Kreuzung rechts ab und auf stillen Nebenstraßen in Richtung Deggendorf (Wegweiser). Auf der Brücke an der Mündung der Schwarzach trennt uns lediglich noch ein Damm von der Donau. Flußabwärts durch *Klein-Schwarzach* und *Zeitldorf,* unter einer Autobahnbrücke hindurch, worauf sich links vorne die Zwiebeltürme der Klosterkirche in *Metten* zeigen, das wir links haltend erreichen.

Ab Metten auf einer Nebenstraße parallel zur Landstraße in die Stadt *Deggendorf.* Tafeln leiten ins Zentrum.

Vom *Luitpoldplatz* zum *Pferdemarkt* und in die untere Vorstadt. Vor der Donaubrücke links halten (Richtung Hengersberg – Vilshofen). Rechts an der Straße folgt die *Rokoko-Wallfahrtskirche Halbmeile.* Kurz nach dem Betonwerk (links) wird die Rechtsabzweigung nach *Niederalteich* angezeigt, das wir über eine Autobahnüberführung ansteuern. Von diesem historischen Platz benediktinischen Geistes fährt man zunächst in Richtung Hengersberg,

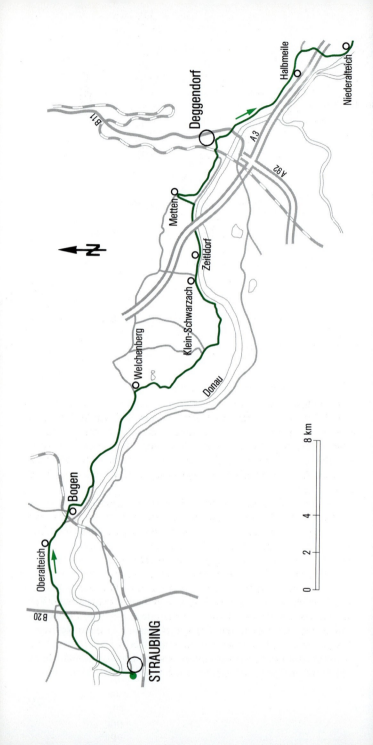

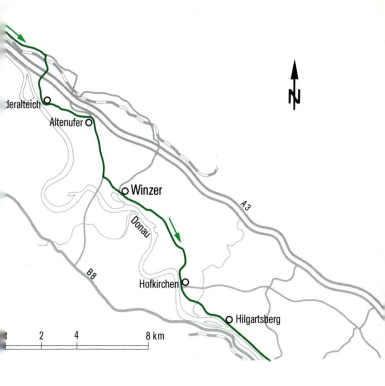

aber nur bis *Altenufer,* denn dort wendet sich unsere Route rechts. Drei Kilometer danach biegen wir rechts ab in die nahe Ortschaft *Winzer,* wo auf der Höhe die Ruinen der Burg zu sehen sind.

Von Hengersberg sind es auf landschaftlich ansprechender Strecke 6,5 Kilometer nach *Hofkirchen.* Hier überqueren wir die Kleine Ohe, die westlich des Brotjacklriegels im Bayerischen Wald entspringt.

Oberhalb von *Hilgartsberg* recken sich Burgruinen aus dem Laubwald. Wir bleiben auf dem linken Ufer der Donau, lassen also die Rechtsabzweigung nach Vilshofen unbeachtet. Das Waldgebirge reicht bis an den Strom heran. Rechts unten auf der Uferwiese befindet sich ein Flugplatz für Sportflieger.

In *Windorf* trennen uns nur noch 20 Kilometer von Passau, bei kräftigem Durchtreten etwa 50 Minuten, zumal die Straße naturgemäß leicht abfällt. In *Schalling* sind wir bereits im erweiterten Stadtgebiet von Passau. Sobald wir die Autobahn unterfahren haben, nimmt der Verkehr zu. Aber jetzt ist es nicht mehr weit nach *Passau.* Die Türme des Domes dienen als Richtungsweiser. Wer zur Jugendherberge muß, bleibt am diesseitigen Ufer und schiebt das Radl abschließend hinauf zur Veste Oberhaus.

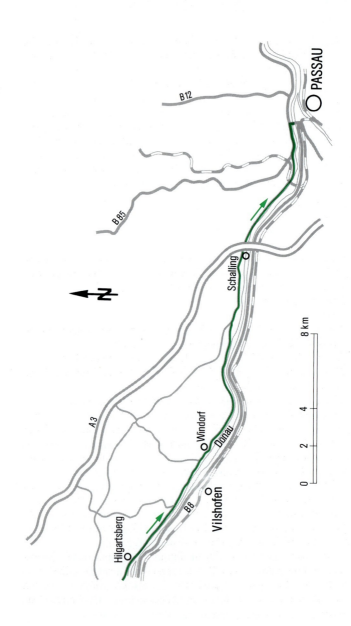

Romantische Straße

Die Romantische Straße (Würzburg – Füssen), soweit sie durch das in diesem Führer zusammengefaßte Gebiet verläuft, kann in ihrer offiziellen Streckenführung (B 2 und B 17) in der Tat keinem Radwanderer zugemutet werden, und zwar infolge des allzeit starken Verkehrsaufkommens. Deshalb sind hier Nebenstraßen als sinnvolle Alternativen angeboten, auf denen jedoch alle großen Sehenswürdigkeiten berührt werden. Insgesamt mißt der beschriebene Teil der berühmten Ferienstraße 179 Kilometer, unterteilt in vier Etappen. Das ergibt eine erforderliche Tagesleistung von rund 45 Kilometern, wobei die jeweils freistehende Zeit mit Besichtigung usw. gut und gerne ausgefüllt werden kann.

90 Donauwörth – Augsburg

Verkehrsmöglichkeiten Donauwörth bildet den Kreuzungspunkt der Bundesstraßen 25, 2 und 16. Bahnstrecke Augsburg – Nürnberg sowie Nördlingen – Neuburg.
Tourenlänge 46 km.
Fahrzeit 2½ bis 3 Stunden.
Höhenunterschiede Kurze Steigungen hinter Mertingen, in Biberbach, Gablingen, Hirblingen und Augsburg.
Karten 1 : 200 000 Die Generalkarte, Blatt 19 und Blatt 22.
Übernachtung Augsburg Jugendherberge, Beim Pfaffenkeller 3 (Nähe Dom); Tel. (0821) 33909.
Wissenswertes *Donauwörth* und *Mertingen* siehe Tour 2.

Holzen: Ehemalige Benediktinerinnen-Klosterkirche aus dem 17. und 18. Jahrhundert, 1704 durch den Vorarlberger Franz Beer vollendet. Kirchenführer-Broschüre. Das Kloster wurde 1802 säkularisiert, seit 1927 Außenstelle der Heil- und Pflegeanstalt Ursberg der St.-Josefs-Kongregation.

Biberbach: Wallfahrtskirche Hl. Kreuz mit dem angebeteten »Biberbacher Herrgöttle«, einem romanischen Kruzifix in dem 1961 veränderten Hochaltar. Bau der Kirche von 1684 bis 1694 durch Valerian Brenner aus Bregenz. Die Orgel wurde schon von Mozart bespielt. Kirchenführer-Broschüre.

Gablingen: Alamannische Siedlung. Das »Fuggerschloß« aus dem 16. Jahrhundert ist im Besitz des Augsburger Dominikanerinnenklosters St. Ursula. Pfarrkirche St. Martin mit romanischen Bauteilen, 1734 durch den Wessobrunner Joseph Schmuzer barockisiert.

Augsburg siehe Tour 1.

Tourenbeschreibung   Von der Donaubrücke zur Zusammmbrücke und kurz danach halbrechts abzweigen (Richtung Mertingen). Unter der Eisenbahnbrücke hindurch in das Dorf *Auchsesheim,* wo ein kleiner Platz an den berühmtesten Sohn des Ortes erinnert: Werner Egk, Komponist, geboren am 17. Mai 1901.

In *Mertingen* rechts an der Kirche vorbei in südlicher Richtung. Es folgt die erste Steigung. Links drüben auf der ersten Kuppe lag einst das Römerkastell Summuntorium. Wir kreuzen den Verlauf der Römerstraße Summuntorium – Günzburg und erreichen *Druisheim.*

Hier übernehmen uns Tafeln in Richtung Augsburg. Am Rande des Naturparks Augsburg – Westliche Wälder radeln wir über den ebenen Talboden, kommen am stattlichen *Schwaighof* vorbei. Rechter Hand sehen wir Kloster Holzen (Zufahrtstraße 1 Kilometer).

In *Nordendorf* etwa 100 Meter nach dem Brauerei-Gasthof geradeaus. Bei den letzten Häusern rechts haltend nach *Blankenburg.* Weiter am Westrand des Talbodens, entlang der Schmutter, nach *Kühlental.* Dort auf der Querstraße einige Meter links, worauf rechts ein Radwanderweg abzweigt. Im Vorblick zeigt sich schon die hochgelegene Wallfahrtskirche von Biberach. Bald kreuzt man die Straße Meitingen – Langenreichen. Jenseits geradeaus. Der Fahrweg ist nicht asphaltiert (Schlaglöcher). Am Waldrand entlang in das Dorf *Markt* zu Füßen einer ehemaligen Burg, die sich teilweise im Besitz des Fürsten Fugger-Babenhausen befindet. Im großen Turm soll die Frau von Gustav Adolf im Dreißigjährigen Krieg einige Tage gewohnt haben.

Auf der Schloßstraße rechts, nach der Gaststätte Deil links und in den Markt *Biberbach.* Über die Kreuzung und der Sebastian-Kneipp-Straße folgen zur Durchgangsstraße, die links hochführt zur weithin sichtbaren Kirche.

Nun auf einem Radweg oberhalb der Landstraße über die Kuppe hinweg, anschließend rechts halten durch *Eisenbrechtshofen.* Bald steht rechts der Straße der ansehnliche *Egglhof* mit einer kunsthistorisch bedeutenden Kapelle. Wenig später rechts an der Straße drei Kreuze unter Birken, zur Erinnerung an einen Pfarrer von Biberbach, der hier im Dreißigjährigen Krieg von den Schweden umgebracht wurde.

Von *Achsheim* nach *Gablingen.* Wir bleiben auf der Durchgangsstraße (nicht links in Richtung Augsburg!) und kommen zu dem 1631 erbauten Haus des Gasthofes zur Post (gutbürgerliches Speiselokal). Danach am Maibaum links vorbei, an der nächsten Kreuzung links und der Batzenhofener Straße folgen.

DONAUWÖRTH

Donau

B2

B16

Auchsesheim

Lech

Mertingen

Druisheim

Schwaighof

Nordendorf

Blankenburg

Kühlental

Markt

Biberbach

Eisenbrechtshofen

Egglhof

Achsheim

B2

Gablingen

N

0   2   4   8 km

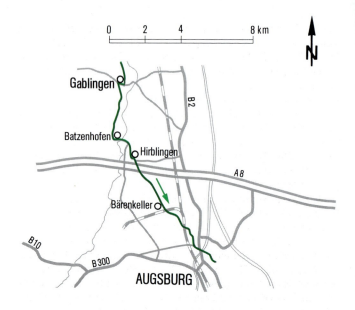

In *Batzenhofen* über die Schmutterbrücke. Ein Radweg leitet
nach *Hirblingen*. Am Ende der Steigung rechts halten. Etwas später über die Autobahn hinweg und in den Siedlervorort *Bärenkel-
ler*. Nach der Eisenbahnüberführung links abwärts, durch eine Unterführung in den Stadtteil Oberhausen. Bei der Kirche St. Peter
und Paul bzw. vor dem Gasthof Weißer Ochse kurz rechts, dann
links und den Straßenbahnschienen nachfahren zur Wertachbrük-
ke. Dahinter rechts halten, bald den Klinkerberg hoch und an der
zweiten Ampelkreuzung rechts durch die Prinzregentenstraße zum
Bahnhof.

91 Augsburg – Landsberg

Verkehrsmöglichkeiten In Augsburg treffen sich mehrere Bun-
desstraßen. Autobahn-Anschlußstellen. Gute Bahnverbindungen.
Tourenlänge 50 km.
Fahrzeit 4 Stunden.
Höhenunterschiede Nur eine größere Steigung hinter Schwab-
stadl.
Karten 1:200000 Die Generalkarte, Blatt 22.

Übernachtung Naturfreundehaus Oskar-Weinert-Haus (vor Kaufering), nur an Wochenenden von Mitte März bis Herbst. Anfragen: Tel. (0 82 32) 38 75. In Landsberg Gasthöfe und Hotels.
Anmerkungen Fahrradverleih in Augsburg und Landsberg am Bahnhof.
Wissenswertes *Augsburg* siehe Tour 1.

Klosterlechfeld: Wallfahrtskirche Maria Hilf, in Anlehnung an das römische Pantheon 1603 vom Augsburger Stadtbaumeister Elias Holl als Rundbau errichtet, 1624 durch das Langhaus vergrößert, 1690/91 seitlicher Anbau von zwei Rundkapellen; im Inneren Wessobrunner Stuck. Anfang der achtziger Jahre grundlegend renoviert.

Haltenberg, Kaufering und *Landsberg* siehe Tour 6.

Tourenbeschreibung Vom Hauptbahnhof an der Post vorbei zur Pferseer Unterführung. Nach der zweiten Ampelkreuzung (vor dem Wertachkanal) links, kurz darauf rechts auf einen Radweg überwechseln und entlang von Schrebergärten neben dem Kanal her. Nach einiger Zeit bleibt links das Rosenaustadion zurück. Diesseits des Kanales aufwärts bis zu einer Steinbrücke. Hier zum anderen Ufer (Kiosk) und nun am Wertachufer entlang durch das Gögginger Wäldle zu einer Kirche im Stadtteil *Göggingen.*

Rechts über die Wertachbrücke und gleich danach halblinks nach *Bergheim,* wobei wir rechts in einiger Entfernung das Fuggerschloß in Wellenburg sehen. In Bergheim am Gasthof Jägerhaus rechts vorbei und zum *Hofgut Bannacker.* Bei der Gaststätte Jägersölde links. Auf holprigem Fahrweg südwärts zum Waldrand. Dort an der Wegekreuzung links, kurz abwärts und anschließend – wieder asphaltiert – über den Talboden zur Wertach. Danach mit einem Radweg nach *Bobingen.* Rechts durch den Ort zur Pfarrkirche (Spitzturm), wo man sich links einordnet. Durch die Bahnhofstraße. Einige hundert Meter nach der Unterführung rechts in Richtung Oberottmarshausen über das nahezu tischebene Lechfeld, auf dem 955 die Ungarnschlacht geschlagen wurde.

In *Oberottmarshausen* auf dem freien Platz bei der Kirche schwenken wir rechts in die Hauptstraße ein und fahren durch den Ort. Anschließend dem Spitzturm von *Kleinaitingen* entgegen. Die Südrichtung beibehaltend, erreichen wir *Graben.* Gleich nach dem Gasthaus Husaren erinnert links unter einem Baum ein kleiner Gedenkstein an das Geschlecht der Fugger, das aus Graben stammt.

In *Untermeitingen* liegen 30 Kilometer hinter uns. Beim Maibaum links. Im Vorblick erscheint das malerische Bild der Zwiebeldächer mit Kuppel und Laterne der Wallfahrtskirche *Klosterlechfeld.*

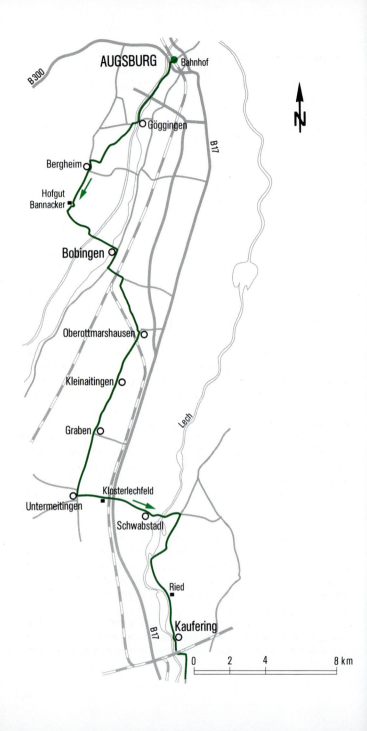

AUGSBURG ● Bahnhof

B 300

○ Göggingen

B 17

Bergheim ○

Hofgut
Bannacker ■

Bobingen ○

Oberottmarshausen ○

Kleinaitingen ○

Graben ○

Lech

Untermeitingen ○ Klosterlechfeld ■

Schwabstadl ○

Ried ■

Kaufering ○

B 17

N

0   2   4   8 km

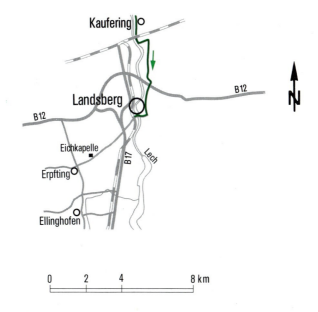

Wir kreuzen die Bundesstraße 17 und gelangen in die Kasernenortschaft *Schwabstadtl;* am Ortseingang links ein Kriegerfriedhof. Anschließend unterhalb einer Staustufe über den Lech. Links steht das ehemalige Zollhaus (Waldrestaurant). Ein Stück bergan. Oben rechts in die Straße Richtung Kaufering einbiegen. Nach einer Weile sehen wir rechts am Rand des Lechrains den Ruinenstumpf der einstigen Haltenburg. Danach zeigt rechts ein Hinweisschild zum *Oskar-Weinert-Haus* der »Naturfreunde« Klosterlechfeld.

Ab der Hütte hält sich die Radwanderroute an die Ostufer-Hangkante des Lechs, führt an der halbkreisförmigen Anlage einer vorchristlichen Wallburg vorbei zum Herrschaftshaus des Gutes *Ried* oberhalb der Lech-Staustufe 18. Das Ökonomiegebäude steht 400 Meter östlich.

In *Kaufering* halten wir uns nach dem Maibaum links. Wenig später rechts und den R 2-Täfelchen nachfahren. Hinter der Bahnunterführung taucht plötzlich vor uns die ansehnliche Wallfahrtskirche *St. Leonhard* (geschlossen) auf. Nach der Bahnunterführung links bergan auf einem asphaltierten Fahrweg parallel zur Eisenbahn. Auf der Höhe biegt man rechts ab (Markierung: R 3). Südwärts, vorbei am *Dominihof* und abschließend entlang der mittelalterlichen Stadtmauer zum Bayerntor in *Landsberg.* Rechts auf der Alten Bergstraße durch das Tor und hinunter zum Hauptplatz der historischen Altstadt.

Verkehrsmöglichkeiten Landsberg liegt an den Bundesstraßen 17, 18 und 12. Von Augsburg 39 km, von München 56 km, von Schongau 30 km. Bahnverbindungen.

Tourenlänge 37 km.

Fahrzeit 3¹/₂ Stunden.

Höhenunterschiede Mäßige Steigungen am Ende des Dienhauser Tales. Auffahrt in die Altstadt von Schongau.

Karten 1:200000 Die Generalkarte, Blatt 22 und Blatt 25.

Übernachtung In Schongau Gasthöfe und Hotels.

Anmerkungen Fahrradverleih im Bahnhof Landsberg.

Wissenswertes *Landsberg* siehe Tour 6.

Altenstadt und *Schongau* siehe Tour 11.

Tourenbeschreibung In *Landsberg* vom Hauptplatz vom freskogeschmückten Rathaus zur ehemaligen Ursulinen-Klosterkirche und durch die Herkommer-Straße zur Lechbrücke. Anschließend bergauf, die Bundesstraße 17 kreuzen und bei den letzten Häusern auf dem Radweg links der Straße weiter. Durch ein Waldstück zur einzeln stehenden *Eichkapelle*. Kurz vorher links Abstecher (250 Meter) zu einem KZ-Friedhof.

In *Erpfting* an der Kreuzung beim Gasthof Post links durch die Ellighofer Straße. *Ellighofen* bleibt zurück. An der Basis eines bewaldeten Hanges nach *Unterdießen*. Beim Durchfahren des Ortes erblicken wir rechts oben die ockergelben Mauern des Schlosses (Fürst von Leyen).

Vor der Pfarrkirche links und etwas später an der *St.-Leonhard-Kapelle* vorüber in die Ortschaft *Leeder*. In *Denklingen* folgen wir ab der Pfarrkirche der Hauptstraße ortsauswärts. Bald umfängt uns das idyllische *Dienhauser Tal,* das zunehmend an Schönheit gewinnt.

Beim Gasthof zur Post in *Schwabsoien* biegen wir links ab. Nun auf der Schongauer Straße. Im Vordergrund erscheinen die Gebäude der Luftlandeschule in *Altenstadt.* Dort halten wir uns auf die Doppeltürme der romanischen Basilika zu; Eingang an der St.-Michael-Straße.

Weiter auf der St.-Michael-Straße, an der Kreuzung links zum Maibaum. Hier rechts und nach *Schongau.* Letzte Steigung hinauf zum Maxtor, das den Zutritt in die Altstadt vermittelt.

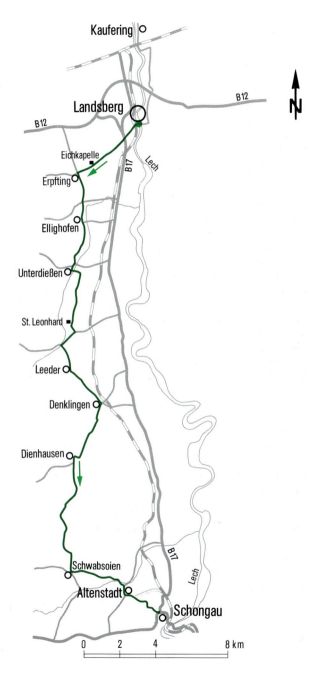

93 Schongau – Füssen

Verkehrsmöglichkeiten Schongau wird von den Bundesstraßen 17, 23 und 472 berührt. Bahnstation.
Tourenlänge 46 km.
Fahrzeit 3¹/₂ Stunden.
Höhenunterschiede Vom Lech etwa 50 Höhenmeter hinauf zur Bundesstraße 17. Vor Steingaden einige Steigungen.
Karten 1 : 200 000 Die Generalkarte, Blatt 25.
Übernachtung In Füssen Jugendherberge, Mariahilferstraße 5. Tel. (0 83 62) 77 54.
Wissenswertes *Schongau* siehe Tour 11.

Ilgen: Wallfahrtskirche Mariae Heimsuchung, frühbarocke, für den Pfaffenwinkel typische Landkirche, Stuck von Matthäus Schmuzer aus Wessobrunn. Schlüssel am Ortsausgang, rechts im Haus der Mesnerin.

Steingaden: Romanische Münsterkirche, barocker Wessobrunner Stuck, Deckengemälde des gebürtigen Türkheimers Johann Georg Bergmüller; Kirchenführer-Broschüre. Vor der Kirche am Torwärterhaus in der Johanneskapelle seit 1853 die Grablege der Grafen Dürkheim-Montmartin, von denen einer, Alfred, Adjutant von König Ludwig II. war.

Schloß Neuschwanstein, Schloß Hohenschwangau und *Füssen* siehe Tour 12.

Tourenbeschreibung Vom Bahnhof in Richtung Lech. Vor dem Bahnübergang rechts in die Lechuferstraße. Nach 2 Kilometern links über die Krone des Lech-Staudammes. Jenseits halbrechts einem Forstfahrweg folgen. Bergan im Doswald. Nach dem Wald auf eine Straße. Links, an der Gabelung rechts halten und zur Bundesstraße 17; im Nordosten zeigt sich der Hohe Peißenberg.

Auf der Bundesstraße rechts in das 8 Kilometer entfernte *Ilgen.* Die Straße paßt sich der buckligen Moränenlandschaft an und senkt sich schließlich nach *Steingaden,* wo man bei der Einfahrt die beiden Kirchtürme sieht. Zur Kirche geht es in Höhe des Maibaumes links ab.

Vor dem Postamt rechts in Richtung Lechbruck. In *Gründl* geht es ein Stück vor der Lechbrücke links ab und durch die Premer Straße in das ehemalige Flößerdorf *Prem.* Geradeaus durch die Ortschaft, entlang eines Holztriftkanales. Rechts befindet sich der Freizeitpark Lechaue (Gasthof, rekonstruiertes Floß). Es folgt der Damm der Lech-Staustufe 2. Bei der kleinen Kapelle des Weilers *Schlögelmühle* nimmt uns der Landkreis Ostallgäu auf. Hinter *Küchele* geht es durch eine Schlucht des Halblechs und weiter in die Ortschaft *Halblech.*

Nun wieder auf der Bundesstraße der eindrucksvollen Bergkulisse entgegen. Einige Kilometer nach *Buching* wechseln wir rechts auf den Radweg über. Er führt an den *Bannwaldsee* heran und mündet beim Campingplatz wieder in die Straße. Etwa 300 Meter nach dem Lüßbach wird die B 17 links verlassen. Vorbei an der malerisch im freien Feld stehenden Kirche St. Koloman. Links oben erkennen wir die Seilbahn-Bergstation auf dem Tegelberg. An der Talstation sind Ausgrabungen einer Römervilla zu besichtigen. Wir kommen nach *Hohenschwangau* mit seinen weltberühmten Schlössern Neuschwanstein und Hohenschwangau. Am Alpsee ein Freibad.

Von Hohenschwangau sind es dann nur noch 4 Kilometer nach Füssen, dem Endpunkt der Romantischen Straße.

Deutsche Alpenstraße

Die Deutsche Alpenstraße – sie verbindet den Bodensee mit dem Berchtesgadener Land – gehört zweifellos zu den interessantesten Reiserouten im gesamten Alpenraum. Diesem Führerwerk entsprechend wird die Strecke von Füssen nach Berchtesgaden behandelt. Das sind insgesamt 313 Kilometer. Aufgeteilt in 9 Abschnitte sind pro Tag durchschnittlich 35 Kilometer zurückzulegen. Und das stellt in dem überwiegend bergigen Gelände eine nicht zu unterschätzende Aufgabe dar.

94 Füssen – Wieskirche – Oberammergau

Verkehrsmöglichkeiten In Füssen treffen sich die Bundesstraßen 310, 16 und 17. Bahnverbindung mit Kaufbeuren.
Tourenlänge 48 km.
Fahrzeit 4 bis 5 Stunden.
Höhenunterschiede Bergiger Streckenverlauf ab Trauchgau bis vor Altenau.
Karten 1 : 200 000 Die Generalkarte, Blatt 25.
Anmerkungen Fahrradverleih im Bahnhof Füssen, Rückgabe eventuell im Bahnhof Oberammergau.
Wissenswertes *Füssen* und *Königsschlösser* siehe Tour 12. *Steingaden* siehe Tour 93.
Wieskirche: Glanzvolles Hauptwerk des Wessobrunners Dominikus Zimmermann und eine der reifsten Schöpfungen des deut-

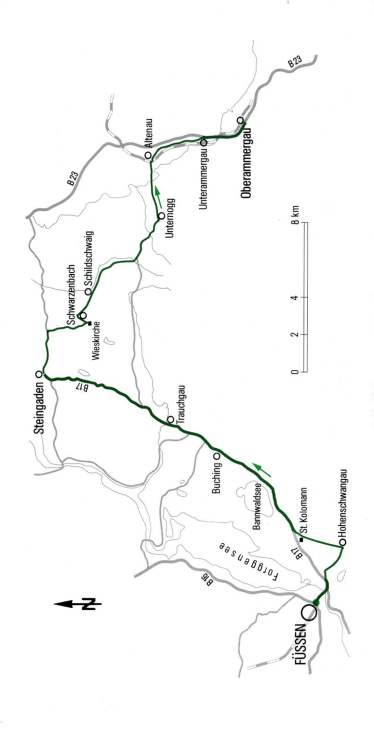

schen Rokoko, Deckengemälde von Johann Baptist Zimmermann; Führungen, Kirchenführer-Broschüre.

Oberammergau siehe Tour 13.

Tourenbeschreibung Von Füssen zunächst auf der Bundesstraße 310 über den Lech und nach *Hohenschwangau* mit den Königs-schlössern. Anschließend in Richtung München/Augsburg zu der malerisch im freien Felde stehenden Kirche St. Koloman und zur Bundesstraße 17. Auf ihr rechts. Ab dem Campingplatz Onkel Toni nehmen wir den Radweg links der Straße. Er führt unmittel-bar an das Ufer des Bannwaldsees heran und mündet dann wieder in die Bundesstraße. Hinter *Trauchgau* erwarten uns die ersten Steigungen. Fast 3 Kilometer geht es bergauf. In Steingaden haben wir bereits 23 Kilometer zurückgelegt.

Rechts ab in Richtung Wieskirche. Abermals rund 3 Kilometer bergauf, bis rechts die Straße zur *Wieskirche* abgeht.

Kurz zurück, dann rechts in einen für den öffentlichen Verkehr gesperrten Fahrweg und über eine Kuppe hinweg zu den Häusern von *Schwarzenbach*. Dort rechts haltend über einen Bach und auf dem asphaltierten Fahrweg zum Gutshof *Schildschwaig*. Daran links vorbei und zu einer Wegekreuzung. Geradeaus. Jetzt ist der Weg nicht mehr asphaltiert, kann aber gut befahren werden. Weg-weisend für uns sind die Täfelchen, welche in Richtung Unternogg – Altenau zeigen. Etwa 8 Kilometer nach der Wieskirche kommen wir zur Halbammer und stoßen jenseits auf ein Waldsträßchen (Königstraße), der wir links über *Unternogg* und an der Mayersäge vorbei, über die Ammer und nach Altenau folgen. Von Füssen 40 Kilometer.

An der Kirche St. Anton links vorbei. Nach der Eisenbahnunter-führung rechts und zwischen Bundesstraße 23 und Schienenstrang – rechts erstreckt sich das Kochelfilz – nach *Unterammergau*. Se-henswert ist hier die »Lüftlmalerei« (Marienkrönung) am Schul-meisterhäusl in der Dorfstraße. Für das letzte Stück nehmen wir die Bundesstraße nach *Oberammergau*.

95 Oberammergau – Garmisch-Partenkirchen – Mittenwald

Verkehrsmöglichkeiten Oberammergau liegt an der Bundesstraße 23. Von München 90 km. Endstation der Bahnstrecke von Murnau.

Tourenlänge 37 km.

Fahrzeit 2$\frac{1}{2}$ bis 3 Stunden.

Höhenunterschiede Ab dem Ettaler Sattel (877 m) anhaltendes Gefälle ins Loisachtal (659 m). Hinter Garmisch-Partenkirchen etwa 250 Höhenmeter Steigung auf eine Länge von rund 3 km.

Karten 1:200000 Die Generalkarte, Blatt 25.

Übernachtung In Mittenwald Jugendherberge, Buckelwiesen 7. Tel. (08823) 1701.

Anmerkung Fahrradverleih im Bahnhof Oberammergau.

Wissenswertes *Oberammergau* und *Ettal* siehe Tour 13.

Garmisch-Partenkirchen siehe Tour 14.

Mittenwald: Geigenbauerort im Isartal zwischen Wettersteingebirge und Karwendel. Zahlreiche Häuser mit hübschen Wandmalereien. Pfarrkirche St. Peter und Paul, von Joseph Schmuzer aus Wessobrunn erbaut (1738–1740); Deckengemälde und Altarbild von Matthäus Günther, der auch den Turm bemalte. Seilbahn in die Karwendelgrube. Geigenbau- und Heimatmuseum (Ballenhausgasse 3), geöffnet von Montag bis Freitag von 10 bis 12 Uhr und von 14 bis 17 Uhr, Samstag und Sonntag von 10 bis 12 Uhr. Das Museum ist im Wohnhaus des Geigenbauers Matthias Klotz, dessen Standbild vor der Kirche steht, untergebracht.

Tourenbeschreibung In Oberammergau durch den Ort, an der Pfarrkirche vorbei (daneben das Forstamtshaus von 1753, »Lüftlmalerei«) in Richtung Garmisch-Partenkirchen. Am Ortsende zweigt rechts die Straße zum Schloß Linderhof ab (siehe Tour 13). Wir radeln direkt nach *Ettal.* Etwas später senkt sich die Straße über den Ettaler Berg hinunter nach *Oberau* im Loisachtal. Dort rechts über *Farchant,* angesichts der prächtigen Kulisse des Wettersteingebirges nach *Garmisch-Partenkirchen,* genau gesagt in den Stadtteil Partenkirchen, wo wir kilometermäßig bereits die Hälfte der Etappe hinter uns haben.

Wir achten auf die Linksabzweigung der Münchner Straße. Sie setzt sich in Form der Ludwigstraße durch das alte Partenkirchen fort, vorbei am Heimat-Museum und an der Kirche, zur Durchgangsstraße.

Am östlichen Stadtrand (rechts die Skisprungschanzen) steigt die Bundesstraße 2 an. Über *Kaltenbrunn* erreicht man nach 9 Kilometern *Klais,* die höchstgelegene D-Zug-Station Deutschlands.

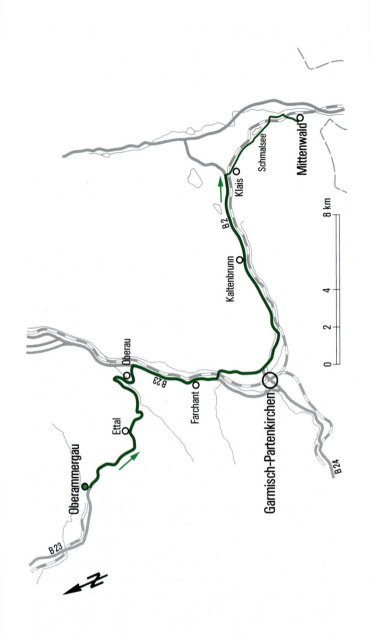

Oberammergau

B 23

Ettal

Oberau

B 23

Farchant

Kaltenbrunn

B 2

Klais

Schmalsee

Mittenwald

Garmisch-Partenkirchen

B 24

8 km

4

2

0

N

Dort wird die Bundesstraße rechts verlassen. Hinter dem Bahnübergang links. Schon seit einiger Zeit bieten sich herrliche Blicke auf das Karwendelgebirge. Die Straße führt zur Schmalenseehöhe (968 Meter) und senkt sich zum *Schmalsee* (hier zeigt links eine Tafel zur Jugendherberge), von dem es nicht mehr weit nach *Mittenwald* ist.

96 Mittenwald – Sylvensteinspeicher – Tegernsee

Verkehrsmöglichkeiten Mittenwald ist eingelagert zwischen Wettersteingebirge und Karwendel. Von Garmisch-Partenkirchen 18 km, von München 98 km. Bahnstation.
Tourenlänge 65 km.
Fahrzeit 5 Stunden.
Höhenunterschiede Hinter Wallgau mäßig bergige Strecke bis zum Achenpaß (941 m). Von dort Abfahrt zum Tegernsee (731 m).
Karten 1 : 200 000 Die Generalkarte, Blatt 25 und 26.
Übernachtung Jugendherberge Scharling (3 km vor Rottach-Egern). Tel. (0 80 29) 5 52. In Tegernsee Hotels, Gasthöfe, Pensionen.
Wissenswertes *Mittenwald* siehe Tour 95.
Sylvensteinspeicher: Stausee der Isar auf einer Fläche von 500 000 Quadratmeter, Fassungsvermögen 80 Millionen Kubikmeter Wasser, angelegt zwischen 1954 und 1959. Die alte Ortschaft Fall, bekannt geworden durch den Ganghofer-Roman »Der Jäger von Fall«, breitete sich unterhalb der heutigen Faller-Klamm-Brücke aus und mußte geräumt werden.
Rottach-Egern und *Tegernsee* siehe Tour 38.
Tourenbeschreibung *Mittenwald* wird nordwärts durch das Isartal verlassen, vorbei an der Gebirgsjäger-Kaserne. Auf der Schnellstraße bleiben wir nur etwa 2 Kilometer, dann übernimmt uns die Bundesstraße 11 in Richtung Wallgau. Hinter dem Ferienort *Krün* nehmen wir rechts der Straße den Radweg nach *Wallgau,* das durch ausgediente römische Soldaten gegründet wurde.

Mit der Walchenseestraße erwartet uns die erste Steigung, aber nur auf einer Strecke von 300 Metern, dann biegen wir rechts in die Risser Straße ein. Nun vertrauen wir uns einer Mautstraße an. Am Nordrand eines Naturschutzgebietes radeln wir auf abwechslungsreicher Strecke in östlicher Richtung, begleitet vom breiten Schotterbett der Isar. Hier war bis 1958 das einzige Ölschieferwerk Deutschlands in Betrieb, dann infolge Unrentabilität eingestellt.

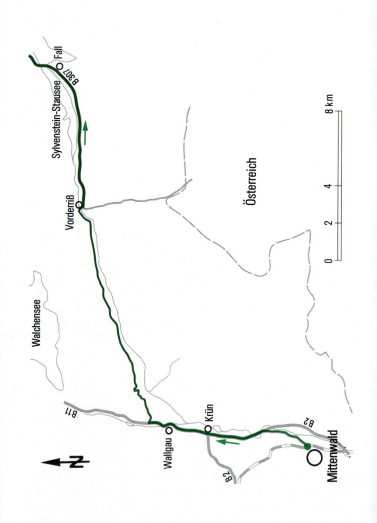

Fall

B 307

Sylvenstein-Stausee

Vorderriß

Walchensee

Österreich

8 km

6

4

2

0

B 11

Wallgau

Krün

B 2

B 2

Mittenwald

N

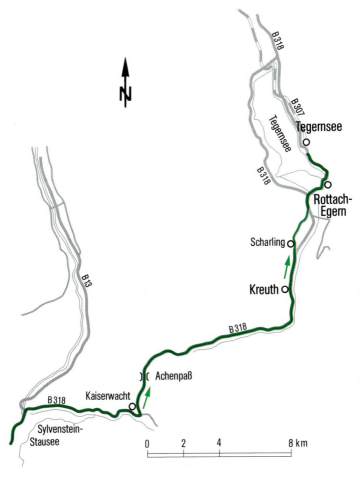

Nach 13 Kilometern sind wir am Ende der Mautstraße bzw. in *Vorderriß,* wo Ludwig Thoma einen Teil seiner Kindheit verbrachte, als sein Vater hier Förster war. Im Gasthof zur Post hängen noch etliche vergilbte Bilder aus dieser Zeit.

Nun auf der Bundesstraße 307. Bald taucht im Vorblick der Sylvensteinspeicher auf. An der neuen Ortschaft *Fall* (Restaurant Jägerklause) links vorbei zur 400 Meter langen Faller-Klamm-Brücke über den *Sylvenstein-Stausee.* Die Straße setzt sich an seinem nördlichen Ufer fort. Unsere Richtung heißt Tegernsee. Nach dem See begleitet uns rechts der Achenbach.

An der *Kaiserwacht* trennen uns nur noch 24 Kilometer von Tegernsee. Hier links. Nach etwa 600 Metern ist die Steigung vorerst geschafft. Bald gibt uns das österreichische Bundesland Tirol frei. Ein letztes Mal aufwärts, worauf wir den *Achenpaß* erreichen. Dahinter umfängt uns das Gebirgstal der Weißach. In der Folge begegnen uns kleinere Weiler. Etwa 8 Kilometer nach dem Achenpaß versteckt sich rechts das Wildbad Kreuth (Hanns-Seidel-Stiftung der CSU). In der Ortschaft *Kreuth* steht die älteste Leonhardikirche Deutschlands, ein ursprünglich romanischer Bau, im späten 15. Jahrhundert gotisch umgestaltet. Im Westen erhebt sich das kühne Felshorn des Leonhardstein.

Kurz nach Kreuth nehmen wir die halblinks abzweigende, weniger befahrene Nebenstraße über Scharling (Jugendherberge) nach *Rottach-Egern.* Am Ortsanfang rechts halten und in das 3 Kilometer entfernte *Tegernsee.*

97 Tegernsee – Schliersee

Verkehrsmöglichkeiten Tegernsee breitet sich am Ostufer des gleichnamigen Sees aus, von München 52 km. Endstation der Bahnstrecke von Holzkirchen.

Tourenlänge 22 km.

Fahrzeit 1³/₄ Stunden.

Höhenunterschiede Größte Steigung von Seeglas (710 m) über 1 km bis Ostin (780 m), anschließend wellige Strecke bis Hausham (760 m).

Karten 1 : 200 000 Die Generalkarte, Blatt 26.

Anmerkungen Die Strecke ist infolge der zahlreichen Bademöglichkeiten so kurz gehalten. Radverleih im Bahnhof Tegernsee.

Wissenswertes *Tegernsee* (Ort) und *Tegernsee* (See) siehe Tour 38.

Schliersee und *Fischhausen* siehe Tour 40.

Josefstal, Ortsteil von Schliersee, Jugendherberge (Josefstaler Straße 19), Tel. (08026) 71068.

Tourenbeschreibung In *Tegernsee* durch den Ort, vorbei am Rathaus und am Strandbad. Anschließend auf einem Radweg nach *St. Quirin* mit einem ursprünglich gotischen, 1676 barock erneuerten Kirchlein.

Vor Gmund, bei den Häusern von *Seeglas,* biegen wir rechts in die Straße Richtung Hausham-Schliersee ein. Nach 1 Kilometer läßt die Steigung beim »Kistlerwirt« in Ostin vorerst nach. Weiter im welligen Gelände, bei der Gaststätte Fahnerschmiede geradeaus nach *Hausham,* wo noch ein Förderturm an das einstige Bergwerk erinnert.

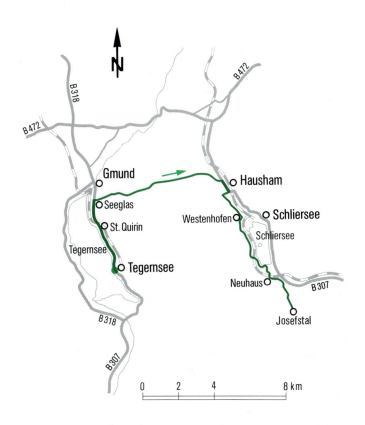

Im Ort rechts, in Höhe des Bahnhofs rechts in die *Naturfreunde-straße.* An der Pfarrkirche vorbei. Beim Wirtshaus zur Schlierach links und in der Folge entlang der Schlierach auf ruhigem Sträßchen. In *Westenhofen* sehen wir links den Spitzturm der Pfarrkirche. Auf dem Friedhof befindet sich das Grab des berühmt-berüchtigten Wildschützen Jennerwein.

Wir lassen die Ortschaft *Schliersee* links liegen, bis links die Westerbergstraße abgeht. Etwas später übernimmt uns der aussichtsreiche Asphaltweg am Westufer des Schliersees. Wir radeln parallel zum Schienenstrang nach *Neuhaus.* Dort wendet man sich vom See rechts ab. Durch die Eisenbahnunterführung zum Bahnhof und rechts in die Waldschmidtstraße. An ihrem Ende links abwärts. Dann rechts durch die Josefstaler Straße, bis vor Haus Nummer 20 links eine Tafel zu der von der Straße etwas zurückgesetzten Jugendherberge zeigt.

98   Josefstal (Schliersee) – Bayrischzell – Oberaudorf

Verkehrsmöglichkeiten   Die Häuser von Josefstal liegen an der alten Spitzingstraße südlich des Schliersees; nächster Bahnhof ist Neuhaus (Strecke Schliersee – Bayrischzell).

Tourenlänge   33 km.

Fahrzeit   2¹/₂ bis 3 Stunden.

Höhenunterschiede   Beschwerliche Steigung von Bayrischzell (800 m) über 4 km zur Sudelfeldhöhe (1097 m). Danach nur noch unwesentliche Steigungen bzw. anhaltende Abfahrt nach Oberaudorf (483 m).

Karten   1:200000 Die Generalkarte, Blatt 26.

Anmerkungen   Nächster Fahrrad-Verleih-Bahnhof ist Schliersee, Rückgabe eventuell im Bahnhof Oberaudorf.

Wissenswertes   *Bayrischzell* und *Tatzelwurm* siehe Tour 41.
h Beißwurm, Bergstutzen und Höckwurm genannt; zwei Stummelfüße, breiter Kopf und giftiger bzw. feuriger Atem.

Oberaudorf: Mehr als 1200 Jahre alter Ort im Inntal, der überwiegend vom Tourismus lebt. Jugendherberge Schauerhaus (Lechen 2), Tel. (08033) 1607.

Tourenbeschreibung   Von der Jugendherberge zur Bundesstraße 307. Auf ihr rechts. Im Vordergrund erscheint bereits der Wendelstein. Das ist unsere Richtung. Nach insgesamt 9,5 Kilometern sind wir an der Talstation der Wendelstein-Seilbahn.

Der Verlauf der Deutschen Alpenstraße umgeht *Bayrischzell* auf der Südseite und schwenkt dann links haltend ab. Wegweiser zeigen in Richtung Tatzelwurm. Zunächst heißt es kräftig in die Pedale Treten (oder schieben): 4 Kilometer in Schleifen aufwärts zur *Sudelfeldhöhe,* worauf es ein Stück weit ohne treten geht. Wir kommen in den Landkreis Rosenheim. Nochmals kurz bergan, dann weitgehend eben und wieder abwärts.

Etwa 11 Kilometer nach Bayrischzell rechts ab zum 300 Meter entfernten *Alpengasthof feuriger Tatzelwurm* (765 Meter); zwischen Oktober und April Dienstag geschlossen. Hinter dem Gasthof steht ein schon recht ramponierter Tatzelwurm. Wer sich etwas die Füße vertreten möchte, spaziert auf beschildertem Weg zum nahen Wasserfall. Von Josefstal 25 Kilometer.

Jetzt geht es nur noch bergab, und zwar auf einer aussichtsreichen Bergstraße, teilweise bis zu 13 Prozent Gefälle, zu den obersten Häusern von *Oberaudorf.* Dort, an der Bushaltestelle vor dem Gästehaus Ledererhof, rechts ab in die Bad-Trißl-Straße, vorbei an der Klinik Bad Trißl. Etwas später, bei der evangelischen Kirche heißt es aufpassen, um das Hinweisschild zur Jugendherberge nicht zu übersehen.

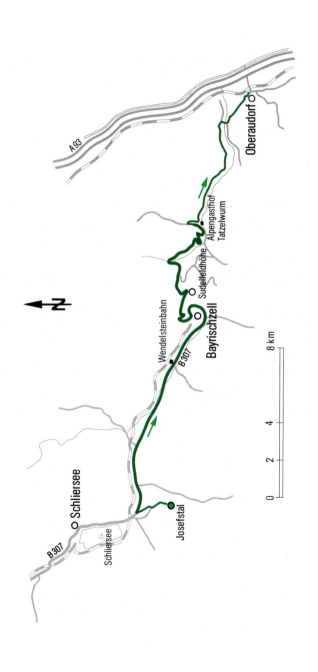

N

A 93

Oberaudorf

Alpengasthof
Tatzelwurm

Sudelfeldhöhe

Wendelsteinbahn

Bayrischzell

B 307

Schliersee

Schliersee

B 307

Josefstal

8 km

4

2

0

Verkehrsmöglichkeiten   Oberaudorf erstreckt sich auf der westlichen Seite des Inntales zwischen Rosenheim (27 km) und Kufstein (9 km), Anschlußstelle der Inntal-Autobahn, Bahnhof der Strecke Rosenheim – Kufstein.

Tourenlänge   46 km.

Fahrzeit   3 bis 4 Stunden.

Höhenunterschiede   Aus dem Inntal (490 m) Steigungen bis Walchsee (660 m), danach wieder von Kössen (591 m) zum Engpaß Klobenstein (910 m), abschließend von Unterwössen (555 m) zum Masererpaß (793 m), von dort Gefälle nach Reit im Winkl (695 m).

Karten   1:200000 Die Generalkarte, Blatt 26.

Anmerkungen   Personalausweis oder Reisepaß erforderlich. Geldwechsel erübrigt sich für den kurzen Aufenthalt in Österreich, da dort auch in Mark bezahlt werden kann. Fahrradverleih im Bahnhof Oberaudorf. Die Strecke kann erheblich abgekürzt werden, wenn man von Kössen über die Grenzübertrittsstelle Kaltenbach direkt nach Reit im Winkl fährt.

Wissenswertes   *Walchsee,* Ortschaft und Badesee in Tirol, moorhaltiges Wasser, das sich schon verhältnismäßig früh im Jahr (Mai/Juni) bis 19 Grad erwärmt, Höchsttemperaturen um 24 Grad.

Wössener See, Strandbad zwischen Unter- und Oberwössen, etwa 1 Kilometer abseits der Bundesstraße 305, sommerlicher Durchschnittswert der Wassertemperaturen 20 bis 22 Grad.

Reit im Winkl, einer der meistbesuchten Fremdenverkehrsorte im bayerischen Alpenraum, früher »bayerisches Sibirien« genannt. Pfarrkirche eine Mischung aus Jugendstil und Neubarock. Sesselbahn zum Walmberg, gepflegtes Freibad, Freibecken ständig auf 24 Grad temperiert. Hotels, Gasthöfe, Privatzimmer.

Tourenbeschreibung   In *Oberaudorf* von der Kirche am Maibaum vorbei, kurz danach links halten in Richtung Landesgrenze Niederndorf. Über die Autobahn und über den Inn zur deutsch-österreichischen Grenze und nach *Niederndorf,* das vom spitzen Turm der Pfarrkirche überragt wird. Die Straße steigt nach und nach in Stufen an, bis wir in *Durnholzen* vorerst eine konstante Höhe erreicht haben. Von dort zum nahen *Walchsee,* wo man bereits 12,5 Kilometer zurückgelegt hat.

Nun eben in das 7 Kilometer entfernte *Kössen.* An der Straßenkreuzung links einordnen und durch den Ort in Richtung Klobenstein-Schleching.

Nach einer Weile steht links unterhalb der Straße das alte *Wall-*

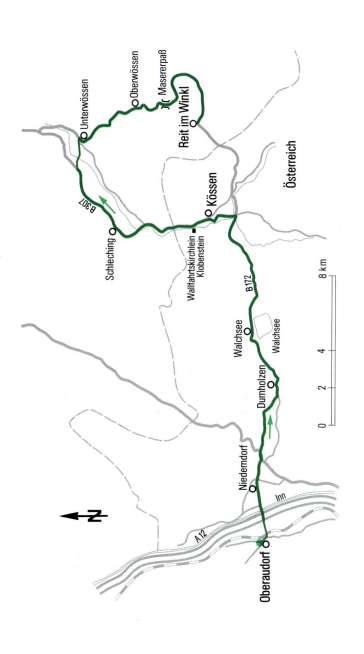

Unterwössen

Oberwössen

Masererpaß

Reit im Winkl

Österreich

Kössen

B 307

Schleching

Wallfahrtskirchlein
Klobenstein

B 172

Walchsee

Walchsee

Dumholzen

8 km

Niederndorf

4

Inn

2

A 12

Oberaudorf

0

N

fahrtskirchlein Klobenstein. Es folgt ein Tunnel, danach die Felspartie der sogenannten Bärengasse. Erst an der Talöffnung wird
die Grenze wieder überschritten.

Die Straße setzt sich über die Tiroler Aache hinweg fort, läßt Et-
tenhausen (Geigelstein-Seilbahn) links liegen und durchzieht den
Ferienort *Schleching* mit hübschen Häusern und einer Pfarrkirche
mit Rokokostuck. Neben der Kirche der Gasthof Post mit eigener
Metzgerei.

Beim Ortsschild von Raiten verlassen wir die Bundesstraße 307,
das heißt wir halten uns rechts, kommen erneut über die Tiroler
Ache und stoßen bei der Kirche in *Unterwössen* auf die originale
Streckenführung der Deutschen Alpenstraße, hier als B 305.

Jetzt müssen wir uns wieder anstrengen! Die Steigung bleibt zunächst bis *Oberwössen.* Verschnaufpause im Café Marchl (Donnerstag geschlossen) in einem Bauernhaus von 1705, entweder
heraußen im Gärtchen oder in einer der gemütlichen Stuben?

Der stattliche Maibaum bleibt zurück. Und wieder erwartet uns
ein Aufschwung. Sobald wir den *Masererpaß* geschafft haben, saust
unser Fahrrad praktisch wie von alleine hinunter nach Reit im
Winkl.

100   Reit im Winkl – Gletschergarten – Berchtesgaden

Verkehrsmöglichkeiten   Reit im Winkl ist Station der Deutschen
Alpenstraße zwischen Marquartstein (15 km) und Ruhpolding
(24 km).

Tourenlänge   62 km.

Fahrzeit   4 Stunden.

Höhenunterschiede   Zwischen Ruhpolding und Gletschergarten
bergige Strecke. Beachtliche Steigung (bis 10%) von Unterjettenberg (500 m) über 7 km zum Schwarzbachwacht-Sattel (868 m),
anschließend eben und abwärts bis Berchtesgaden-Bahnhof
(530 m).

Karten   1:200000 Die Generalkarte, Blatt 26.

Anmerkungen   Jugendherberge etwas außerhalb von Berchtesgaden im Ortsteil Strub (Gebirgsjägerstraße 52), Tel. (08652)
2190.

Wissenswertes   *Reit im Winkl* siehe Tour 99. *Berchtesgaden* siehe
Tour 51.

Tourenbeschreibung   Der Auftakt läuft von selbst: In anhalten-
dem Gefäll sind wir nach 6 Kilometern in *Seegatterl,* wo eine steile

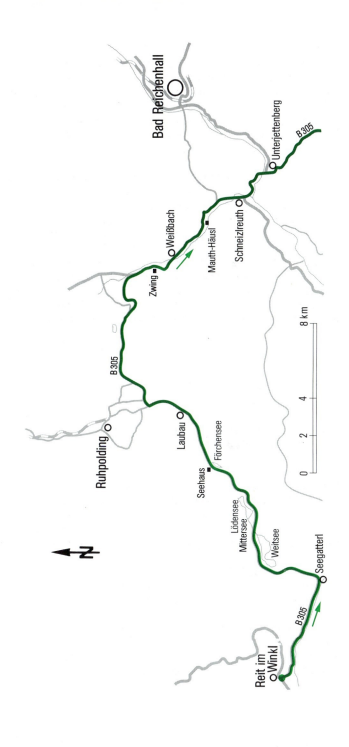

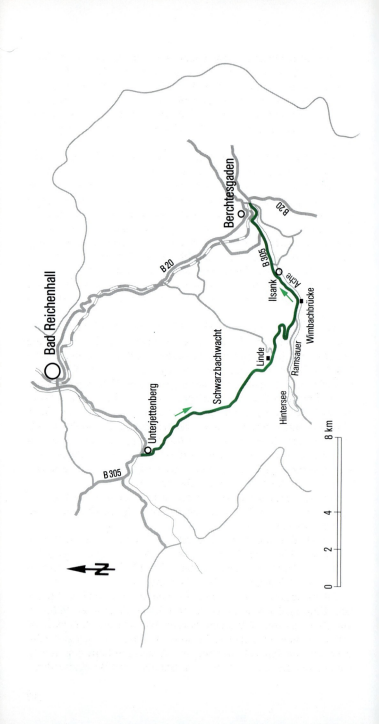

Berchtesgaden

B 20

B 20

B 305

Bad Reichenhall

Ilsank

Ache

Wimbachbrücke

Linde

Schwarzbachwacht

Ramsauer

Hintersee

Unterjettenberg

B 305

N

8 km

4

2

0

Bergstraße zur Winklmoosalm abzweigt. Wir bleiben auf der Bundesstraße 305 und radeln in der Talsenke weiter. Rechts folgt der *Weitsee*, links der Straße schließen sich *Mitter-* und *Lödensee* an. Überall sind Badeplätze vorhanden, im Schatten von Tannen und am freien Strand. Übrigens fließen diese Seen unterirdisch zum *Förchensee* ab, an dem wir in der Höhe von *Seehaus* vorbeikommen.

In *Laubau* ist ein Museumsdorf für Forstgeschichte im Entstehen. Vor *Ruhpolding* (3 Kilometer) wendet sich die Bundesstraße 305 und damit die Deutsche Alpenstraße rechts. Die Seilbahn zum Rauschberg wird angezeigt. Wir kommen über den Bergsattel von Aschenau. Links unten träumt der teilweise verlandete Froschsee. Schließlich abwärts und rechts (links der Zwingsee mit Strandbad sowie die Eisschnellaufbahn in Inzell) in den Engpaß der Zwing. Links der Straße führt ein nichtasphaltierter Weg zum *Café Zwing*. Hier haben wir die Hälfte der Strecke hinter uns.

Wenig später befindet sich links an der Straße der sehenswerte »Gletschergarten«: Eiszeitliche Gletscher haben die Felsformation geformt.

Wir passieren die vereinzelten Häuser von *Weißbach*, werden dort links auf einen Radweg gezwungen und kommen zum *Mauth-Häusl* (rechts neben der Straße), einer ehemaligen Zollstätte. Das Gasthaus hängt wie eine Kanzel über der Weißbachschlucht, in die von der Terrasse ein gesicherter Treppensteg führt.

Anschließend über die Pfannlochbrücke und über die Höllenbachbrücke zur Straßenteilung bei der sogenannten Wegscheid. Unsere Route hält sich auch weiterhin rechts an die Weißach. Abwärts ins Saalachtal, hinter *Schneizlreuth* rechts über den Fluß. *Unterjettenberg* wird nur am Rand berührt. Tief Luft holen! Die nächsten 7 Kilometer geht es ausschließlich bergan; links das Lattengebirge, rechts die Ausläufer der Reiter Alpe.

Von der Schwarzbachwacht bietet sich der erste große Blick auf den Watzmann im Südosten, rechts davon der nicht minder eindrucksvolle Hochkalter.

Die Abfahrt weist zwischendurch Gefällstrecken bis zu 10 Prozent auf und läuft im Tal der Ramsauer Ache aus. Unterwegs haben wir Gelegenheit, beim Gasthof Hindenburglinde die vielhundertjährige Hindenburglinde zu bewundern.

Talauswärts zur *Wimbachbrücke*, von der es zu Fuß $\frac{1}{4}$ Stunde zum Eingang der wildromantischen Wimbachklamm ist. In *Ilsank* am Gasthaus zum Watzmann vorbei. Wo sich die Bundesstraße 305 vor dem Bahnkörper rechts wendet, müssen Besucher der Jugendherberge links ab und bergauf. Ansonsten fährt man rechts, entlang der Ramsauer Ache, zum Bahnhof von Berchtesgaden.

10 Regeln beim Radfahren

1. Grundregel beim Radfahren auf der Straße ist das Verhalten des Radfahrers gemäß der Straßenverkehrsordnung.

2. Das Rad muß in Ordnung sein: Bremsen, Licht, Klingel, Rückstrahler usw. müssen funktionieren. Flickzeug und Pumpe nicht vergessen. Vor der Radtour das Flicken einmal üben. Zur Sicherheit gehört auch, den Zustand der Reifen zu kontrollieren. Reifen, die abgefahren oder brüchig sind, sollten ausgewechselt werden. Sind alle Schrauben fest angezogen?

3. Zur Sicherheit im Straßenverkehr empfiehlt sich eine knallig bunte Kleidung. Abstandshalter schützen nicht nur die Kinder. Für die Dunkelheit eignen sich neben den Rückstrahlern auch Seitenreflektoren in den Speichen.

4. Die Sitzposition auf dem Fahrrad muß stimmen. Der Sattel ist richtig eingestellt, wenn man, auf dem Fahrrad sitzend, bei ausgestrecktem Bein mit der Ferse auf dem Pedal stehen kann.

5. Die Kleidung soll grundsätzlich praktisch und bequem sein. Es gibt für Radfahrer kein schlechtes Wetter, ausgenommen, man ist falsch angezogen. Unterwäsche oder ein Trikot, das Schweiß aufsaugt, sowie ein guter Trainingsanzug sind ideal. Für längere Fahrten empfiehlt sich eine Fahrradhose, wie sie die Rennfahrer tragen. Auf der Sitzfläche ist ein weiches Leder eingenäht, das ein Wundreiben verhindert.

6. Nach Möglichkeit verkehrsreiche Straßen in den Städten, Bundesstraßen und befahrene Landstraßen meiden.

7. Anfänger sollten zunächst auf ruhigen Straßen und Wegen bis zu 10 Kilometer zurücklegen und nach und nach auf 15, 20 etc. Kilometer steigern, bevor man sich zu einer großen Tour entschließt.

8. Zum Radwandern werden möglichst gute Tourenkarten im Maßstab 1:50000 benötigt, um sich unterwegs genau orientieren zu können. Auch örtliche Radwegekarten sind dafür geeignet (beim Buchhandel erhältlich!).

9. Zum Transport von Proviant, Regenbekleidung und Verbandszeug (was nie fehlen sollte) eignet sich bei kurzen Fahrten ein Korb, der auf dem Gepäckträger mit einem Gummiband verankert wird. Bei mehrtägigen Radtouren empfehlen sich Radtaschen am Hinterrad und eine kleine Gepäcktasche für Karten und Proviant, die am Lenker angebracht wird.

10. Bei Gruppenfahrten stets auf den »schwächsten« Teilnehmer achten. Von Zeit zu Zeit Treffpunkte ausmachen, wenn individuelles Fahren gewünscht wird.

Wie radeln Sie richtig?

Wer längere Zeit nicht mehr auf dem Fahrradsattel saß, sollte sich langsam an die Belastung gewöhnen. Empfehlenswert ist eine Anfangsstrecke zwischen 4 und 6 Kilometer, die zwei- bis dreimal pro Woche in mäßigem Tempo gefahren wird. Nach 6 Wochen kann das tägliche Kilometerpensum auf bis zu 20 Kilometer gesteigert werden; das Tempo bleibt jedoch mäßig. Eine Verteilung der Trainingskilometer auf mindestens zwei bis drei Tage bringt einen wesentlich größeren Effekt.

Für die sportlichen Radfahrer gibt es zwei Trainingsarten: »Ausdauerfahren« und das »Fahrtspiel«. Beim Ausdauerfahren wird eine Strecke von mindestens 20 Kilometern in möglichst gleichmäßigem Tempo zurückgelegt. Auf alle Fälle ist ein hohes Anfangstempo zu vermeiden. Wem das Ausdauerfahren zu langweilig ist, der kann zwischendurch auch ein sogenanntes Fahrtspiel per Rad machen. Dabei wird eine kürzere Strecke als bei Ausdauerfahren gewählt. »Ausreißversuche« und »Bergwertungen« wechseln – und damit auch das Tempo. Eine Trainingsform, die sich nur für gut Trainierte eignet.

Die Kontrolle

Ein einfaches Mittel, um das Wochentraining zu testen, ist die Punktzählung.

Für 2 Kilometer Radfahren erhalten Sie »1 Punkt«.

Anstatt in Kilometer kann auch in Zeiteinheiten gerechnet werden:

Für 7 Minuten Radfahren erhalten Sie »1 Punkt«.

Pro Woche sollten Sie zusammen mit anderen Sportarten auf mindestens 12 Punkte kommen.

Das Ergebnis

Ein bißchen trainiert, macht das Radeln noch mehr Freude. Es fällt nämlich leichter, und man selbst wird fit. Richtig dosiert ist regelmäßiges Radfahren ein wichtiger Beitrag zur Gesunderhaltung.

 Bund Deutscher Radfahrer eV.

Anschriften

Deutsche Zentrale für Tourismus e. V. (DZT)
Beethovenstraße 69, D-6000 Frankfurt 1, Tel. (0611) 75721

Deutscher Fremdenverkehrsverband e. V. (DFV)
Beethovenstraße 61, D-6000 Frankfurt 1, Tel. (0611) 752023

Europäische Wandervereinigung e. V.
Sippelweg 24, D-7000 Stuttgart 40, Tel. (0711) 801102

Verband Deutscher Gebirgs- und Wandervereine e. V.
Reichsstraße 4, D-6600 Saarbrücken, Tel. (0681) 390070

Deutsche Wanderjugend
Wilhelmstraße 39, D-7263 Bad Liebenzell, Tel. (07052) 3131

Deutscher Alpenverein
Praterinsel 5, D-8000 München 22, Tel. (089) 293086

Deutsches Jugendherbergswerk
Bülowstraße 26, D-4930 Detmold, Tel. (05231) 22772-1

Touristenverein »Die Naturfreunde«
Bundesgruppe Deutschland e. V.
Großglocknerstraße 28, D-7000 Stuttgart 60, Tel. (0711) 337687/88

Landesfremdenverkehrsverband Bayern
Prinzregentenstraße 18/IV, D-8000 München 22, Telefon (089) 229491

Fremdenverkehrsamt der Landeshauptstadt München
Postfach, D-8000 München 1, Telefon (089) 23911

Fremdenverkehrsverband Allgäu/Bayerisch Schwaben e. V.
Fuggerstraße 9, D-8900 Augsburg, Telefon (0821) 33335

Fremdenverkehrsverband Ammersee-Lech e. V.
Von-Kühlmann-Straße 15, D-8910 Landsberg, Telefon (08191) 47177

Fremdenverkehrsverband Ostbayern e. V.
Landshuter Straße 13, D-8400 Regensburg, Telefon (0941) 57186

Bund Deutscher Radfahrer e. V., Bundesgeschäftsstelle
Otto-Fleck-Schneise 4, D-6000 Frankfurt/M. 71,
Telefon (0611) 6789222

Bayerischer Radsportverband e. V.
Geschäftsstelle, Postfach 200522, D-8000 München 2,
Telefon (089) 524442

Anton Pabian, Fachwart Radwandern/Breitensport
Eulenweg 4, D-8480 Weiden, Telefon (0961) 32412

Georg Marr, Fachwart Radtourenfahren
Leobschützer Straße 62, D-8500 Nürnberg 50, Telefon (0911) 807143

Wichtiger Hinweis

Da Jugendherbergen und Wanderheime zum Teil während der Woche und zu bestimmten Zeiten des Jahres geschlossen sind, empfiehlt der Verlag, sich frühzeitig vor Beginn einer Wanderung mit den genannten Häusern in Verbindung zu setzen und die folgenden Angaben nur als Hinweise zu betrachten und sich zum Planen – besonders einer längeren Wanderung – folgende Verzeichnisse zuzulegen:

1. Deutsches Jugendherbergsverzeichnis
2. Naturfreundehäuser in Deutschland
3. Die Alpenvereinshütten

im jeweils gültigen Jahrgang. – Zu beziehen über den Buchhandel oder über eine der vorstehenden Adressen.

Jugendherbergen

Augsburg
D-8900 Augsburg, Beim Pfaffenkeller 3, Telefon (08 21) 3 39 09

Bayrischzell
D-8163 Bayrischzell, Berghaus Sudelfeld, Unteres Sudelfeld 9, Telefon (0 80 23) 6 75

Benediktbeuern
D-8174 Benediktbeuern, Don-Bosco-Straße 3 (Knaben), Telefon (0 88 57) 8 83 50

Benediktbeuern
D-8174 Benediktbeuern, Bahnhofstraße 58 (Mädchen), Telefon (0 88 57) 2 60

Bergen
D-8221 Bergen, Hochfellnstraße 18, Telefon (0 86 62) 82 46

Burghausen
D-8263 Burghausen, In der Burg 27b, Telefon (0 86 77) 41 87

Donauwörth
D-8850 Donauwörth, Goethestraße 10, Telefon (09 06) 51 58

Ebersberg
D-8017 Ebersberg, Attenberger-Schillingerstraße 1, Telefon (0 80 92) 2 25 23

Füssen
D-8958 Füssen, Mariahilferstraße 5, Telefon (0 83 62) 77 54

Garmisch-Partenkirchen
D-8100 Garmisch-Partenkirchen, Jochenstraße 10, Telefon (0 88 21) 29 80

Ingolstadt
D-8070 Ingolstadt, Oberer Graben 4, Telefon (08 41) 3 41 77

Issing/Vilgertshofen
D-8911 Issing/Vilgertshofen, Wessobrunner Straße 15, Telefon (0 81 94) 2 52

Jägersbrunn
D-8131 Jägersbrunn 2, Perchting, Telefon (08151) 12960
Josefsthal/Schliersee
D-8162 Josefsthal, Josefsthaler Straße 19, Telefon (08026) 71068
Kelheim/Ihrlerstein
D-8429 Kelheim-Ihrlerstein, Kornblumenweg 1, Telefon (09441) 3309
Kempten
D-8960 Kempten, Saarlandstraße 1, Telefon (0831) 73663
Kochel
D-8113 Kochel, Badstraße 2, Telefon (08851) 5296
Landshut
D-8300 Landshut, Richard-Schirrmann-Weg 6, Telefon (0871) 23449
Lenggries
D-8172 Lenggries, Jugendherbergsstraße 10, Telefon (08042) 2424
Lindau
D-8990 Lindau/Bodensee, Herbergsweg 11, Telefon (08382) 5813
Memmingen
D-8940 Memmingen, Kempter Straße 42, Telefon (08331) 19396
Mittenwald
D-8102 Mittenwald, Buckelwiesen 7, Telefon (08823) 1701
Mühldorf/Inn
D-8260 Mühldorf/Inn, Friedrich-Ludwig-Jahn-Straße 19,
Telefon (08631) 7370
München (JGH)
D-8000 München 70, Miesingstraße 4, Telefon (089) 7236550
München (JH)
D-8000 München 19, Wendl-Dietrich-Straße 20, Telefon (089) 131156
Oberammergau
D-8103 Oberammergau, Malensteinweg 10, Telefon (08822) 4114
Oberaudorf
D-8203 Oberaudorf, Lechen 2, Telefon (08033) 1607
Oberstdorf-Kornau
D-8980 Oberstdorf-Kornau 8, Telefon (08322) 2225
Ottobeuren
D-8942 Ottobeuren, Faichtmayrstraße 38, Telefon (08332) 368
Passau
D-8390 Passau, Veste Oberhaus 125, Telefon (0851) 41351
Prien
D-8210 Prien, Carl-Braun-Straße 46, Telefon (08051) 2972
Pullach
D-8023 Pullach/Burg Schwaneck, Burgweg 4–6, Telefon (089) 7930643
Regensburg
D-8400 Regensburg, Wöhrdstraße 60, Telefon (0941) 57402
Scharling
D-8185 Scharling-Kreuth, Nördl. Hauptstraße 91, Telefon (08029) 552

Steinebach/Wörthsee
D-8031 Steinebach/Wörthsee, Herbergsstraße 10, Telefon (08153) 7206

Straubing
D-8440 Straubing, Friedhofstraße 12, Telefon (09421) 7836

Traunstein
D-8220 Traunstein, Traunerstraße 22, Telefon (0861) 4742

Trausnitz
D-8471 Trausnitz-Burg, Burggasse, Telefon (09655) 344

Urfeld
D-8111 Urfeld, Mittenwalder Straße 17, Telefon (08851) 230

Weiler
D-8999 Weiler, Kolpingstraße 12, Telefon (08387) 540

Naturfreundehäuser

TV »Die Naturfreunde«
Bundesgruppe Deutschland e. V.
Großglocknerstraße 28, D-7000 Stuttgart 60 (Untertürkheim),
Telefon (0711) 337687/88

Landesverband Bayern
Kopernikusstraße 26, Postfach 29, D-8500 Nürnberg 115,
Telefon (0911) 454022

Naturfreundehaus Konstein (440 m)
Am Galgenberg, D-8831 Konstein, Telefon (08427) 330
(Information: Anneliese Wohlsperger, Gartenstraße 18a,
D-8076 Ebenhausen, Telefon [08453] 1460)

Naturfreundehaus Hammertal (400 m)
D-8421 Sausthal, Telefon (09447) 360
(Information: Berthold Heinrich, Triftweg 16,
D-8421 Essing, Telefon [09447] 326)

Naturfreundehaus Alpinen-Steig (390 m)
Alpinenstraße 18, D-8411 Schönhofen
(Information: Peter Fähnrich, Friesenstraße 24,
D-8400 Regensburg, Telefon [0941] 72672)

Naturfreundehaus Schloßberghütte (444 m)
Schloßberg bei Landshut
(Information: Anni Peisl, Sigmund-Schwarz-Straße 5,
D-8300 Landshut, Telefon [0871] 22690)

Naturfreundehaus Alpeltalhütte (1100 m)
(Information: Naturfreundehaus Alpeltalhütte, Scharitzkehlstraße 30,
D-8240 Schönau am Königssee, Telefon [08652] 1077)

Naturfreundehaus Schneibsteinhaus (1720 m)
(Information: Fritz Harslem, Naturfreundehaus Schneibsteinhaus,
D-8240 Königssee, Telefon [08652] 2596 oder 2701)

Wimbachgrieshütte (1327 m)
D-8243 Ramsau, Telefon (0 86 57) 3 44
(Information: Toni Piatke, Wimbachgrieshütte,
D-8243 Ramsau, Telefon [0 86 57] 3 44 oder 8 40)

Paul-Gruber-Haus (950 m)
D-8230 Bad Reichenhall, Telefon (0 86 51) 37 04
(Information: TV »Die Naturfreunde«, Postfach 332,
D-8230 Bad Reichenhall, Telefon [0 86 51] 37 04)

Gießenbach-Hütte (874 m)
(Information: Egon Ziegler, Buschingstraße 29, D-8000 München 80)

Krottentaler Alm (1437 m)
(Information: Klaus Tafertshofer, Werner-Friedmann-Bogen 18,
D-8000 München 50, Telefon [0 89] 14 91 0 36)

Naturfreundehaus »Breitenberghaus« (1050 m)
(Information: Naturfreundehaus, St. Margarethen 9 1/2,
D-8204 Branneburg, Telefon [0 80 34] 5 50)

Naturfreunde-Gründhütte (1200 m)
(Information: Herbert Dierl, Ludwig-Thoma-Str. 20, D-8012 Ottobrunn)

Anderl-Frey-Hütte
Valepperstraße 162 1/23, D-8183 Rottach-Egern
(Information: Hans Buchart, Deisenhofener Straße 122,
D-8000 München 90, Telefon [0 89] 69 98 68)

Naturfreundehaus Suttenhütte (1150 m)
(Information: Rudolf Bittl, Zeisigstraße 18, D-8012 Ottobrunn)

Naturfreundehaus Holzkirchner Hütte (1100 m)
(Information: Franz Schmid, Hilpoldsteiner Straße 3,
D-8150 Holzkirchen, Telefon [0 80 24] 60 03)

Naturfreundehaus »Maroldhof« am Taubenberg (825 m)
(Information: Naturfreundehaus »Maroldhof« am Taubenberg,
Marold 11, D-8151 Warngau, Telefon [0 80 20] 5 35)

Stadtheim Garmisch-Partenkirchen (750 m)
(Information: Familie Stein, Naturfreundehaus, Schalmeiweg 21,
D-8100 Garmisch-Partenkirchen, Telefon [0 88 21] 43 22)

Georg-Rauch-Haus
D-8110 Murnau (Information: TV »Die Naturfreunde«, D-8110 Murnau)

Naturfreundehaus Saulgrub (900 m)
Achelestraße, D-8111 Saulgrub, Telefon (0 88 45) 17 15
(Information: Erich Breu, Im Zarlach 135, D-8111 Saulgrub)

Naturfreundehaus Im Schindergraben (500 m)
Im Schindergraben 1, D-8021 Deining, Telefon (0 81 78) 42 79
(Information: Otto Kohlhofer, Radolfzeller Straße 9/14,
D-8000 München 60, Telefon [0 89] 87 34 47 oder 6 91 64 90 [Aleithe])

Naturfreundehaus »Pasinger Hütte«
Allinger Straße 6, D-8034 Germering
(Information: Leonhard Fürleger, Mitterwegstraße 1,
D-8034 Germering, Telefon [0 89] 8 41 52 57 oder 83 18 59)

Münchner Bootshaus (519 m)
(Information: Münchner Bootshaus, Zentrallandstraße 16,
D-8000 München 70, Telefon [0 89] 7 23 12 45)

Freisinger Naturfreundehaus (452 m)
D-8051 Marzling-Hangenham, Telefon (0 81 61) 6 54 32
(Information: TV »Die Naturfreunde«, Postfach 20 47, D-8050 Freising)

Naturfreundehaus Georg-Andorfer-Haus (482 m)
(Information: Fritz Steinlechner, Josef-Scheidl-Straße 16,
D-8060 Dachau, Telefon [0 81 31] 7 18 80)

Naturfreundehaus Oskar-Weinert-Haus (565 m)
Telefon (0 81 95) 2 64
(Information: Eberhard Stengelin, Bahnhofstraße 12,
D-8933 Klosterlechfeld, Telefon [0 82 32] 25 18)

Naturfreundehaus Gründlmoos
Wiffertshausen Nr. 18, D-8904 Wiffertshausen b. Friedberg
(Information: Manfred Lepach, Karlsbader Straße 32,
D-8900 Augsburg, Telefon [0 8 21] 7 72 93)

Naturfreundehaus »Am Grubet« (500 m)
Am Grubet 1, D-8890 Aichach-Unterschneitbach, Telefon (0 82 51) 33 55
(Information: Hans Port, Krumpstraße 8, D-8890 Aichach)

Naturfreundehaus Vinzenz-Behr-Hütte (420 m)
Fischerweg 34, D-8901 Meitingen-Herbertshofen
(Information: Wilfried Alex, Reisinger Straße 15,
D-8900 Augsburg, Telefon [0 8 21] 5 70 02 81)

Naturfreundehaus St. Klaus (520 m)
Muttershofen Nr. 8, D-8901 Muttershofen
(Information: Peter Rennebarth, Ludwig-Hermann-Straße 26, D-8906
Gersthofen)

Naturfreundehaus Königsbrunner Hütte
Weiherhof 3, D-8901 Döpshofen
(Information: Adolf Paul, Hauptstraße 17,
D-8901 Königsbrunn, Telefon [0 82 31] 45 15)

Naturfreundehaus Weilheim
Am Trifthof, D-8120 Weilheim, Telefon (0 881) 31 36
(Information: Adolf Rehthaler, Nußbaumstraße 1,
D-8120 Weilheim, Telefon [0 8 81] 55 57)

Naturfreundehaus Pfaffenhofen
Ziegelstraße, D-8068 Pfaffenhofen/Ilm
(Information: Wolfgang Spindler, Schmellerstraße 29,
D-8068 Pfaffenhofen/Ilm, Telefon [0 84 41] 37 14)

Neuburger Naturfreundehaus
Dorfstraße 100, D-8858 Neuburg-Sehensand
(Information: Alois Mayer, Am Neufeld 19,
D-8858 Neuburg, Telefon [0 84 31] 75 47)

wandern + radwandern

Die zuverlässigen, tausendfach bewährten Wegweiser mit der Marke ‚Kompass' und dem roten Punkt

Allgäu I: Ober-/Ostallgäu
Allgäu II: Wanderregion Westallgäu
Altmühltal/Frankenalb-Süd
Bayerischer Wald
Berchtesgadener Land
Bergisches Land
Bodensee und Umgebung
Deutsch-Belgischer Naturpark
  Eifel (Nord) – Hohes Venn
Eifel
Ems – Weser
Fichtelgebirge
Großer Fränkische-Schweiz-Führer
Fränkische Schweiz/Frankenalb Nord
Frankenwald
Frankfurt-Offenbach
Hamburg, Wanderregion
Harz
Hohenlohe mit Georg-Fahrbach-Weg
Holsteinische Schweiz
Hunsrück
Lüneburger Heide
Mark Brandenburg
Mittelrhein
Mosel, Wanderregion
Münsterland
Neckarland
Niederrhein
Oberbayern I: Bayerische Voralpen/ West
Oberbayern II: Bayerische Voralpen/ Ost
Oberschwaben
Odenwald
Ostfriesland
Pfalz
Burgen- und Felsenwanderungen Pfalz
Großer Pfalz-Führer
Rhön mit Vogelsberg
Saarland

Sauerland
Schönbuch mit Stuttgart
Schwäbische Alb
Schwäbischer Wald
Schwarzwald Nord
Schwarzwald Süd 1: Zwischen Kinzig und Feldberg
Schwarzwald Süd 2: Zwischen Feldberg und Rhein
Spessart
Taunus
Teutoburger Wald
Weserbergland
Westerwald
Limes I: Vom Rhein zum Main
Limes II: Obergermanischer Limes: Vom Miltenberg bis Lorch/Remstal
Limes III: Von Lorch/Remstal bis zur Donau
Spuren der Römer im Rheinland

Streckenwanderwege

Deutschland-Wanderung von Jugendherberge zu . . .
Ahrhöhenwege – Ahrtalwege
Albrandweg
Lech – vom Ursprung bis zur Mündung
Mainwanderweg
Main-Donau-Wege
Main-Neckar-Rhein: Wanderweg Baden-Württemberg
Moselhöhenwege
Rheinhöhenwege
Sauerland-Höhenring
Schwarzwaldhöhenwege
Fernwanderwege im Voralpenland (König-Ludwig-Weg/Lech-Höhenweg/ Schwäbisch-Allgäuer Wanderweg/ Prälatenweg
Westpfalz-Wanderwege

Wandern in Europa

Europäischer Fernwanderweg 1:
Flensburg–Genua
Europäischer Fernwanderweg 2:
Holland–Mittelmeer
Europäischer Fernwanderweg 3:
Böhmerwald–Atlantik
Europäischer Fernwanderweg 4:
Pyrenäen–Neusiedler See
Europäischer Fernwanderweg 5:
Bodensee–Venedig
Europäischer Fernwanderweg 6:
Ostsee–Adria
Lexikon Europäische Fernwanderwege
Dolomiten
Harz-Niederlande-Wanderweg
Kanarische Inseln
Luxemburg
Riesengebirge
Schweizer Jura/Genfer See
Tschechoslowakei
Vogesen Nord
Vogesen Süd

Tourist-Ausflugs-Atlas:
Umgebung von Berlin
Europäische Fernwanderwege/Internationale Wanderwege/Hauptwanderwege (Auswahl): Große Wanderwege-Übersichtskarte 1:550 000 Bundesrepublik Deutschland
Wandern mit Kompaß und Karte

Wanderbares Österreich

Burgenland
Kärnten
Oberösterreich
Salzburger Land
Tirol
Osttirol
Vorarlberg
Wien, Wanderregion

Stadtwanderführer

Berlin/West
Zu Fuß durch Stuttgart

Die schönsten Radtouren

Bergisches Land mit Siegerland
Berlin/West
Bodensee/Allgäu/Oberschwaben
Eifel
Fränkische Schweiz/Frankenalb/
Altmühltal
Harz/Weser/Leine
Hohenlohe/Taubergrund
Hunsrück/Pfalz/Saar
Lüneburger Heide mit Wendland
Münsterland
Niederrhein/Hohe Mark
Nordfriesland mit Hamburg
Nordhessen
Odenwald/Spessart, Kinzigtal
Ostfriesland und Unterweser
Ostsee und Holsteinische Schweiz

Rhein-Main-Nahe
Set Radwandern in Rheinland-Pfalz
inkl. 3 Radwanderkarten 1:100 000
Sauerland/Ruhrgebiet
Schwäbische Alb
Schwäbischer Wald/Neckarland
Schwarzwald
Taunus/Wetterau
Teutoburger Wald/Weser/Wiehen- und
Eggegebirge
Voralpenland I: Iller-Donau-Lech
Voralpenland II: Lech-Donau-Salzach
Westerwald mit Siegerland
Rad-Deutschland-Tour: Von JH zu JH
Radfernwandertouren BR Deutschland
Rad-Wandertouren Frankreich
Rad-Wandertouren Niederlande

Deutscher Wanderverlag
Dr. Mair & Schnabel & Co., Stuttgart

Die Deutsche Wanderjugend ist die Jugend-
organisation des Verbandes Deutscher Ge-
birgs- und Wandervereine. Die jugendlichen
Mitglieder von sechs bis 15 Jahren lernen
aber nicht nur das jugendgemäße Wandern.
In der vielseitigen Gruppenarbeit werden Themen be-
vorzugt wie Laienspiel, Pantomime, Basteln, Werken,
Diskussionen, Aktionen, Video und auch Volkstanz.
Ein wichtiger Bereich ist der Natur- und Umweltschutz.
Die Gruppen betreiben aktiven Umweltschutz, messen
den Säuregrad von Wasser und Boden, setzen sich tat-
kräftig gegen das Waldsterben ein, führen Naturschutz-
wanderungen durch, legen Biotope an. Wer mehr über
uns, die DWJ, wissen will, schreibt an die
**DWJ-Bundesgeschäftsstelle, Wilhelmstraße 39,
D-7263 Bad Liebenzell.**

Berchtesgadener Land

Die 100 schönsten Wanderungen: Rundwanderungen, Streckenwanderungen. Beschrieben von *Heinz Zembsch*

Der Lech – von der Quelle bis zur Mündung

Eine Wanderung in zwölf Tagen
Begangen und beschrieben von *Ernst Rahn*

Fernwanderwege im Voralpenland

König-Ludwig-Weg, Lech-Höhenweg, Schwäbisch-Allgäuer Wanderweg, Prälatenweg, Haupt- und Nebenrouten sowie Anschluß- und Verbindungswege mit vielen Farbbildern und farbigen Wegeskizzen.
Begangen und beschrieben von *Helmut Dumler*

Allgäu

Die 100 schönsten Wanderungen (Rundwanderungen, Streckenwanderungen, Naturlehrpfade)
Begangen von *Hermann Leeb, Fritz Schnetzer* und *Mano Ziegler*

Oberallgäu/Ostallgäu

Die 100 schönsten Wanderungen (Rundwanderungen, Streckenwanderungen, Bergwanderungen, Naturlehrpfade)
Begangen und beschrieben von *Veit Metzler,*
mit einem Geleitwort von *Dr. Walter Molt*

Rad-Fernwandertouren

(Ostsee-Bodensee-Tour, Route 1: Flensburg – Passau. – **Route 2:** Passau – München – Ulm. – **Route 3:** Ulm – Lindau – Stein am Rhein. – **Rhein-Tour, Route 4:** Stein am Rhein – Kleve – Schiedam/Niederlande. – **Mosel-Tour, Route 5:** Koblenz – Trier. – **Main-Tour, Route 6:** Kulmbach – Bamberg – Würzburg – Mainz. – **Rhein-Ostsee-Tour, Route 7:** Kleve – Lübeck.)
Abgeradelt und beschrieben von *Helmut Dumler, Hans-Volker Pahl* und *Günter R. E. Richter*

Voralpenland I

Die 100 schönsten Rund- und Streckentouren zwischen Iller, Donau und Lech.
Ausgewählt, abgeradelt und beschrieben von *Heinz Haas*

Deutscher Wanderverlag
Dr. Mair & Schnabel & Co., Stuttgart